A mes A..... barbara et Michel
En souv,   les
du mon   aient
que ce ?

Jacques le Marrec

[signature] 10.10.2016

L'oiseau de Kerguestenen

BoD

1- Préambule

◆

Chères lectrices,
Chers lecteurs,

J e suis esprit, aussi voudrais-je connaître les raisons de votre choix ?

Peut-être, est-ce pour :
Son titre,

Son résumé,

Ou pour son sujet ?

◆

Quelque soit votre réponse, l'esprit vous orienta selon des sentiments d'affectivité, de pensée conceptuelle, ou de perception, mais peut-être ceux de jugement ou encore de morale aiguillèrent inconsciemment votre choix.

Je vous prie dés lors de bien vouloir accepter mes sincères remerciements et je vous invite à suivre cette mésange charbonnière…

◆

Au moment où la foi sort du cœur, la crédulité entre dans l'esprit

Mélanges religieux et philosophiques.

Félicité de La Mennais (Saint-Malo 1782 – Paris 1854)

♦

Le bonheur est salutaire pour les corps, mais c'est le chagrin qui développe les forces de l'esprit.

A la recherche du temps perdu, le temps retrouvé.

Marcel Proust (Paris 1871 – 1922)

♦

En son fourmillement d'âmes, dont chacune résume un monde, l'Humanité est l'amorce d'un Esprit supérieur.

Ecrits du temps de la guerre.

Pierre Teilhard de Chardin (Sarcenat, Puy de Dôme, 1881- New-York 1955)

♦

Cela vous surprendra

Nous sommes des Esprits puisque depuis nos
décès, nos âmes ont rejoint le Père Créateur...
Nous sommes des êtres immatériels, des
revenants en quelque sorte !

Pourquoi avons-nous écrit ce livre ?

♦

2 - Avant-propos

◆

Vous vivez actuellement des moments d'existence qui nous semble t'il seront déterminants pour votre avenir. Certains parmi vous les ressentent et anticipent les changements à venir ; d'autres les endurent mais ne les identifient pas pour les anticiper. Nous pensons que votre vie trépidante ne vous laisse que peu de temps à la méditation et la réflexion ! C'est la raison pour laquelle nous nous permettons d'appeler votre attention sur les bienfaits de celles-ci. L'intérêt de la méditation est d'apaiser l'esprit, réduire le stress et clarifier les pensées.
Méditer est un mode de vie, que je ne prétends pas résumer en quelques lignes.

◆

Asseyez-vous confortablement sur une chaise ou sur le sol avec un coussin ferme, cela assurera une posture correcte et facilitera la circulation des flux d'énergie. Respirez naturellement et fermez les yeux. Chaque fois qu'une pensée apparaîtra, laissez-la vagabonder vers des horizons lointains jusqu'à ce qu'elle disparaisse de vos pensées. Vous trouverez l'exercice un peu long les premières fois, mais persévérez, vous constaterez que votre corps vous paraîtra plus léger, votre esprit plus détendu et surtout plus apte à trouver les bonnes réponses aux questions qui vous préoccupent et vous stressent.

L'histoire ici relatée, vous aidera à comprendre que, gérer de multiples informations est impossible si vous ne prenez pas le temps de les comprendre, de les analyser et d'en tirer la synthèse. Elle vous révèlera que les expériences que nous avons vécues mon défunt fils et moi, dans un Pays de contes et de légendes, furent salutaires lors de notre épopée. Il nous semble opportun justement, parce qu'une période de profonde mutation s'instaure insidieusement, de vous apporter l'aide précieuse de nos esprits éclairés, d'autant plus que beaucoup d'entre vous n'habitent pas de pays de contes et de légendes.

Le sujet que nous vous présentons concerne une période de profonds changements que nous avons vécus de notre vivant. Lorsqu'ils commencèrent, nous n'étions pas préparés ni intellectuellement, ni psychologiquement. Nous avouons que la plupart de nos concitoyens ne l'étaient pas non plus ! Pour notre défense, disons que cette histoire a profondément bouleversé nos us et coutumes.

◆

Nous pensons que les changements qui s'opèrent en Europe, modifient sournoisement cette culture européenne. Nous vous suggérons d'y réfléchir et de trouver les outils pour prévenir vos contemporains et agir d'une façon impartiale.

◆

L'histoire que nous relatons fut initiée par le souhait, du Président de la République, de vouloir honorer, par des cérémonies commémoratives, le centenaire des années de la Grande Guerre. Nous le remercions de nous avoir « tendu cette perche » que nous saisissons bien volontiers, d'une part, pour participer au devoir de mémoire, mais aussi pour valoriser les légendes et contes de Basse-Bretagne et du Pays Pourlet, en particulier. Cette épopée vous emportera dans un univers dantesque. Fort heureusement, l'Oiseau de Kerguestenen vous guidera dans ce labyrinthe de tranchées…

◆

Pour ce qui nous concerne, nous n'avons voulu écrire que la petite histoire de certains de ces poilus qui sont maintenant tous disparus.

Ils étaient à leur façon des dinosaures, comme moi petite mésange charbonnière. Sous mon aspect frêle et ma petite taille, je suis moi aussi une tueuse…Surprenant n'est-ce-pas !

Je suis, sans vantardise, aussi redoutable que mes ancêtres les dinosaures ; je dois pour survivre, être aux aguets ; les prédateurs qui me chassent sont bien connus de moi. Ce sont des mammifères : martre, zibeline, écureuils - ou des oiseaux - éperviers, geais, pics épeiches, pies.

Chaque espèce animale doit trouver sa nourriture

Quant à moi, je me nourris de graines et d'insectes, mais je mange aussi des petits invertébrés (mouches, vers de terre, araignées, chenilles, papillons), de petits fruits (baies et fruits à coques dures). Je suis aussi un charognard qui sait dénicher mes proies et utiliser des outils pour arriver à mes fins. Je délimite mon territoire par mes chants. Ils sont pour nous oiseaux, des outils de communication .Lorsque nous nous réveillons, notre premier travail est de connaître les occupants d'un territoire, mais c'est aussi, annoncer notre présence. Nous sommes immédiatement sur nos gardes ; nos sens sont en éveil. Nous fabriquons nos nids dans des trous d'arbres ou de murs et lorsque l'homme nous offre des nichoirs, nous avons l'intelligence de les choisir : ils doivent être sécurisés c'est-à-dire inaccessibles à des prédateurs comme leurs amis les chats ou d'autres oiseaux. Nous utilisons de la mousse, des poils, de la laine, des plumes ou du duvet.

◆

Je comprends votre curiosité – Vous vous demandez quelles commémorations intéressent la mésange charbonnière ?

Je vous ai parlé de mes ancêtres les dinosaures, nous aussi nous commémorons nos
« poilus ».Croyez-vous que c'était facile pour mes ancêtres de voir leur territoire sans cesse dévasté par l'armement des humains. !

Que pouvions-nous faire ?

L'esprit domine la matière dites-vous, si c'est valable pour vous, ça l'est aussi pour nous. Nous avons donc du nous adapter comme vos poilus au fur et à mesure des évènements !

Dieu sait qu'ils furent nombreux !

◆

Ce livre n'est écrit que par une seule personne,
mais élaboré par trois esprits : deux vivants dans
un monde parallèle et l'autre qui n'est autre que
notre petit-fils et fils votre contemporain, qui est « la
plume » plus exactement le clavier de son
ordinateur

◆

3 - Les prémices d'un changement

◆

Nous vivions heureux des produits de notre petite ferme ; nous ne recevions aucune information de l'extérieur, puisque la radio et la télévision ne fonctionnent pas sans courant électrique. Nous n'étions abonnés à aucun journal. Notre seule information provenait de l'église que nous fréquentions chaque dimanche. Vous comprendrez que l'analyse du changement qui s'opérait en Europe nous était inconnue.

Et pourtant !

Des tensions bellicistes entre deux grands

systèmes d'alliance existaient :

Triplice et Triple-Entente recouvraient des intérêts

contradictoires.

Commençons par la France qui revendiquait l'Alsace et le nord de la Lorraine qui furent annexées par l'Allemagne en 1871. Les rivalités coloniales dataient de 1905 entre l'Allemagne et la France qui, l'une et l'autre convoitait le Maroc, puis elles furent en 1911 pour les mêmes raisons, au bord d'une déclaration de guerre. La France rivalisait depuis fort longtemps aussi avec l'Angleterre pour l'Afrique noire. Deux personnalités politiques :

Raymond Poincaré et Georges Clémenceau,

S'affrontaient pour un allongement du service militaire et la préparation d'une possible guerre contre l'Allemagne. Les Républicains français qui étaient alliés avec l'aristocratie russe pour intimider l'Allemagne étaient quelque peu gênés vis-à-vis de leur adversaire politique.

Continuons par le Royaume-Uni qui se désintéressait des affaires du continent, parce que trop occupé avec le *Home Rule* qui était le projet d'autonomie de l'Irlande et qui voulait maintenir sa suprématie maritime. Malgré son alliance virtuelle avec la France et la Russie, l'Angleterre était réticente à les suivre, d'autant plus qu'elle avait plus de conflits avec la Russie qu'avec l'Allemagne ou l'Autriche-Hongrie.

Examinons maintenant la Russie qui était en 1914, un *Etat émergent*, et devenait une superpuissance qui fut néanmoins défaite dans ses tentatives d'expansion en Extrême-Orient face au Japon. De plus, elle était confrontée par les mouvements révolutionnaires et cherchait une revanche en Europe. Le Tsar Nicolas II souhaitait refaire l'unité de son Pays en conquérant les Balkans au détriment de l'empire ottoman. Hélas pour lui, son cousin George V qui lui ressemblait était en désaccord dans les affaires d'Orient et d'Extrême-Orient. Cette puissance naissante inquiétait fortement le chef de l'état-major allemand Ludwig von Moltke qui doutait de sa résistance à une éventuelle agression russe et d'une attaque française simultanée. Il plaidait naturellement pour une guerre préventive.

L'Allemagne quant à elle, était devenue la première puissance industrielle européenne et entretenait avec l'Autriche-Hongrie une culture pangermanique. Sa faiblesse n'était autre que le caractère de l'empereur Guillaume II, petit-fils de la reine d'Angleterre Victoria, comme ses cousins Nicolas II et Georges V ; il était un peu déséquilibré par des phases d'excitation extrême qui troublaient ses conseillers. Son chancelier Théobald von Bethmann-Hollweg tenait fermement les rênes du gouvernement. Son alliée, l'Autriche-Hongrie était un empire fédéral et multiculturel qui craignait un soulèvement de ses minorités slaves provoqué par l'expansionnisme russe qui lui serait fatal au motif que l'empire autrichien et le royaume de Hongrie étaient deux états très autonomes mais avec le même souverain François-Joseph 1er.

N'oublions pas l'Italie qui était engagée au sein de la Triplice, ne souhaitait pas suivre l'Autriche-Hongrie dans son différend avec la Serbie, d'autant plus qu'elle revendiquait les provinces de l'Adriatique et des Alpes qui appartenaient à l'Autriche-Hongrie. Elle visait également Nice, la Savoie et la Tunisie, ce qui l'opposait à la France.

◆

Et pour conclure ces tensions de géopolitique, l'empire ottoman qui, bien que ne pesant pas lourd, était envié par les grandes puissances comme l'Autiche-Hongrie et la Russie, ainsi que par les jeunes états voisins telles que la Serbie, la Bulgarie et la Grèce pour ses possessions balkaniques. La Turquie entretint et développa des liens économiques et militaires avec l'Allemagne qui pesèrent lourds en 1914.

.

♦

L'Histoire ainsi résumée, annonçait beaucoup de tensions qui ne pouvaient trouver une issue que par un conflit.

Comment voulez-vous que de pauvres gens comme la plupart des Européens de l'époque, imaginent un tel bouleversement ! Nous étions pour la très grande majorité peu ou pas du tout informés comme vous l'êtes aujourd'hui.

Mais vous, me semble t'il, n'êtes vous pas trop informés ? Avez-vous le temps matériel et les capacités intellectuelles pour trier cette somme d'informations afin de déceler le bon grain de l'ivraie ?

4 - Une culture ancestrale

◆

Nous habitions le Pays Pourlet, insouciants à toute cette géopolitique, nous moissonnions depuis juillet tranquillement en famille, certes des rumeurs de guerre venaient jusqu'à nos oreilles… Nous étions si loin de la frontière allemande !

Nous devons vous préciser que nous étions, selon un certain Aristide Bruant[1], chansonnier de son état :

« *Des nigousses[2], sales comme un peigne mais*

braves comme des lions »

Ce monsieur parlait des Bretons qu'il ne connaissait pas, il les jugeait sur leur accoutrement, leur langue incompréhensible pour lui.

Voilà un point de vue qui dénote qu'un jugement de valeur sur l'apparence crée dans l'opinion générale un état d'esprit qui s'exprimera, vous le verrez dans

---

[1] Dictionnaire français-argot – Aristide Bruant (1851-1925)

[2] *Nigousse* est la francisation maladroite de *(A) n hini go(u) zh*, "la vieille" en langue bretonne. La prononciation du /o/ en /ou/ dénote l'accent du Pays de Léon, et le /z/ final se prononce /s/ en breton. Qualifier un homme, fût-il vieux, est une erreur.

des conditions peu ordinaires et que cette définition nous sera préjudiciable.

La réalité était tout autre, vous jugerez par vous-même, si ce n'est déjà fait !

♦

Revenons à cette légende ancestrale qui nous accompagnera quotidiennement. Notamment en Basse-Bretagne, elle avait un fonds culturel celtique, très ancien. Il n'existait pas une unique culture bretonne de la mort ; le pays gallo était plus proche, à cet égard de l'Anjou ou de la Beauce que de la Basse-Bretagne. Les usages de la mort dans le temps vous révèleront que la préparation à la mort se différenciait de celle d'aujourd'hui. Pour la période de 1914-1918, le fidèle se préparait à la mort.

L'Église, au 16ème siècle, fit de cette idée, l'axe

central de la prédication.

♦

La présence de la mort était d'abord physique. Les fidèles allaient à la messe sur les dalles des défunts enterrés dans l'église ; le dallage était grossier, les exhalaisons profitaient à tous. Le cimetière était presque toujours implanté autour de l'église, donc au cœur du village, il servait ainsi de place publique. Il n'était pas clos, les étals du marché s'y installaient, le bétail y paissait, le blé était vanné ; c'était aussi le centre des affaires d'argent et de cœur.

♦

Pour parvenir à sa clôture, c'est-à-dire « les enclos paroissiaux », l'église mena une bataille à partir du 16ème siècle pour y interdire les activités profanes. La pratique massive de la sépulture dans l'église nécessita que les ossements extraits des tombes dans l'église fussent pour partie enterrés dans une fosse commune et pour partie dans un local de service, l'ossuaire.

Ainsi, furent exposés à la vue de tous, les cranes et

autres ossements des ancêtres.

C'était l'occasion de cérémonies solennelles, telles

que :

- Le service de la translation des reliques ;
- La procession des défunts, auquel assistaient la plupart des paroissiens.

Voyez-vous, l'absence de frontière entre les vivants et les morts se vérifiait dans les croyances et les récits qui nous montraient le retour des défunts pour chercher leur pardon. Les frères carmes[3] de Sainte-Anne d'Auray, enregistrèrent en consignant

---

[3] Carmes – Religieux d'un ordre mendiant

les miracles, l'apparition des trépassés qui étaient venus conseiller le pèlerinage.

La présence familière du parent décédé impliquait une très grande proximité de l'au-delà. En Basse-Bretagne, l'au-delà était peu banal ; il n'y avait que deux places :

- Le ciel
- L'enfer ; le purgatoire se confondait avec l'enfer pour une durée de séjour limitée.

Le paradis restait pour nous une abstraction faite de lumière, de beauté, de la vision du Seigneur, mais surtout de l'absence de souffrances de l'enfer.

Quant à l'enfer, tous les Bretons le connaissaient, c'était d'abord une gueule béante, large et spacieuse comme la mer.

L'église utilisa ces imaginaires dés le 17ème siècle

pour créer *« la pastorale de la mort »*

5 - La légende de l'Ankou

◆

Commençons donc par celle de l'Ankou qui me semble convenir en premier. Certes ce n'était pas la plus agréable, mais elle vous donnera la tonalité du changement que nous allions vivre pendant prés de cinq longues et pénibles années.

◆

L'Ankou personnifiait le serviteur de la mort, il avait l'aspect d'un squelette vêtu d'un costume de laboureur du pays comportant une chupenn (veste) et des bragou braz noirs (pantalons bouffants que portaient les Bretons du XIXème siècle). Il était coiffé d'un large feutre à rubans qui masquait en partie ses cheveux blancs. Sa tête tournait sans cesse autour des vertèbres cervicales ainsi qu'une girouette. Il parcourait ainsi du regard toute la région qu'il devait parcourir. Lorsqu'il traversait un village debout dans son chariot, les habitants, bien abrités dans leur maison, porte et fenêtres closes, écoutaient religieusement les essieux grinçaient. Lorsque le bruit s'approchait, l'anxiété grandissait…S'il s'arrêtait devant une maison, cet arrêt signifiait la mort prochaine d'un proche.

◆

Comprenez chers lectrices et lecteurs que les us et coutumes de notre temps avaient valeur de droit et que nous ne doutions pas des contes et légendes racontées ici et là.

Je voudrais vous conter une autre légende, mais pour cela, je dois m'identifier à un oiseau. De mon vivant, j'aimais particulièrement un curieux volatile :

La mésange charbonnière,

Elle ne pèse que 20 g mais elle a une telle curiosité qu'elle développe un don pour explorer un arbre ou encore pour s'intéresser à un nouvel évènement. De plus, elle a un chant du départ et un autre d'alerte. C'est un guetteur dont je me suis inspiré pour la suite de l'histoire que nous vous racontons. Pour bâtir leur nid, le couple de mésanges n'est pas difficile. Il s'accommode aussi bien d'un creux d'arbre que d'une boîte à lettres, ou même parfois d'une boîte de conserve vide. Confiante et peu craintive, la mésange devint rapidement pour moi un symbole de sociabilité, de simplicité et de spontanéité.

Elle figure aussi l'exemplarité du bonheur conjugal et de la fidélité, car elle se déplace souvent en couple, et le mâle et la femelle semblent inséparables.

N'y voyez-vous pas, chers lectrices et lecteurs des qualités particulières pour affronter d'étranges évènements ?

◆

La famille et surtout les couples des soldats vivront, vous le constaterez des moments déchirants d'anxiété, de retrouvailles puis de départs programmés mais de retours improbables.

Examinons cette mésange de nos jardins, observons-là attentivement :

Elle passe inaperçue, alors qu'elle se déplace selon son désir pour mener à bien ses enquêtes. Les renseignements qu'elle récolte sont une source précieuse pour les contes et légendes du Pays Pourlet.

C'est pour toutes ces raisons que je m'identifie à elle.

Il n'y a pas que Carnac qui inspire les légendes ; celles du Pays Pourlet sont aussi nombreuses et variées. Vous n'imaginez pas combien étaient prolixes les paysans de ce Pays ; leur imagination était féconde. Aujourd'hui, ils regardent comme beaucoup d'autres contemporains les émissions de télévision ; fort heureusement au village de Poul-Fétan, des conteurs viennent émerveiller les touristes, comme ces lavandières qui racontent avec un brin de malice tous les potins du village et de ses environs.

Je vous recommande cet endroit typique de notre culture. Vous ne regretterez pas cette visite

Vous verrez que nous savions tirer parti du moindre évènement pour agrémenter nos longues soirées hivernales. Que voulez-vous, notre seule distraction était la messe du dimanche matin. Alors dés que le soleil se couchait, nous devions vivre cloitrés chez nous près de la cheminée, seule source de chaleur et de lumière tamisée.

Hélas, cette maudite guerre m'obligea d'adapter toutes ces qualités d'observation, de dissimulation, de guet pour effectuer ce dur métier de fantassin en toutes circonstances.

La mésange fut de nouveau mon modèle.

Le mâle est bruyant toute l'année, surtout pour délimiter son territoire et attirer une partenaire. La mésange charbonnière possède plusieurs cris qui sont tous perçants et sonores, comprenant des « chick-pee-chick-pee… », Un cri d'alarme « tink-tink-tink », aussi un « zik-zik-doo-doo », et encore un « tchairrr » criard et aigu, souvent répété.
Le chant le plus habituel et le mieux connu est un « teechu-teechu-teechu…» perçant et sonore. Quelques imitations ajoutent des variations à un répertoire déjà vaste. Son bec est assez dur pour casser et faire un trou dans les coquilles dures de certains fruits.
Elle sautille sur le sol avec facilité, et se déplace dans les arbres en s'accrochant fermement aux branches. Elle peut aussi se suspendre afin d'atteindre un insecte ou tout autre nourriture convoitée. La mésange charbonnière niche dans des trous dans les arbres, des creux, des crevasses dans des murs, des tunnels, des trous dans les rochers, mais aussi dans des nichoirs, des boites à lettres et des conduites ou tuyaux.

♦

J'eus alors l'idée d'apprivoiser cet oiseau en le nourrissant et en lui installant confortablement avec des brins de laine, de la mousse, des cheveux et des plumes un abri, dans une douille d'obus ; il était ainsi à l'abri et pouvait entrer et sortir à sa guise, voire y nidifier.

Il avait un territoire et il m'alertait si des intrus y pénétraient. Le terme est volontairement employé car son ennemi est différent. Elle me préviendrait, pensais-je alors, si un danger plus grand nous menaçait. Elle est puissante et redoutable par sa taille et très intelligente, étant donné qu'elle sait à la fois dénicher ses proies et elle utilise même des outils pour arriver à ses fins. C'est aussi un charognard à temps partiel, son habitude à ramasser les os de mammifères à sabots étant bien connue. Elle utilise parfois sa taille relativement grande et son puissant bec pour tuer les petits passereaux. Je comptais beaucoup sur ses capacités pour me prévenir de tout danger !

Cette mésange m'a été fort utile après mon admission à l'hôpital de proximité pour des troubles cognitifs, suite à des bombardements intensifs. Mon rétablissement a résulté d'une décision qu'il m'a fallu renouveler plusieurs fois : Je discernais ce qui m'apportait du plaisir dans ce monde monstrueux de ce qui engendrait de la souffrance. Le médecin-major et l'infirmière qui m'avaient pris en charge étaient compétents et attentifs. Ils m'apprirent que la paix intérieure était accessible à n'importe qui.

Leur méthode était de mettre en sommeil mon hémisphère gauche qui était dominant.

D'accord, mais comment !

Notre cerveau est en constante évolution, encore faut-il lui accorder un temps de repos pour qu'il recouvre ses facultés. C'est nécessaire de le stimuler pour qu'il recouvre ses facultés, mais sans dépasser ses limites acceptables. La stimulation est importante parce que sans elle, les neurones dépérissent. Les stimuli étaient si nombreux qu'il m'était difficile de les analyser. De plus mes neurones supportaient mal le traitement des données relatives à mon environnement, qui nécessitaient beaucoup trop d'analyses.

Le sommeil était donc réparateur

Le médecin-major et l'infirmière comprirent qu'il ne fallait pas limiter mon éveil cognitif à mes centres d'intérêt passés, mais au contraire à en découvrir de nouveaux. Pour cela, ils redoublèrent d'efforts parce que le traumatisme avait bouleversé mes connexions neuronales en obligeant ma perception du monde à changer. Les nouveaux réseaux qu'ils m'avaient programmés influaient sur mes penchants et mes aversions. Ils comprirent alors que mon rétablissement dépendait d'une répartition équilibrée de mon emploi du temps entre mes efforts et un sommeil réparateur.

Il me posait des questions ouvertes qui m'obligeait à répondre autrement que par oui ou non. Cet effort m'obligeait à retrouver l'accès à certains pans de ma mémoire et à créer de nouveaux dossiers dans mon cerveau.

C'est alors que la mésange charbonnière fit son apparition dans mon environnement.

Son chant éveillait des stimuli parce qu'il était différent. Je les mémorisais donc et je les analysais. C'est ainsi que je remarquais qu'elle chantait différemment selon son arrivée, son départ ou selon un évènement.

Je devais définir mes priorités afin de ne pas gaspiller mon énergie. Je définissais donc des objectifs principaux. L'infirmière qui m'assistait manifestait beaucoup de patience et de persévérance. Les camarades qui me rendaient visite, me donnaient des nouvelles et m'assuraient que ma guérison était proche. Ils comprirent que je redoutais la présence des anxieux, des nerveux ou des aigris.

J'appris ainsi à raisonner mon cerveau en lui dictant ce qu'il tolérait ou pas. Cette attention soutenue fut déterminante dans ma guérison. Chaque jour m'apportait son lot de révélations et de défis à relever. Mon bagage émotionnel refaisait surface et me contraignait à réfléchir sur l'opportunité ou non de renouer avec mes modes de pensées anciens. J'avais compris qu'il me revenait à moi seul de décider de ce qui se passe à l'intérieur de mon crane. Un jeu de cartes me fut remis avec pour mission de ne regarder que celles où ne figurent que des chiffres afin de comprendre les principes de base de l'arithmétique. La marche quotidienne qui m'était imposée avait pour but d'avancer sans garder les yeux rivés au sol en permanence. Je sus que j'avais atteint l'objectif le jour où j'avais bondi sur un talus et l'avais redescendu sans aucune appréhension. C'était un exploit qui m'ouvrait de nouvelles perspectives indispensables pour un fantassin et si Dieu voulait que je reprisse mes activités agricoles à la fin de cette maudite guerre.

◆

6 - Le miracle

◆

Revenons au Pays Pourlet, j'aimerais vous conter le miracle que nous avons vécu Marie-Anne et moi dans notre ferme :

C'était un soir d'hiver, le vent du noroît soufflait si fort que notre porte d'entrée s'ouvrait constamment. Nous étions blottis autour de la cheminée qui était notre unique source de chauffage, lorsque brutalement la porte s'ouvrit et trois personnages firent irruption. Nous sursautâmes de surprise et de peur pour les enfants ; c'est alors que le premier personnage d'un ton posé s'excusa de cette entrée furtive et nous demanda l'hospitalité.

Chez nous en Pays Pourlet, c'est un devoir

C'est tout naturellement qu'elle leur fut accordée. Même si nos moyens étaient limités, nous nous efforcions de satisfaire les hôtes connus ou inconnus. Marie-Anne s'empressa d'installer nos hôtes autour de la table et de leur servir une bonne soupe ; elle était la bienvenue, ils étaient transits de froid. La chaleur de la cheminée les réchauffait également. La conversation s'engagea sur des sujets d'actualité cependant notre curiosité était au maximum, mais il n'était pas dans nos habitudes de demander l'état civil d'inconnus, nous attendions qu'ils déclinassent leurs origines.

Nous patientâmes encore, enfin c'est une façon de parler !

Comment étais-je venu à parler de l'handicap d'une de mes vaches, ma meilleure vache laitière, mais invendable en raison d'un déhanchement. Dans notre métier, comme dans d'autres, l'apparence était la vitrine, d'elle dépendait l'issue de la transaction !

En convenez-vous !

Pourquoi ai-je parlé de cela à ces trois personnages qui de toute apparence n'avaient aucun lien ni avec l'agriculture, ni avec l'élevage. Je n'ai pas la réponse, mais écoutez la fin de mon récit et vous trouverez peut-être une explication !

Je suis preneur.

Nous leur proposâmes de dormir dans l'étable, la seule pièce chauffée par la chaleur animale et garnie de bonne paille servant de litière, ce qu'ils acceptèrent avec forts remerciements.

Dés le chant du coq, nous nous levâmes, nous récitâmes nos prières avant de préparer la nourriture pour les animaux et le petit déjeuner pour nous. Nos trois individus furent invités selon les règles de l'hospitalité à partager ce bon café au lait avec de belles tranches de pain noir recouvertes copieusement d'un beurre salé confectionné par Marie-Anne.

Un régal s'exclamèrent ils !

L'heure de prendre congé arriva naturellement et sans tambour ni trompette, celui qui était entré le premier me dit :

« Pierre, ta maison est noble de cœur, ta famille et toi, êtes généreux, hospitaliers, chaleureux et pourtant vous ne nous connaissez pas. Vous nous avez nourris, chauffés, logés gratuitement alors que vos moyens sont comptés. Je te le dis, lorsque nous serons partis tu iras dans l'écurie, une surprise t'attendra »

C'est ainsi qu'ils prirent congé et nous n'avons jamais su où ils furent allés. Personne dans les environs ne les virent, ni les aperçurent ! Et pourtant dans nos campagnes, trois étrangers ne passaient pas inaperçus.

Etrange, non !

Ah, j'allais oublier la surprise.

Ma vache, miraculeusement, ne boitait plus.

Cette histoire vous étonne ; je l'admets et pourtant elle ne comporte qu'un mensonge ou deux…

♦

7 - L'image d'Epinal

◆

Comment voulez-vous que je ne réagisse pas à l'image d'Épinal que donnait M. Aristide Bruant dans son dictionnaire français-argot :

« Des nigousses, sales comme un peigne mais

braves comme des lions »

C'était une offense à la culture de la Bretagne ; c'était surtout une méconnaissance de l'histoire de celle-ci, qui fut en son temps, la plus riche province de France.

Ecoutez ce récit

Ne pensez pas que j'exagère lorsque je vous parle de l'âge d'or de la Bretagne.

Elle était alors la province de France la plus riche grâce à son commerce maritime des toiles fines et des voiles et celui des petits navires qui, financés par une centaine d'armateurs, acheminaient vers le Duché de Bretagne, les vins de Bordeaux, l'huile de Provence, les draperies anglaises et la morue de Terre-Neuve. Ces commerces donnaient à la Bretagne la richesse et la prospérité.

Cette période d'âge d'or de la Bretagne vit fleurir la construction des enclos paroissiaux qui valorisent encore aujourd'hui l'architecture religieuse.

Hélas, la décision royale de1672 de déclarer la guerre à la Hollande mit fin immédiatement au commerce du textile. Puis l'interdiction de couper les arbres pour construire les mâts des petits navires marchands au profit de la marine royale ruina alors les petits armateurs de la Bretagne.

Les causes de cette décision royale furent l'anéantissement de notre économie de marché.

Pendant deux siècles, 80 % de la population vécut de mendicité.

Les épidémies arrivèrent en 1741 par le port de Brest[4], elles se répandirent dans tout le Duché : Typhus et dysenterie s'établirent entre Vannes et Brest et causèrent une mortalité bien supérieure à celle du royaume. Les victimes étaient les pauvres et principalement les femmes. L'État royal considéra alors que la Bretagne était sous-développée. Alors l'enrôlement de 22.000 hommes pour la guerre de Succession d'Espagne fut la contribution la plus importante du royaume.

Elle expliqua le dédain royal pour cette province

martyre.

---

[4] Ref : http://gallica.bnf/arlc/12148/bpt6k214900h/textebrut

Cependant, la Bretagne demeura dynamique,

inventive, elle valorisa ses ports :

- Nantes pour son commerce de la traite négrière entre l'Europe, l'Afrique et les États-Unis,
- Lorient pour la compagnie française des Indes orientales,
- Brest pour son arsenal et
- Saint-Malo pour la pêche à Terre-Neuve.

Le Breton, bien qu'anéanti, ne baissa pas les bras, il fut courageux, économe, intelligent ; il se tourna vers l'agriculture et les industries agroalimentaires. Il mesura rapidement les avantages de l'invention de la boite de fer-blanc pour développer l'industrie de la conserve. Les nouvelles technologies des télécommunications, des images et réseaux s'implantèrent et recrutèrent ingénieurs et techniciens formés dans les universités bretonnes. Il profita de ses ouvertures sur l'Atlantique et la Manche pour développer des ports de pêche et créa ainsi des navires, des marins, des mareyeurs.

◆

La Bretagne demeure une terre de légendes, favorisée par ses côtes maritimes, ses falaises abruptes, ses landes rases, ses forêts plantées dans des tourbières, dans lesquelles poussent de belles fougères qui ne laissent passer qu'une clarté évanescente. Dans chaque pays, comme celui de Pourlet, vivent des korrigans, des fées rusées et des reines guerrières sortis du roman d'Arthur et la Table ronde.

La Bretagne est toujours chrétienne avec ses églises, ses monastères, ses manoirs, ses enclos paroissiaux et ses cimetières. Les artistes peintres, musiciens et écrivains s'en imprègnent et leurs œuvres sont les ambassadrices des « Pays « qui, chaque année attirent des touristes de plus en plus nombreux pour découvrir les trésors cachés.

Le festival Inter celtique de Lorient rassemble annuellement le peuple Celte et attire de nombreux touristes guidés par des bénévoles. Le Breton est une langue que beaucoup considère morte ; fort heureusement les écoles Diwan, lui redonnent ses lettres de noblesse. Elle n'est connue que de quelques érudits qui gardent précieusement les clés du trésor linguistique.

Alors le Breton est-il un nigousse ?

Bien sur que non,

Vous le constatez d'année en année, nos universités forment de brillants élèves, nos arsenaux fabriquent les plus grands et les plus modernes navires que le monde entier nous commande ; notre marine nationale doit ses lettres de noblesse à nos amiraux et officiers formés l'Ecole navale de Brest, les généraux et les officiers de l'Armée de Terre sont sortis de Saint-Cyr en Coëtquidan.

Notre Tabarly national fut avant d'être le meilleur navigateur sur ses Pen-Duick, un pilote de l'Aéronavale ; il termina sa carrière avec le grade Capitaine de frégate avant de nous quitter accidentellement.

Jean-Loup Chrétien, notre premier spationaute français a suivi son cursus scolaire à l'école communale de Ploujean, au collège Saint-Charles de Saint Brieuc et au lycée Notre Dame du Mur à Morlaix. Puis il a suivi la classe préparatoire à l'École de l'air au lycée Saint Charles de Saint Brieuc. Titulaire d'une maîtrise en Génie aéronautique et ingénieur de l'École de l'air en 1961, Jean-Loup Chrétien fut pilote d'essai au Centre d'essais en vol d'Istres de 1970 à 1977, il fut aussi responsable du programme Mirage F1 de 1970 à 1973.Ingénieur de l'École de l'air, Jean-Loup Chrétien fut sélectionné comme spationaute au CNES en 1980. Il a trois vols spatiaux à son actif, totalisant 43 jours de mission dans l'espace. Il effectua le premier vol habité français du 25 juin au 2 juillet 1982, au cours d'une mission franco-soviétique. Premier Français, mais aussi premier Européen de l'Ouest dans l'espace, il fut ingénieur de bord à bord du vaisseau Soyouz T-6 et de la station Saliout 7 au cours de la mission PVH où il réalisa en orbite neuf expériences scientifiques dans les domaines de la médecine, de la biologie, de l'astronomie et de l'élaboration des matériaux dans l'espace.

♦

Il n'est pas dans mes intentions de faire ici l'éloge de tous les grands hommes que la Bretagne a donné à la France.

C'est juste pour remettre les pendules à

l'heure !

♦

Le Breton a du caractère et le récit qui suivra vous
montrera qu'il a aussi du courage, de la bravoure,
de la ténacité, de la convivialité malgré son
handicap de la langue.

Notre culture est ancestrale et nous y tenons !

♦

Pourtant lorsque mon fils Louis était jeune, nous
devions lutter contre l'Etat Français qui nous
regardait comme un obstacle à la bonne
administration et au développement de la société
industrielle.

Nous étions donc suspects à leurs yeux.

8 - Un monde nouveau commençait

◆

Nous fûmes délaissés par le pouvoir politique et la haute aristocratie, dés le Moyen-âge. Puis la défaite de 1870 et l'installation de la III° République aiguisèrent le patriotisme français qu'entretenaient les pertes des provinces d'Alsace et de Lorraine.

Dés lors le breton devint une langue de résistance parce qu'elle était perçue comme anticléricale et comme menace de la société rurale. Le clergé, jusque vers les années 1890 exaltait un patriotisme local en associant étroitement Bretagne, langue bretonne et religion. Tout ce qui paraissait remettre en cause l'unité nationale était suspecte, à commencer par le fait de ne pas parler la langue. Dès 1881, l'interdiction absolue, du moins en théorie, du breton à l'école renforça la légitimité du clergé qui entretint cet esprit dans le journal des vrais chrétiens et des vrais bretons. En 1902, les élections législatives donnèrent la majorité au « Bloc des gauches » dominé par un puissant courant anticlérical. Émile COMBES, dans une circulaire du 29 septembre 1902 réprima le « dialecte » et prévoyait pour les contrevenants une suspension de traitement ; les prêtres étaient alors rétribués par l'État.

Cette circulaire provoqua des réactions bien au-delà des instances ecclésiastiques ; des parlementaires et élus locaux de gauche comme de droite firent observer que la prédication et le catéchisme en breton étaient inévitables dans une société encore fortement monolingue. Malgré cela, une cinquantaine de recteurs et de vicaires furent sanctionnés pour « *usage abusif du breton* ».La circulaire Combes n'eut guère d'effets concernant la pratique de la langue bretonne ; plus de 75 % des habitants de la Basse-Bretagne étaient monolingues (école publique ou privée). Le breton resta non seulement la langue de la famille et du village, sans oublier la vie religieuse. Mes parents demeurèrent fidèles à l'esprit des vrais chrétiens et des vrais bretons. Fille ainée de l'Église, la France n'en était pas pour autant à l'abri des paradoxes. En effet, ce fut précisément Marianne qui mit un terme à une relation difficile en entérinant le divorce entre l'Église et l'État. Depuis la loi 1791, la troupe pouvait en effet, être amenée, au gré de certaines circonstances particulières, à assurer le maintien de l'ordre sur le territoire, charge qui habituellement, incombait à l'autorité civile.

Pour ne citer qu'un célèbre exemple breton, le commandant Barthélémy-Emmanuel Le Roy-Ladurie, grand-père du célèbre historien, fut destitué le 26 septembre 1902 par le Conseil de guerre de Nantes pour avoir refusé de participer, le 15 août précédent, à la fermeture des écoles des congrégations catholiques de Douarnenez.

◆

Revenons à notre culture ancestrale : « *La pastorale de la mort* »

Elle était très suivie par les familles, c'était une préoccupation constante, en effet la mortalité infantile était à notre époque une fatalité ; nous l'expliquons aujourd'hui par le manque de soins aux nouveau-nés, l'absence de vaccination, d'antibiotiques lors d'infections et la méconnaissance de la réhydratation lors des diarrhées.

◆

Je me suis marié le 24 février 1905 et dés le 30 mars 1907, nous perdîmes notre premier enfant Marie-Mathurin, âgé seulement de quinze mois. Fort heureusement naquit ma fille Jeanne-Louise le 26 avril 1907. L'Ankou emporta encore en 1910 un enfant mort-né. Mon fils louis (l'esprit coopérant à ce livre) naquit le 24 mai 1911. Marie Julienne fit son entrée dans ce monde en grand bouleversement le 8 mai 1914.

Marie-Anne et moi, à la déclaration de la 1ère Guerre mondiale, nous avions trois enfants vivants âgés de 7 ans, 3 ans et 3mois.

Chers lectrices, lecteurs, ne pensez pas que nous étions de mauvais parents, négligents, stupides.

Non, je vous l'assure, nous n'avions aucune connaissance des règles d'hygiène de vie ; j'entends par là que notre éducation parentale ne nous avait pas éduqué à ces règles qui vous semblent évidentes à vous.

Un siècle de découvertes scientifiques favorisa vos connaissances ; je pense que la mortalité infantile provoqua des recherches sur les causes et les conséquences.

C'est ainsi que progressivement, mais lentement les accouchements à domicile eurent lieu dans des maternités, que du personnel médical (gynécologue – obstétricien et des sages-femmes apportèrent aux mères de judicieux conseils avant, pendant et après l'accouchement.

La déshydratation des bébés était mortelle, nous ne savions pas que l'enfant devait boire !

◆

C'était simple, mais fallait-il le savoir !

◆

9 - La mobilisation

◆

Imaginez-vous l'état d'esprit dans lequel nous nous trouvions lors de la publication de l'Ordre de mobilisation ?

Vous connaissez aujourd'hui les bienfaits de l'Etat-Providence, il vous est donc impossible d'imaginer l'angoisse qui nous paralysait :

Marie-Anne mon épouse n'imaginait pas sa vie future, pas plus que mes parents qui vivaient sous notre toit. Immédiatement, la conversation s'anima autour de la guerre de 1870 que mon père avait vécue adolescent, alors âgé de 14 ans. Le traumatisme était encore présent mais de plus, son fils devait maintenant partir, lui âgé de 32 ans laissant une petite exploitation agricole entre les mains d'une jeune femme de 30 ans avec 3 enfants et deux vieillards. Mes parents l'étaient pour cette époque ; mon père décèdera en 1920, âgé seulement de 64 ans.

Nous n'avions pas à cette époque, bénéficié des bienfaits de la médecine, ni du confort financier de la protection sociale.

Comprenez-vous mieux maintenant notre état d'esprit !

Vers qui, à votre avis, cherchions-nous du réconfort ?

Dieu et ses Saints protecteurs parce que l'Ankou était toujours omni présent.

◆

Quelle autre alternative avions-nous ?

L'Eglise et ses prêtres.

Les psychologues, les psychiatres, les psychothérapeutes et les assistantes sociales étaient inconnus de nous !

◆

Chers lectrices et lecteurs, maintenant que vous nous connaissez un peu mieux, sachez que :

« De tout temps les hommes, pour quelque morceau de terre de plus ou de moins, sont convenus entre eux de se dépouiller, se bruler, se tuer, s'égorger les uns les autres ; et pour le faire plus ingénieusement et avec plus de sûreté, ils ont inventé de belles règles qu'on appelle l'art militaire.»

C'est Jean de La Bruyère (1645-1696)- qui écrivait cela dans les Caractères, Du souverain ou de la république.

Déjà à cette époque, les stratèges et les tacticiens militaires s'ingéniaient de savoir comment détruire l'humanité, avec un armement individuel, mais les généraux de 1914 eurent à leur disposition des armes conventionnelles et nouvelles que nous ne soupçonnions même pas lorsque nous sommes partis rejoindre notre caserne d'affectation.

Je vous en dirai plus lorsque nous entrerons dans le développement du sujet.

La presse que vous lisez est variée et technique. Elle n'était pas à notre portée dans notre Pays Pourlet !

♦

Mais sachez que nous allions à la rencontre d'un monde nouveau, insoupçonnable, aussi bien pour nous que pour nos chefs. Nous découvrîmes au fil du temps ce que la technologie apporta ou détruisit, au nom de la science !

Fort heureusement l'Esprit domine la matière.

Reprenons notre sujet principal.

L'ordre de mobilisation était sans équivoque. Il nous ordonnait d'obéir aux prescriptions du fascicule de mobilisation placées dans le livret militaire.

Pour faire simple, je devais rejoindre la caserne Bisson à Lorient pour être intégré au 62ème Régiment d'Infanterie. Il ne m'était pas étranger, j'avais déjà effectué des périodes de réserviste.

♦

Avec mon père Albin, nous quittâmes précipitamment notre travail de la moisson pour rejoindre la chapelle Saint-Maurice dont la cloche sonnait le tocsin. Nous y arrivâmes et nous fûmes rejoints par nos voisins des hameaux de Kerascouët, Kerguestenen et Le Gairgair, tous du village de Saint-Maurice ; les souvenirs de 1870 refirent surface. Des mots étranges furent entendus par Jeanne-Louise et Louis mes deux enfants en bas-âge :

Prussiens, guerre, mobilisation !

C'était un grand malheur, qu'allons-nous devenir si Papa doit partir demanda Louis ?

Il avait alors un peu plus de 3 ans ; son insouciance se transformait en angoisse.

Une vie nouvelle commençait aussi pour lui, comme pour sa Maman et sa sœur ; son Papa devait partir rapidement.

Le Devoir de la Patrie.

◆

Je reprends le récit.

Permettez-moi de vous présenter le régiment dans lequel je servais : le 62ème de ligne comme nous l'appelions ; vous le constaterez, il fut pendant presque toute la grande guerre en première ligne.

Sa devise :

Nec pluribus impar

Armor fonce à mort

Cela se passe de commentaire. N'est-ce-pas !

♦

Chaque régiment trouve ses faits d'armes dans son historique, le nôtre ne fait pas exception.

♦

Le 62^{e,} pendant la guerre de 1870-1871 faisait partie de l'armée du Rhin, il était aux batailles de Borny le 14 août et de Gravelotte le 16, où il perdit 12 officiers et 130 soldats ainsi qu'à la très dure bataille de Saint-Privat le 18 août. Plus tard, le régiment fut reconstitué et rejoignit l'armée de la

Loire et s'illustra aux batailles du Mans et au combat de Saint-Jean-sur-Erve [5]

♦

Mon père soucieux de ma destinée et connaissant les risques mortels au quotidien, me prit à part et me déclara :

Pierre,

Je connais ta loyauté, ta bravoure, mais je t'en conjure, prends garde à toi, ne fais pas de zèle !

Même si ton chef est exemplaire et que tu veux l'imiter, pense alors à ta femme et à tes enfants.

Tu as 32 ans et trois enfants.

Je te demande avec insistance de penser à eux avant de charger l'ennemi. ! J'avais un bon ami qui était zouave pontifical et des volontaires de l'Ouest sous la bannière du Sacré-Cœur de Jésus. Il servait aux côtés du futur général de Charette. Grièvement blessé lors du combat, il passa la nuit du 2 décembre 1870, par -20°, sur le champ de bataille de Loigny. Il gisait à côté du général de Sonis, lui aussi blessé. Il était fort respectueux de ce général qui, malgré ses douloureux problèmes liés à ses blessures de guerre, ne demandait pas sa disponibilité. Mais lorsqu'il fut contraint de désagréger les communautés religieuses à laquelle

---

[5] http://fr.wikipedia.org/w/index.php?title=Loigny-la-Bataille&action=history

l'Armée et donc ses troupes devaient prêter main-forte, le général de Sonis voulut démissionner.

Pourquoi mon père évoquait-il ce fait d'un grand général ?

Il représentait à ses yeux le fameux slogan :

« Feiz ha breizh zo breur ha c'hoar »

« Foi et Bretagne sont frère et sœur »

Vois-tu Pierre, notre religion est sacrée et je ne voudrais pas que tu meures sans les sacrements de l'Eglise. Le culte des morts, notamment celui familial du souvenir et de la tombe était pour ce qui nous concernait, la bataille pour l'âme. Elle le fut pour tous les Bretons, engagés quotidiennement dans des combats. Les forces du Mal, ainsi personnifiées affrontent celles du Bien. C'est le thème le plus classique de la figuration du diable :

« Pas un fidèle ne peut ignorer qu'un démon emporte l'âme du mauvais larron et un ange celui du bon larron de la Crucifixion »

La peur que suscitait ce personnage essentiel de la vie quotidienne des Bretons n'était certainement pas une obsession. Il portait des surnoms peu terrorisants :

- *Pol gornik* (Pol le petit cornu)
- *Pautr treid marh* (le gars aux pieds de cheval).

Je me souviens encore des paroles de mon père ; elles présageaient un avenir sombre !

« Cette fin de vie m'angoisse, elle m'inquiète encore plus pour toi qui part au combat.

Je me pose la question de savoir si la mort au champ d'honneur est assimilable au martyre ? Je te recommande avec insistance, qu'avant toute offensive, de te confesser si possible, car, tu le sais ; l'administration des derniers sacrements, en particulier de la confession et de l'extrême onction reste pour notre famille une exigence forte. Comment ta mère et moi, ferions-nous notre deuil, si tu mourrais sans les sacrements ?

Tout à l'heure dans la chapelle, nous avons demandé la protection de Saint-Maurice ; je t'invite à solliciter aussi :

« Mamm gozh ar Vretoned »,

« La grand-mère des Bretons »

Je crois beaucoup en sa divine protection !

N'est-elle pas la Grand-mère du Christ ?

Souviens-toi, tous les 26 juillet, nous nous rendions à Sainte Anne d'Auray pour le pardon. »

Ma réponse était aussi spirituelle, car je ne voulais pas qu'il douta de ma foi et surtout je voulais le réconforter, car je mesurais la lourde charge qui pèserait sur ses frêles épaules.

« Oui, Père, comme toi, je suis un fidèle pèlerin et je fais, devant toi, la promesse que si je reviens vivant de cette guerre, j'irai à pied à Sainte Anne d'Auray et je gravirai à genoux, en remerciement de sa sainte protection, toutes les marches de la Scala Sancta, en signe de pénitence. »

♦

Mon père devait sentir ses forces déclinaient et mon départ l'inquiétait énormément ; il doutait de sa capacité à me remplacer dans les travaux des champs et surtout il n'avait pas assimilé ma méthodologie concernant la constitution de la base de données de la « génétique animale ». Il participait à mes recherches mais cette méthodologie l'effrayait.

De plus, il pensait à Marie-Anne qui se retrouverait seule avec trois enfants en bas-âge et deux vieillards. Ce qui l'inquiétait le plus, c'était la réquisition des animaux et du matériel pour les besoins impérieux de l'Armée.

C'était impensable pour lui, le désarroi l'anéantissait et il me le communiquait inconsciemment.

Je devais donc résister à cette contagion pour paraître serein devant Marie Anne, mon épouse et les enfants qui pleuraient. Ma mère s'accrochait à moi, voulant m'empêcher de partir.

Je vous assure chers lectrices et lecteurs que je ne partais pas « *la fleur au fusil* ».

◆

J'étais fort inquiet ; la guerre cette inconnue, troublait nos esprits. Il m'était difficile en si peu de temps de préparer mes parents, ma femme et mes trois enfants à des objectifs familiaux qui s'imposeraient à eux.

◆

Notre ferme était une petite exploitation avec un cheptel que j'essayais tant bien que mal de développer. Je n'avais aucune idée de la génétique, mais le bon sens paysan et une certaine intelligence modifiaient mes méthodes d'élevage et de commercialisation. J'avais compris très tôt que la consanguinité était aussi problématique chez les animaux que chez les humains. Je m'ingéniais à sélectionner les taureaux et les vaches. Je les observais puis je notais toutes leurs caractéristiques et dés la naissance du veau j'écrivais ses caractéristiques du côté positif comme du négatif et sans le savoir, j'inventais une base de données qui devenait une « généalogie animale ». Je la perfectionnais sans cesse par des items recueillis ci et là, dans des conversations de foire.

Le résultat n'était pas le fait d'un miracle que j'ai connu, mais celui d'une méthodologie longuement réfléchie et mise en application.

Je vous rappelle le miracle concernant ma vache boiteuse, certains diront que je suis un marchand de vaches, un maquignon, d'autres que c'est une légende, un conte !

Vous avez tous raison parce que dans ce miracle, il n'y a de mensonge qu'un mot ou deux.

♦

10 - Les adieux

♦

Mon père attela le cheval à la charrette pendant que je préparais mes affaires et le départ fut particulièrement déchirant. Toutes sortes de recommandations de part et d'autres s'échangèrent :

« Sois prudent, ne prend pas de risques, ne joue pas les héros, ne sois pas volontaire… »

Et moi de rétorquer, *« n'oublie pas :*

- *les battages en septembre,*
- *des morceaux de lande à défricher ;*
- *ramasser les pommes,*
- *fabriquer le cidre,*
- *labourer avant la Toussaint,*
- *nettoyer les grains à vendre, »*

Juste avant de partir en embrassant Marie-Anne, les enfants et ma mère, je leur promettais de tout faire pour revenir parce qu'ils étaient l'essence même de ma vie et que je prierai quotidiennement Saint-Maurice et Sainte-Anne pour notre protection.

Je pense que j'avais trouvé les bonnes paroles pour apaiser leurs craintes justifiées.

Ce 3 août 1914 resta gravé dans nos mémoires.

Il me hantait chaque jour et chaque nuit pendant cette longue absence !

◆

Pendant le trajet d'une dizaine de kilomètres, d'autres voitures rejoignaient le bourg d'Inguiniel. Un silence pesant nous enveloppait mon père et moi. Nous regardions droit devant nous, notre fierté d'homme nous empêchait de montrer notre chagrin ; des larmes coulaient et nous retenions notre respiration pour ne pas renifler. Nous saluions les personnes devant leur maison ; elles aussi, n'avaient pas le moral !

L'arrivée au bourg d'Inguiniel fut une délivrance parce que d'autres mobilisés arrivaient et les blagues « psychologiques » fusaient. Vous savez celles qui détournent l'angoisse et qui donnent l'impression que l'on n'a pas peur ! Et pourtant, nous étions angoissés…

◆

Notre arrivée à la caserne Bisson à Lorient fut un choc, un nombre impressionnant de mobilisés étaient déjà arrivés ; il en venait de partout, y compris de la Vendée !

C'était du sérieux et les ordres en français pleuvaient. La plupart d'entre nous, ne les comprenions pas. Les officiers et les sous-officiers ne parlaient pas non plus le breton.

Comment obéir lorsque la communication est presque impossible ; une tension nerveuse chez les cadres les faisait hurler, ce qui nous impressionnait fortement et nous mettions toute notre hâte à nous regrouper par sections, par compagnie. Fort heureusement notre colonel était un homme d'expériences et il avait anticipé ce handicap en organisant ses unités par origine.

De la méthode et de l'organisation, voila les bonnes bases de toute entreprise, ce colonel était un vrai chef d'entreprise.

Voilà au moins un point rassurant. J'avais confiance en lui et mon capitaine me semblait aussi à la hauteur.

Je savais par l'instruction militaire que j'avais reçue que :

« La discipline est la force principale des armées »

♦

Lors des pauses, nous échangeâmes avec nos voisins des informations sur les causes de cette guerre. J'avoue que la politique internationale n'était pas notre priorité, mais nous comprîmes que l'Allemagne avait une politique expansionniste et que l'Alsace et la Lorraine ne leur suffisaient pas. Quant à nous, nous avions une revanche à prendre sur les pertes de 1870 d'une part mais nous devions les empêcher d'être plus envahissants, d'autre part.

C'était simpliste peut-être mais pour le soldat de base, c'était plus motivant malgré tout !

♦

A la mobilisation, le 62e R.I., faisait partie de la 43e brigade[6] (22e division[7], 11e C.A.[8].) Il était commandé par le colonel Costebonnel.

Je retrouvais des frères d'armes de la classe 1902, mais aussi des vendéens qui étaient incorporés avec d'autres bretons du Morbihan. Ces soldats pour la plupart, étaient majoritairement mariés et pères de famille, quelques uns étaient célibataires.

---

[6] Brigade – Pendant la Grande Guerre, la brigade est une unité constituée par deux ou trois régiments, selon les cas, réunis sous le commandement d'un général.

[7] Division- Unité de base de la stratégie militaire, la division comprend en 1914 environ 12.000 hommes répartis dans 4 régiments. Durant la guerre, elle passe de 4 à 3 régiments par division en France. Par extension, les généraux qui les commandent sont nommés « divisionnaires »

[8] Corps (d'armée de cavalerie…) est un groupement d'au moins deux divisions sous un même chef avec en plus des moyens supplémentaires en artillerie, génie, et logistique. C'est normalement le niveau d'engagement minimum en opérations. Ils sont regroupés au sein d'armées pour assurer leur coordination et leur collaboration sur le terrain.

Tous étaient attristés de quitter leur ferme, leur épouse, leur fiancée et leurs parents.

Mais nous étions tous emprunts du plus pur patriotisme. Le régiment, de jour en jour complétait ses effectifs.

Les Morbihannais se rassemblaient par Pays (Lorient, Pourlet). Leurs conversations différaient ; les Lorientais étaient pour beaucoup, des ouvriers ou des pêcheurs, tandis que ceux du Pays Pourlet étaient majoritairement des paysans. Nous étions solidaires malgré, cette différence de catégorie sociale, pour accueillir les Vendéens qui composaient ce Régiment et nous les intégrions chaleureusement. Pour la plupart des incorporés du Morbihan, le français n'était pas leur langue, nous étions   dans un environnement purement francophone ; toutefois le commandement prit soin de regrouper les bretons en fonction de leur origine géographique, ce qui eut pour effet d'échanger plus facilement et de fraterniser plus rapidement.

Nous verrons que cette fraternisation du premier jour a eu des effets insoupçonnés sur l'avenir !

Merci mon Colonel.

♦

Au cours de la prise d'armes passée avant le départ, cet officier supérieur, dans une harangue empreinte du plus pur patriotisme, nous indiqua à tous le chemin du devoir et la grandeur du sacrifice que la Patrie attendait de nous.

Un immense cri de « *Vive la France* » répondit
à ces nobles paroles.

« *La mayonnaise était prise* » nous étions
« formatés » diriez-vous aujourd'hui. Nous faisions
corps.

Le Régiment était en ordre de marche.

◆

11 - Le départ de Lorient

◆

Nous démontrâmes notre patriotisme le 7 août 1914 pendant la traversée de Lorient pour rejoindre la gare, ce fut une véritable marche triomphale. Une foule émue nous entourait et nous acclamait sans discontinuer.

Soudain, un libertaire, ouvrier à l'arsenal, cria :

« A bas la guerre ! vive l'Allemagne « !

Sa contestation fut vite éteinte par la foule qui ne partageait pas ses idées. Une foule émue nous entoura et nous acclama sans discontinuer. Le sous-préfet, la municipalité et toute la population lorientaise rejoignirent la gare pour saluer le drapeau et les bataillons qui partaient pour la frontière.

Beaucoup de ceux du Pays Pourlet quittant Lorient disaient :

« Adieu, la Bretagne, je pars pour Vannes »

Pour ceux-là, Vannes était le bout du monde, l'inconnue…

◆

La majorité des Bretons était bretonnante, monolingue. L'Eglise, malgré sa séparation avec l'Etat demeurait particulièrement influente. L'instituteur avait inculqué aux enfants scolarisés un esprit de revanche face aux Prussiens qui avaient annexé en 1871,

L'Alsace et la Lorraine

Inconsciemment cet esprit de revanche nous animait et nous motivait.

◆

Voyez-vous l'esprit est un moteur puissant.

Vous constaterez plus tard qu'il fut source d'ingéniosité, de sursauts et de courage aux moments opportuns !

Il nous en fallait du courage ; nous savions que les pourvoyeuses de l'Ankou étaient de l'aventure ; nous connaissions le danger des armes et encore, nous ignorions tout des nouvelles technologies que des ingénieurs, des chimistes, des propagandistes nous réservaient.

Notre arme à nous fut l'Esprit Saint.

Il était notre meilleur bouclier, c'est pour cela que nous implorions la protection divine par l'intermédiaire de notre Saint patron : Saint Maurice et celle de la Grand-mère du Christ : Sainte-Anne d'Auray.

Nous étions sous bonne protection, mais je n'oublie pas l'adage :

« Aide-toi, le ciel t'aidera »

Je me promettais d'être constamment en communion avec l'Esprit Saint, Saint-Maurice et Sainte-Anne. Ils ne furent pas de trop, je vous l'assure.

♦

Nous quittâmes Lorient au son de la Marseillaise et du Chant du départ. La locomotive qui nous transportait était décorée de drapeaux tricolores, des gerbes de fleurs et d'inscriptions écrites à la craie :

" Train de plaisir pour Berlin- Section des anti-neurasthéniques- Cochon à tuer et Tête à couper. »

Ce départ pour l'aventure fut euphorique. Certains pensaient revenir très vite dans leur Pays de légendes et de contes, j'étais de ceux, peut-être parce que plus âgé et père de famille, que nous n'allions pas vers une partie de plaisirs. J'avais en mémoire l'histoire du Zouave pontifical gisant à côté du général de Charrette. Cette scène dans laquelle un général meurt à côté de ses soldats est révélatrice de l'horreur de l'affrontement. De plus, nous partions avec un esprit revanchard !

Je pensais que l'ennemi était lui aussi averti des dangers de la guerre et que leurs chefs appliqueraient les règles d'un stratège chinois, appelé Suntzou qui préconisait :

> « Il faut dérouter ceux qui conduisent l'ennemi, les égarer si possible, leur faire perdre la raison »

J'avais l'impression déjà, que la plupart d'entre nous ne maîtrisaient plus leur raison.

Nous allions progressivement vers une aventure que nous ne soupçonnions toujours pas encore, mais qui ne saurait tarder, pour cela, je cherchais un aumônier en prévision des soins de l'âme.

12 - Le retour d'Inguiniel

◆

Je laisse la parole à Louis, mon fils pour qu'il vous raconte le retour de son grand-père Albin du bourg d'Inguiniel.

◆

Le temps d'absence de Grand-père nous sembla une éternité, j'avais peur qu'il ne revienne pas. Jeanne-Louise et moi, n'avions de cesse de questionner Maman, la pauvre ! Elle souffrait tant, que nous modifiâmes notre comportement ; nous étions accrochés à sa robe, cherchant ainsi sa protection.

Grand-mère Marguerite, comprenant la situation vint nous rejoindre pour doubler cette protection ; nous faisions une équipe soudée, c'est ce que s'exclama Grand- père lorsqu'il nous surprit dans cette position.

Nous retrouvions tous le sourire, il était maintenant notre protecteur !

Pensez donc un homme de cette condition, si expérimenté qui fut le maître à penser, l'éducateur de Papa. !

C'était lui le pilier, la pierre d'angle qui tenait l'édifice !

L'espoir renaissait, d'autant plus qu'il prenait son rôle au sérieux et partageait déjà les tâches à venir.

Nous formions une équipe ma sœur Jeanne Louise et moi.

Nous tiendrons notre place, foi de breton ! Il faut que notre Papa soit fier de nous et que Grand-père sache que nous sommes de la bonne graine.

◆

La guerre vous rend plus vite adolescent et adulte.

◆

C'est une école impitoyable qui vous forge un caractère pour la vie entière. Pas de place pour les pleurnicheurs, les mauviettes. Même les filles retroussaient les manches et ma sœur Jeanne-Louise fut un exemple de « petite mère ». Ma petite sœur, Julienne seulement âgée de trois mois, occupait fort bien Grand-mère.

Pendant toute notre existence, nos liens furent soudés et nous savions que nous comptions beaucoup l'un pour l'autre.

Hélas, la dure réalité nous ramena à l'essentiel.

La réquisition passerait t'elle ? Et l'Ankou, cette faucheuse que nous craignions par-dessus tout, emporterait-elle Grand-père ou Grand –mère, ou les deux à la fois ?

Nous avions tant besoin d'eux !

♦

Grand-père était un psychologue et un pédagogue
à sa façon ; il occupait notre esprit du mieux qu'il
pouvait.

Savez-vous comment ?

Par son répertoire de légendes et de contes !
C'est incroyable la mémoire qu'il avait ; chaque soir
devant le feu de la cheminée, il nous emmenait
dans son univers.

Nous étions tout ouïe et tout obéissant ; nous
voulions notre « soirée T.V »

♦

13 - Le Pays Pourlet, un Pays de légendes

◆

En Pays Pourlet, les veillées commençaient avec le coucher du soleil ; d'ailleurs toutes nos activités quotidiennes, agricoles et religieuses s'articulaient avec lui.

Nous étions installés autour du feu de la veillée.

◆

Qu'est ce que le feu de la veillée ?

Nous l'appelions ainsi, parce que sa confection était un art que peu de gens connaissaient.

Chez nous, c'était mon grand père Albin qui le confectionnait.

Il posait en premier, une énorme bûche de chêne, sur celle-ci et contre sa face antérieure, il appliquait une couche de menus fagots et de brindilles qu'il recouvrait de copeaux, puis il déposait sur le tout, une ou deux corbeilles de détritus humide et de copeaux ramassés au pied du grand tas de fagot de la cour. Le feu couvait et fumait, puis graduellement il prenait, s'allumait et nous chauffait comme une fournaise.

Nous étions tous rangés autour de nos grands-parents qui étaient assis sur un fauteuil de bois sculpté. Sur le banc-dossier placé devant le lit-clos, Jeanne-Louise et moi, nous prenions place en hauteur pour ne rien manquer des paroles et de la gestuelle du conteur. Quand Papa était avec nous, nos parents se plaçaient à droite et à gauche de Grand-père et de Grand-mère. A chacun des angles de la cheminée, se trouvait une chaise réservée aux conteurs.

Une bolée pleine de cidre dorée leur était versée pour entretenir leur verve poétique.

Cette chaleur était la bienvenue ; dehors le vent gémissait et pleurait, la température avoisinait les 5 à 6 degrés. Parfois le vent rugissait, il ébranlait alors les fenêtres et la porte, comme si un importun voulait entrer de force. Mes sœurs et moi, nous avions peur, quant à mes parents et grands parents, ils parlaient des travaux de la saison, tout en allumant leurs pipes. Puis la conversation s'inquiétait de l'état du bétail et des nouvelles de la région, glanées lors de la dernière foire qui se tenait alternativement à Bubry et à Plouay.

Pendant ce temps, les vêtements continuaient de sécher, tandis que maman tricotait et que grand-mère filait la laine de nos moutons sur un rouet tout en chantonnant à mi-voix des airs connus.

Nous les invitions à chanter plus ardemment.

Grand-père étendait les bras pour obtenir le silence.

Il commençait toujours ainsi :

Comme vous le savez, je suis oiseau.

*Je vole d'arbre en arbre, ou de menhir en dolmen ;
ce qui me permet de me cacher, d'observer et
d'entendre. C'est ainsi que je puise mes nouvelles,
que j'arrange mon conte ou ma légende en fonction
de mon auditoire.*

C'est à dire, les contes du Pays Pourlet et/ou
les légendes de Carnac.

♦

Je me souviens du premier conte qu'il nous offrit le
jour du départ de Papa, je ne résiste pas à vous le
raconter, peut-être le trouverez-vous étrange, mais
il fut pour moi, le temps d'un rêve merveilleux dont
j'avais grand besoin.

Le voici :

Je suis oiseau

Je vole branche en branche, de menhir en
menhir, de village en village. C'est ainsi que je
glane mes informations que je les arrange en
contes et légendes.

♦

14 - C'est l'histoire d'une fée et d'un gardien de vaches.

◆

Job de kerlérien gardait les vaches du propriétaire du château de Kernivinen, dans un pré lorsqu'il entendit une voix féminine, jeune qui lui demandait un service.

Sur 360°, il ne voyait aucune présence féminine et pourtant la voix se manifestait toujours. A quelques pas devant lui, un mouvement attira son regard, c'était une couleuvre qui se déplaçait et c'était elle qui lui parlait…

« Ne me tues pas, je suis prisonnière.. . J'ai besoin de ton aide Job, pitié !

Comment une couleuvre peut-elle parler et m'appeler par mon prénom ?

Je suis une princesse qui fut changée en couleuvre depuis très longtemps par un magicien maléfique…

Job était perplexe pour ne pas dire plus. Il regardait autour de lui. Il n'y avait personne d'autre que cette couleuvre et lui, pauvre valet de ferme…

Job hésitait toujours, quelle attitude auriez-vous eue à sa place ?

Ne comprends-tu donc pas Job que je dois me dissimuler, le magicien me harcèle sans cesse. Il faut que tu acceptes l'épreuve pour me sauver. Il n'y pas de piège crois-moi !

Job hésitait toujours…

Ecoute bien ma proposition et prends vite ta décision :

Si pendant trois jours, à la même heure et au même endroit, tu m'embrasses par trois fois, je redeviendrai princesse et en remerciement je ferai de toi le roi de mon royaume.

Job était tenté par la proposition, mais il était répugné à l'idée d'embrasser une couleuvre trois jours de suite et par trois fois.

Job, le temps presse, si tu ne te décides pas sur le champ le magicien découvrira ta présence hésitante et il agira d'une façon imprévisible.

Job s'allongea sur l'herbe et fit semblant de dormir, permettant ainsi à la couleuvre de venir se placer au niveau de sa bouche.

Par trois fois il l'embrassa.

Mille fois merci Job pour cette première intervention, cependant reviens demain à la même heure et au même endroit.

Job fut fidèle au rendez-vous du lendemain, mais ne vit pas la couleuvre bien qu'il entendit sa voix. Une musaraigne se manifesta qui lui dit :

Ne crains rien Job, je me suis métamorphosée en musaraigne pour tromper la vigilance du magicien maléfique. Allonge –toi et embrasse –moi, je t'en supplie…

Job s'exécuta pour la seconde fois.

La musaraigne lui recommanda leur prochain rendez-vous qui verrait la fin du martyre de cette princesse.

Le troisième jour arriva … L'heure de vérité…

Hélas, Job vit à la place de la musaraigne un crapaud…

Embrasseriez-vous un crapaud pour un mariage hypothétique et un trône imaginaire ?

Job, je t'en supplie, le temps presse…

A peine eut-il terminé son troisième baiser que le miracle se produisit :

Cette laideur se transformait en une belle princesse blonde aux yeux bleus.

Job était stupéfait, ébloui par tant de beauté ; non seulement elle était splendide, mais il serait son royal mari, encore que le royaume n'était pas en vue… Par contre le magicien se manifesta sous la forme d'un nuage menaçant !

La princesse par une formule magique connut que d'elle, les rendit tous les deux invisibles et rejoignirent le château de son père qui se situe dans une île du Golfe du Morbihan. Le nuage fit demi-tour pour rejoindre son château afin de consulter ses livres de sorcellerie.

Ils arrivèrent sains et saufs dans le royaume du père de la princesse qui les reçut joyeusement et qui invita tous les habitants pour leur annoncer non seulement la bonne nouvelle, mais aussi son abdication dés que le mariage serait consacré.

Quelques mois plus tard il mourût et Job devint Roi. Leurs descendants vivent encore, c'est ce qu'affirment des voyageurs et des marins éblouis par la beauté de cette île, née d'une larme d'une fée qui fut chassée de la forêt de Paimpont.

Que voulez-vous, c'est notre Pays qui veut cela, il n'est que légendes et contes !

C'est un Pays enchanteur, merveilleux qui envoûte les esprits.

◆

Cette histoire merveilleuse, m'émeut encore aujourd'hui.

J'espère que vous la raconterez aussi à vos jeunes enfants et petits enfants.

Ils sont toujours friands de contes merveilleux.

◆

Je remarque avec un certain plaisir, que l'intérêt pour notre culture attise votre curiosité, sans plus tarder, permettez-moi de vous présenter le Pays Pourlet.

◆

C'est une zone qui se situe dans le nord-ouest du Morbihan, ainsi qu'une petite partie des Cotes d'Armor. Les communes les plus connues de moi étaient Bubry, Inguiniel, Meslan, Plouay, Guémené-sur-Scorff, Le Faouët, Kernascléden, Pontivy, Melrand, Poul Fétan, Quistinic.

J'arrête ici ma liste volontairement ; ces communes m'étaient familières à différents titres. Tout d'abord elles étaient dans ma zone de travail. Elles étaient pour moi, soit :

Des lieux de rencontres professionnelles, lors des foires notamment,
Des communes où résidait notre famille (parents et beaux-parents),
Des coins secrets de légendes et de contes qui alimentaient mon imagination.

Notre culture est traditionnelle, primitivement, nous étions assez réservés, notre langage ne connaissait pas la vulgarité. Hélas les flux migratoires modifièrent cette réserve naturelle…
Quant à notre mobilier, il est unique : par ses figures en marqueterie et incrustation. Ils sont tous chevillés ; la cheville est masquée par un clou doré. Des clous dorés ornent les panneaux de bois et forment un décor.

Nos vêtements sont originaux ; le masculin se distingue par la profusion des boutons ; il est connu sous l'appellation : mil boutons. Le féminin se caractérise par sa coiffe qui est composée d'un bonnet, d'un ruban de satin et d'une sous-coiffe avec deux rubans qui se nouent sous la joue et sous la coiffe. Celle-ci a des ailes très fines qui la font surnommer « la brouette »

Nous aimons particulièrement la danse, pas n'importe laquelle, la gavotte pourlet qui exige des sauts acrobatiques effectués par les hommes.

♦

15 - La bataille de Maissin

◆

Nous étions douze mille soldats, sous-officiers et officiers à monter dans les trains pour une destination que seule connaissait une poignée d'officiers généraux et supérieurs. Quant à nous, nous étions la « grande muette », c'est une façon de parler, parce que fusaient des conversations et des chants qui accompagnaient le roulement du train. Les arrêts en gare pour nous soulager et effectuer les besoins naturels étaient pour les habitants, un spectacle inoubliable, ils nous encourageaient, mais plus nous approchions, plus l'anxiété prenait position dans les rangs.

◆

Nous avions appris à Versailles que Mulhouse était tombée ; il n'en fallait pas plus pour soulever des cris d'enthousiasme.

◆

Dans la soirée du 9 août, nous débarquâmes à Châtel-Cherry, aux confins de la forêt d'Argonne, tout près d'Aprement. C'est le Pays des bois, j'avais l'impression d'être chez moi, entre Kerascouët et Gairgair, hélas !

Une mésange charbonnière fit entendre son chant.

Ce fut pour moi un signe encourageant, j'aimais cet oiseau de jardin, il est petit de taille et d'envergure. Et il me rappelait ma campagne au bois enchanteur qui alimentait mon esprit de conteur dans lequel vivaient plusieurs mésanges charbonnières, dont l'une nidifiait dans un des arbres de mon jardin. Nous avions passé une « convention de bon voisinage « : Elle protégeait mon jardin des insectes et en échange je lui offrais des graines en période hivernale. J'aimais sa compagnie et je crois que c'était partagé.

La réalité me rappela à l'ordre :

Le 11 août, nous nous dirigeâmes vers Sedan dans un premier temps et les ordres arrivaient sans cesse modifiant l'itinéraire en fonction des informations et des renseignements recueillis.

C'est ainsi que nous arrivions à Maissin en Belgique. Les Allemands avaient envahi le territoire belge et se dirigeaient vers la France. La Belgique infligeait de nombreuses défaites aux troupes allemandes. L'affront était d'autant mal perçu qu'il était considéré comme servant la France. Les représailles furent violentes. Les troupes françaises défendaient les frontières franco-belges et franco-allemandes,

C'était « *la bataille des frontières* »

Ce fut dans le village de Maissin, carrefour stratégique situé au milieu d'une clairière de la forêt des Ardennes que nous rencontrâmes pour la première fois l'ennemi. Notre régiment débouchait de la zone boisée après avoir dépassé la route d'Our lorsque nous fûmes sous le feu de l'infanterie allemande qui était à ce moment extrêmement violent, un ennemi invisible, en position sur les hauteurs de Maissin, avec un grand nombre de mitrailleuses. Elles visaient toutes les fractions qui essayaient de descendre sur cette localité ; l'élan de nos bataillons se brisait contre cette forte défensive. Nous subîmes des pertes sérieuses causées à mon avis par l'inexpérience logique de nos chefs qui furent surpris mais surtout qui n'avaient pas pris la précaution d'envoyer des éclaireurs. Notre tenue était pour le moins inadaptée à la guerre moderne ; des couleurs voyantes parfaites pour un ennemi embusqué à bonne distance de tir.

Cependant, malgré l'intensité du feu de l'ennemi, les 1re et 3e compagnies et des éléments du régiment réussirent à progresser jusqu'à 600 mètres environ de Maissin. Vers 19 h le clairon sonna la charge, nous nous élançâmes dans un élan irrésistible à l'assaut, Maissin fut pris : 60 prisonniers restèrent entre nos mains. Sept heures de combat furent nécessaires pour obtenir cette première victoire sur la 25ème Division d'Infanterie de Hesse.
Quel baptême du feu, chers lectrices et lecteurs, mais à quel prix de vies humaines enlevées trop tôt et de blessures affreuses et invalidantes !

♦

Après sept heures de combat contre la 25ᵉ Division d'infanterie de Hesse du 18ᵉ Corps d'Armée allemand, Maissin fut provisoirement aux mains des Français le 22 août. Les Allemands recevaient des renforts dans la nuit et reprenaient le village le lendemain. Lors du combat, plus de 70 maisons furent incendiées, seules 25 maisons restèrent debout, le bétail fut décimé, les récoltes ravagées et dix habitants moururent au cours de la bataille. D'autres furent fusillés par les Allemands. Les pertes furent quasi équivalentes dans les deux camps.

L'armée française perdit presque 4200 hommes dont 31 Lorientais.

Quant aux habitants de Maissin, dés le début des combats les allemands, des uhlans massacrèrent des habitants en les terrorisant et en les humiliant, ils tuèrent les animaux et détruisirent leurs habitations. Ces soldats faisaient fi de la Convention de La Haye ; la guerre fut alors non conventionnelle, vous le verrez lorsque nous évoquerons l'usage des gaz, le nettoyage des tranchées, les attaques des sous marins allemands contre des navires civils et les conditions de détention des prisonniers de guerre. Ce n'était pas de la propagande, c'était la vérité toute simple.

◆

Pour un baptême du feu, ce fut une douloureuse journée, qui ensanglanta notre drapeau

Selon un officier du service d'espionnage français " Maissin » fut une cause lointaine de la victoire de la

Marne. En y bloquant pendant plus de 24 heures les Allemands, notre XIème corps a permis à notre IVème Armée de se regrouper sur la Haute Meuse, de faire sa jonction avec la Vème et ainsi d'amorcer la grande manœuvre qui nous donna la *magnifique « victoire de la Marne. "*

: " *On a si souvent répété depuis 1914 que le plan de campagne allemand échoua sur la Marne », qu'on a fini par le croire ; »*

On se trompait ; C'était en Lorraine et en Belgique qu'il s'était effondré.

Maissin est en Belgique, alors !

Le 11e Corps d'Armée breton et vendéen fut envoyé dans le Luxembourg belge le 21 août 1914.Le 22 août marqua l'histoire militaire française car la France connût sa plus grande perte en hommes :

27 000 morts en un jour.

Je voudrais maintenant vous sensibiliser sur les suites d'une attaque aussi meurtrière que la bataille de Maissin. Je vous rappelle que ce fut la journée la plus sanglante de toute la guerre, la France perdit 27000 hommes. C'était notre baptême du feu !

Il fallait les enterrer, le général Joffre donna des consignes pour des inhumations en fosses communes, jusqu'à 100 corps. Progressivement, des cimetières provisoires regroupèrent les corps d'une portion du champ de bataille : ils étaient généralement aménagés à proximité des postes de secours, près des tranchées ; bon nombre des morts furent déclarés « inconnus », faute de pouvoir établir leur identité à partir de leurs effets personnels. Des carrés militaires furent aussi aménagés dans les cimetières des communes proches du front. Les aménagements étaient très sommaires. Les tombes étaient signalées par de simples croix de bois. Tandis que les Allemands réalisaient des constructions parfois imposantes, destinées à perdurer, comme des monuments funéraires ou des grandes croix de pierre ou de béton.

♦

Pour nous Bretons, le protocole était sacré, je vous l'ai longuement expliqué, mais pour le commandement il en était autrement. Les officiers avaient droit à une sépulture individuelle, tandis que les soldats devaient être regroupés par centaines. Non seulement, cette injustice devant la mort nous choquait, mais il n'était pas question que nous acceptions cette sépulture collective effectuée à la hâte alors que notre culture de la mort nous recommandait la sépulture individuelle ainsi que les cérémonies religieuses. Hélas, cette guerre fut une guerre d'artillerie ; la puissance et la fréquence des salves bouleversaient la surface du champ de bataille, disloquaient ou enterraient un grand nombre de cadavres, avant qu'ils n'aient pu être inhumés.

Dans un tel chaos, il était souvent jugé impossible, inutile et dangereux de s'occuper des morts. En outre, dans de nombreux cas, lorsque des inhumations provisoires purent avoir lieu, les cimetières créés près des tranchées étaient détruits par de nouveaux bombardements d'artillerie. Il fut estimé que la moitié des corps des soldats tués ne fut pas retrouvée ou identifiée. Parfois, toute trace des morts avait disparu ; le cas extrême, c'étaient les hommes pulvérisés par les explosions de mines. Cette journée fut pour nous une terrible épreuve et le deuil des camarades tombés au champ d'honneur ne s'effectua jamais. Il m'arrivait de mon vivant de penser à la fin tragique de tous mes frères d'armes ensevelis à jamais sans avoir reçu les sacrements dispensés par un aumônier militaire.

L'ensevelissement des corps putréfiés, déchiquetés exhalaient une odeur nauséabonde, d'autant plus que la chaleur était étouffante, nous n'arrivions pas à nous ravitailler en eau ; les difficultés de l'approvisionnement de l'alimentation et de l'eau devenait plus que problématique ; nos chefs étaient comme nous désarmés par cette pénurie. Notre moral sombrait ; tous ces morts enterrés à la hâte, nous traumatisaient. Nous n'avions pas pu les ensevelir selon nos rites funéraires et toutes sortes de questions nous venaient à l'esprit.

Nous cherchions un réconfort auprès des aumôniers ; ils étaient trop occupés avec les blessés et les mourants.

L'Ankou, cette moissonneuse d'hommes nous effrayait encore plus ; le spectacle des morts, des agonisants, des blessés que les secours évacuaient tant bien que mal en se frayant un passage parmi les victimes. L'odeur nauséabonde des corps pétrifiés accentuait le cauchemar que nous vivions.

C'était l'enfer.

♦

16 - La naissance du Père Pinard

♦

Le Commandement se rendit compte que l'approvisionnement en eau était quasi impossible dans cette guerre des tranchées. Comment survivre sans cette source essentielle ?

La transpiration devenait insoutenable ; notre tenue n'était pas adaptée aux conditions de la guerre moderne, la chaleur persistait et la soif devenait une obsession. Quant à l'hygiène, vous n'imaginez pas dans quel état nous étions ; les mains, les visages les tenues étaient maculées de sang, de terre souillée, d'huile, d'herbes.

Nous dégagions une odeur de mort, de sueur, de crasse.

Combien de temps durerait notre martyre ?

♦

Dès octobre 1914, l'Intendance avertie d'une prévisible guerre de longue durée, améliora la vie dans les tranchées en ajoutant à l'ordinaire des troupes une ration de vin.

Ce fut l'acte de naissance « *du Père Pinard* », un vin fort médiocre, qui avait « *trop peu ou goût de rien* » Pourtant :

« *L'eau est la boisson habituelle du soldat* »,

Spécifiait le règlement intérieur des armées. Mais très vite le pinard du poilu, c'est-à-dire le vin rouge devint dés lors la boisson officielle. Il fut une arme psychologique dans les tranchées, les poilus devenaient euphoriques, tandis que les Allemands se morfondaient à trouver l'équivalent de notre breuvage. La gaité des Français perturbait sérieusement le moral des Allemands.

Notre commandement nous avait surpris par cette décision opportune et remportait une victoire psychologique sur l'ennemi.

Nous en profitâmes en trinquant à la santé des allemands.

Aujourd'hui, je les plains, ils étaient nos ennemis, mais beaucoup d'entre eux, pour ne pas dire la totalité, étaient comme nous, de pauvres mobilisés, pères de famille et d'enfants. L'homme, voyez-vous est un animal qui tue pour tuer, ce qui est contraire à notre doctrine religieuse. Et pourtant, nous fûmes contraints d'exercer cet acte interdit.

♦

17 - Le corps médical après les combats de

Maissin (Belgique)

♦

Faites un effort d'imagination et pensez à tous ces pauvres souffrant de blessures à la face, au ventre et aux membres supérieurs et inférieurs qui attendaient désespérément l'arrivée de l'aumônier-infirmier, des brancardiers et ensuite leur évacuation vers le poste de secours le plus proche. Encore fallait il qu'il existât !

L'accessibilité à ce poste ou à ce qui ressemblait à un hôpital de campagne était encombrée de débris d'armement, de corps et l'ennemi qui perturbait les évacuations sanitaires. Quelle frayeur, quelle angoisse pour ces blessés, ces agonisants et l'inquiétude, le stress pour le corps médical qui voyait sans cesse, arriver ces flux de blessés, de traumatisés et qui, bien que sous-équipés et en nombre restreint devait trier, déterminer les priorités d'admission dans les différentes unités.

Je vous laisse consulter les extraits du journal de marche de cette unité médicale qui retrace leurs difficultés, leur organisation, leur emploi du temps, et surtout le dévouement extrême de tous les membres pour évacuer, hospitaliser et soigner avec leurs moyens de fortune tous ces malheureux qui plaçaient leur espoir en eux.

Quelle responsabilité fut la leur !

« *Les combats de Maissin furent si meurtriers dans les deux camps que les postes de secours et les ambulances étaient débordés. Le personnel médical et les infirmiers firent preuve d'un dévouement sans failles, malgré la présence de l'ennemi qui s'acharnait à les brimer de toutes les manières. Ils trouvèrent des lits de fortune dans les villages d'Our, d'Opont et dans le château des Abys. L'Armée française enregistra 4200 tués dont 31 Lorientais. Un premier poste fut ouvert dans l'école d'Our. Puis l'afflux des blessés nécessita l'ouverture de granges dans le voisinage* ».*

Cette bataille fut parmi toutes celles que nous connaîtrons, la plus sanglante !

« *Le Médecin-major Clot et son adjoint, le médecin aide-major Bourguignon organisèrent l'aménagement de ces établissements en « hôpital de fortune ». La paille fut requise et toute la nuit, le soldat Péron fut occupé à aller chercher cette paille pour fabriquer des lits et les recouvrir de celle-ci afin de réchauffer les blessés. Ils assistèrent en même temps à la retraite de nos soldats. Les blessés affluaient toujours ; fort heureusement, un renfort arriva composé de l'aide –major Le Lyonnais avec 8 brancardiers, 4 infirmiers et deux voitures médicales régimentaires avec leurs chevaux et leurs conducteurs. Entre 1 heure et 2 heures du matin, un médecin auxiliaire du 116e de ligne, le docteur Flaties arriva, accompagnant un blessé que portaient 4 brancardiers et 1 infirmier.* »

Les effectifs étaient donc de ;

- 3 médecins : médecin aide-major Bourguignon ; médecin aide-major Le Lyonnais ; médecin auxiliaire Flaties –
- 22 soldats : 5 infirmiers, dont 4 du 93e et 1 du 116e [*parmi les infirmiers du 93e RI : MM. Godart, Chotard et Mouleau*] ;
- 12 brancardiers, dont 8 du 93e et 4 du 116e ; 3 conducteurs, dont 2 du 93e et 1 isolé, recueilli par l'aide-major Le Lyonnais ; 2 ordonnances, dont 1 du 93e et 1 de l'ambulance n°1 –

Quant au matériel :

- 2 voitures régimentaires avec leurs attelages et tout le matériel sanitaire.

« L'organisation s'améliora et des conseils judicieux sur la direction à prendre furent donnés au passage des troupes, à des officiers parmi lesquels un général. Toute la nuit fut occupée à héberger et soigner des blessés qui au nombre de 170 furent répartis entre les deux postes de secours. »

« Vers les 7 heures du matin une fusillade éclata dans le village. Les Allemands arrivaient. les Allemands fusillaient les villageois. »

Que faire ?

Revenons à ces blessés anonymes qui souffraient, hurlaient et qui suppliaient quiconque passant à côté d'eux de soulager leurs douleurs. Hélas, le corps médical était dépassé par l'ampleur de la tâche et tant bien que mal s'organisa au mieux.

Les blessés étaient alors arrivés à Opont.

« Malheureusement le poste était occupé par les Allemands qui fouillaient le convoi et le stationnaient dans l'école du village. Un officier subalterne, à pied et parlant très bien le français, vînt dire au docteur Bourguignon :

: « Selon la Convention de Genève, vous êtes libres, mais les atrocités des Belges sur nos blessés étaient telles que nous avons reçu des ordres très sévères et nous sommes obligés de vous faire prisonniers. Vous resterez dans cette école et vous serez gardés par deux sentinelles. Vous m'excuserez ! »

Un autre officier vint et proclama :

« Nous avons plus de tués que de blessés à cause de votre artillerie ; votre artillerie est un instrument de boucherie. Votre infanterie ne nous fait que peu de mal ; nous la voyons, elle ne nous voit pas. Si votre artillerie était restée plus longtemps nous ne serions pas revenus à Maissin. »

« Il ne resta à Opont qu'un poste de police

commandé par un sergent, pour nous garder.

Du lundi 24 août au 11 septembre cette unité médicale de campagne s'ingénia à trouver un abri de fortune, à ramasser tous les objets éparpillés dans la zone de combats, malgré l'hostilité des allemands et la crainte justifiée des habitants.

Les blessés transportés d'un poste à l'autre dans des fourragères, sans nourriture et sans soins recevaient alors les secours tant attendus :

170 pansements – 3 amputations urgentes qui furent réussies.

♦

Ne croyez pas chers lectrices et lecteurs que notre régiment se reposait pendant ce temps, nous prîmes nos nouvelles positions, mais au préalable, nous récupérâmes avec l'aumônier toutes les plaques d'identification et autres objets personnels de nos défunts camarades et nous les enterrâmes. Ce premier affrontement nous révéla que la guerre serait une boucherie et qu'elle durerait plus longuement que nous l'avions pensée. Nous manquions de tout, l'intendance ne suivait pas la progression des régiments de ligne d'une part et nos régiments de soutien et d'intendance avaient été aussi surpris que nous. Il fallait tenir coûte que coûte, faire mouvement brusquement en fonction des ordres, nous avions l'impression d'être le fer de lance de notre armée. Vous n'imaginez pas la somme d'efforts que nous déployâmes pour nous déplacer, ce n'était pas un voyage touristique et de temps à autre, le coup de feu sur l'ennemi avivait notre moral ; nous voulions venger nos camarades restés à Maissin !

Que devenaient nos postes de secours, c'était une préoccupation de tous les instants. Nous avions l'impression de les avoir abandonnés à leur triste sort et nous nous culpabilisions, malgré le départ qui nous fût ordonné !

Trois jours après l'affrontement si meurtriers, c'est-à-dire le 25 août 1914,les docteurs Le Lyonnais et Flaties évacuaient les blessés d'Opont au château des Abys.

Les épreuves continuaient :

- Trouver de la nourriture
- Recueillir d'autres blessés,
- Ramasser le matériel abandonné,
- Réquisitionner des voitures,
- Renouveler les pansements,
- Organiser et coordonner les soins et les repas,
- Fabriquer du pain, tuer du bétail et le dépecer,
- Recueillir d'autres blessés…

◆

Le 10 Septembre, un sergent allemand vint au château voir les blessés. Il n'y en avait que trois qui ne pouvaient être évacués. Il consentit à les laisser chez les sœurs du couvent des Abys.

Le 11 septembre, avec 46 fourragères, le château et le couvent furent évacués à Libramont. Il restait alors 148 blessés, dont 145 furent évacués et 3 furent laissés au couvent.

Au couvent, il y avait environ 160 blessés, ce qui faisait en tout environ 300 blessés prisonniers. Malgré une pluie battante sans interruption, la demande de reporter l'évacuation fut refusée. Après un trajet de 20 Km en fourragères, le convoi arriva à Libramont, à 5 heures du soir. Les blessés furent trempés jusqu'aux os et transis de froid en arrivant à Libramont. »

◆

    Je reconnais volontiers qu'il doit vous être difficile d'admettre ces conditions d'hospitalisation et d'organisation qui n'ont rien de comparable avec celles que vous connaissez en temps normal. Seuls, peut-être, celles et ceux qui ont survécus à un tsunami ou à un tremblement de terre peuvent revivre ces moments de détresse morale et physique. Le dévouement du corps médical est à souligner ; il fut sans faille, malgré les embuches de toutes sortes : l'ennemi qui les harcelait, les privait de nourriture ; les contraignant ainsi à trouver de nouveaux lieux de refuge capables de soigner, d'héberger et de nourrir. La population Belge qui craignant pour leur vie et leur patrimoine ne pouvait les aider plus largement. Quant aux blessés transportés dans des fourragères, parfois sous la pluie et le froid, ils vécurent ces instants dans la crainte d'une aggravation de leur état général, voire d'une fin tragique

18 - Notre uniforme était-il adapté ?

◆

Fort heureusement, l'Etat-major conscient que notre tenue était une cible parfaite pour l'ennemi, la changea. L'armée choisit le bleu horizon, pensant ainsi que le soldat se verrait d'abord au loin, donc prés de la ligne bleue du ciel. L'uniforme était agrémenté d'un passepoil et d'insignes de col dont la couleur changeait selon l'arme du soldat.

Les Lorientais purent la voir chez les tailleurs de la ville. Sa couleur faisait référence à la ligne bleue des Vosges derrière laquelle se trouvaient l'Alsace et une partie de la Lorraine.

Aujourd'hui, les soldats portent des tenues de combats bariolés qui les camouflent ; hélas nos chefs en étaient encore au beau vêtement de parade !

Le bleu horizon pourquoi pas le jaune citron !

◆

◆

Un peu plus d'un an après le début d'une guerre qui se voulait fulgurante, le front s'enlisait. Des Flandres aux Vosges, l'armée allemande s'était enterrée dans tout un réseau de tranchées défensives, très organisées et fortement armées. D'offensives ponctuelles en contre-offensives, la guerre de position infligeait aux deux armées des pertes considérables et minait le moral des troupes. En face des positions allemandes, les troupes françaises, à leur tour édifiaient des installations fortifiées et des réseaux de tranchées dans lesquelles elles aussi, s'installaient.

J'étais, vous vous en doutez avec des camarades du Pays Pourlet, je vous les présente :

1. Tout d'abord, nous avions eu le plaisir d'accueillir au sein de notre petit groupe un Martiniquais, son nom est des plus évocateurs : André Vaillant Une première pour nous, il était noir, plus grand que nous. Une puissance physique se dégageait de lui et je vous assure que pour les assauts « baïonnette au canon », il était fort impressionnant et surtout particulièrement efficace, c'était un nettoyeur de tranchées : un sale boulot qu'un chrétien comme moi, se refusait à exécuter. Je pense que vous

avez compris, ce n'est pas un travail de référence !

2. Ceux du Pays Pourlet, les deux paysans, c'est-à-dire Joseph Evano cultivateur à Poul Fétan en Quistinic et moi Pierre le Marrec cultivateur à Kerguestenen en Inguiniel.

3. L'instituteur Mathurin Pouillic qui fut notre interprète et notre professeur de Français. Un savant celui-là, il connaissait les causes de la guerre, c'était un politique de gauche, mais nous le respections malgré ses idées. Il fut notre écrivain.

Nous nous connaissions tous les deux, il était de Saint-Yves en Bubry. Dans ce bourg, à quelques kilomètres de ma ferme c'était dans cette belle église que certains dimanche nous allions à la messe avant d'aller déjeuner chez mes beaux-parents, originaire de Kervac en Bubry. Il était connu et apprécié d'eux. Donc nous avions sympathisé et même fraternisé. Oui, la guerre rapprochait les individus, y compris avec ceux de la gauche politique.

Nous avions le temps entre deux attaques de faire connaissance et malgré notre ignorance de la politique, les théories de notre « *Hussard de la République* » s'imprégnaient dans nos esprits. Naturellement, nous étions prudents car les officiers et les sous-officiers l'avaient à l'œil, donc, nous aussi par la même occasion. Ils craignaient des mouvements de rébellion, voire de désertion ; ce n'était pas notre objectif, nous discutions comme vous le faîtes entre amis. Nous avions aussi des projets culturels et nous voulions montrer nos talents de conteurs, de musiciens et de danseurs.

Nous étions un bagad et notre Martiniquais n'était pas en reste :

Quel chanteur, quel danseur. A lui seul, il rassemblait le maximum de frères d'armes lorsqu'il chantait :

Ban moin on ti bo[9]

Peut-être l'avez-vous entendu cette chanson ?, qu'importe, je ne résiste pas à vous en donner les paroles.

Refrain
Ban moin on ti bo, deux ti bo, trois ti bo, Doudou
Ban moin on ti bo, deux ti bo, trois ti bo, L'anmou
Ban moin on ti bo, deux ti bo, trois ti bo
Ban moin tou sa ou pè pou soulagé cœur moin.

1

To, to to to, qu'est-ce qui frappe à ma porte
Cé moin l'anmou, cé moin pain doux sucré
Depuis longtemps la pli ka mouillé moin
Par pitié, par humanité, ouvre la pot' ban moi

2

------

[9] (Biguine)

Moin ka travail six jours dans la semaine
Trois jou pou moin, trois jou pour Doudou moin
Samdi rivé patron pa vlé péyé moin
Nomm la prend poignard a ti pou i poignardé moin.

3.
Quand tu iras un jour au cimetière
Tu trouveras trois pierres gravées en mon nom
Sur ces trois pierres, trois petites fleurs fanées
La plus fanée des trois, c'est mon cœur oublié

♦

Elle peut vous paraître simpliste, cependant elle exprimait un amour malheureux ; chacun de nous ressentait la détresse de ce malheureux et nous lui témoignions toute notre empathie

Comprenez, nous aussi, nous avions la nostalgie de notre Pays, de nos familles, de nos enfants. Alors pour oublier notre misère, nous entonnions une autre chanson, plus grivoise celle-là, je pense que les lecteurs plus anciens l'ont entendue. Voici celle que la France entière fredonnait avant le déclenchement de cette guerre.Elle fut lancée par « Bach » en 1913 quelques mois avant le déclenchement de la 1re guerre mondiale, *La Madelon* devint un véritable succès populaire dans les music-halls et sur le front. Celle-ci accompagna les militaires et devint un symbole de légèreté grivoise qui leur faisait oublier un quotidien extrêmement difficile au sein des tranchées :

Quand Madelon

Pour le repos, le plaisir du militaire,
Il est là-bas à deux pas de la forêt
Une maison aux murs tout couverts de lierre
« Aux Tourlourous » c'est le nom du cabaret.
La servante est jeune et gentille,
Légère comme un papillon.
Comme son vin son œil pétille,
Nous l'appelons la Madelon
Nous en rêvons la nuit, nous y pensons le jour,
Ce n'est que Madelon mais pour nous c'est l'amour

Refrain :
Quand Madelon vient nous servir à boire
Sous la tonnelle on frôle son jupon
Et chacun lui raconte une histoire
Une histoire à sa façon
La Madelon pour nous n'est pas sévère
Quand on lui prend la taille ou le menton
Elle rit, c'est tout le mal qu'elle sait faire
Madelon, Madelon, Madelon !

Nous avons tous au pays une payse
Qui nous attend et que l'on épousera
Mais elle est loin, bien trop loin pour qu'on lui dise
Ce qu'on fera quand la classe rentrera
En comptant les jours on soupire
Et quand le temps nous semble long
Tout ce qu'on ne peut pas lui dire
On va le dire à Madelon
On l'embrasse dans les coins. Elle dit « veux-tu
finir… »
On s'figure que c'est l'autre, ça nous fait bien
plaisir.

Refrain

Un caporal en képi de fantaisie
S'en fut trouver Madelon un beau matin
Et, fou d'amour, lui dit qu'elle était jolie
Et qu'il venait pour lui demander sa main
La Madelon, pas bête, en somme,
Lui répondit en souriant :
Et pourquoi prendrais-je un seul homme
Quand j'aime tout un régiment ?
Tes amis vont venir. Tu n'auras pas ma main
J'en ai bien trop besoin pour leur verser du vin

Refrain

◆

Nous, les trois du Pays Pourlet, avions, tout
naturellement décidé d'être les ambassadeurs de
notre culture ancestrale et de ce fait, nous étions «
les bardes du 62ème R.I»[10]. C'était une
responsabilité que vous ne soupçonnez pas.

Pour vous donner une idée de l'ampleur de notre
mission, allez voir le Festival Inter celtique de
Lorient, vous comprendrez alors la richesse de
notre culture : la variété de nos vêtements, celle de
nos coiffes, de nos chants, de nos danses et la
multitude de nos contes et légendes.

De quoi alimenter toutes vos soirées.

◆

---

[10] Poètes et chanteurs chez les Celtes

Revenons s'il vous plait sur notre situation au soir du 24 septembre 1915 ; ce fut une nuit de préparation au combat, le temps était maussade, il pleuvait sans discontinuer. Vous avez beau dire qu'il pleut toujours en Bretagne, alors, allez vous promener en Argonne lorsqu'il pleut, vous en aurez une idée plus précise.

La propagande gouvernementale ayant été vigoureuse et efficace, personne ne doutait que la guerre était juste et qu'elle visait à s'opposer à des tyrans.

Par conséquent, tuer les Allemands n'était ni

un crime ni un péché mais un devoir moral.

L'ordre du jour du général Joffre fut lu aux soldats Il leur enjoignait :

« …d'y aller à plein cœur pour la délivrance de la Patrie et pour le triomphe du Droit et de la Liberté…. Votre élan sera irrésistible, il vous portera d'un premier effort jusqu'aux batteries de l'adversaire, au-delà des lignes fortifiées qu'il vous oppose. Vous ne lui laisserez ni trêve, ni repos, jusqu'à l'achèvement de la victoire. »

Mathurin Pouillic excédé intervient

Camarades !
C'est facile d'exalter le courage, d'exiger le don de soi, lorsque le chef contemple la catastrophe d'une

terrasse, mais nous, nous sommes dans la fosse aux lions

Les batailles qu'il a menées, étaient toujours dominées par l'idée de la « percée ».

Cette stratégie fut peu ingénieuse et fort peu efficace.

Jusqu'à ce jour, nous n'avons jamais pu exploiter le secteur envahi, il fut tout le temps refermé par un grand renfort de transport de troupes et de feu concentré.

C'est, avouons-le, une stratégie qui essaie de cacher la réalité de la guerre industrialisée et de l'emploi des grandes masses.

Ceci me conduit à vous dire que ces batailles ne servent à rien, que nous nous suicidons inutilement .

C'est un investissement stratégique qui est aveugle et démesuré.

C'est une mort programmée

◆

L'adjudant :

Taisez-vous Pouillic vos propos sont irrespectueux, tendancieux.

Je ne veux plus vous entendre parler de la sorte, sinon, je vous ferai convoquer par le capitaine :

Pour propos outrageants envers le généralissime.

Ce serait alors le Conseil de guerre

◆

Adjudant

Moi soldat Vaillant,

Je dis que Mathurin a raison

Nous, pas animaux pour aller à la boucherie

Nous, pas refuser le combat, mais nous vouloir changer de tactique

Celle du général, pas rentable pour la victoire

Toi, le sais bien.

L'adjudant :

Je vous ordonne de vous taire.

Terminé.

♦

Ce jour là, Mathurin nous fit comprendre que la stratégie du généralissime était en réalité plus celle des lobbies de l'armement et que nous, pauvres fantassins, nous étions de la chair à canon !

♦

Une préparation au combat, le mot n'était pas trop fort, c'était toute une organisation. Avec l'expérience du combat, elle commençait toujours :

1. par les réglages d'artillerie, c'est-à-dire une élaboration de tirs ; ils avaient commencé depuis deux jours, c'était donc le troisième jour.

Quel feu mes amis ; 1100 pièces d'artillerie. !

L'artillerie de campagne, principalement les canons de 75, et l'artillerie de tranchée, employée pour la première fois sur une grande échelle, traitèrent les tranchées de première ligne et détruisirent les réseaux de barbelés qui empêchaient la progression des fantassins. Ce soir là, l'artillerie lourde à longue portée bombarda les lignes de ravitaillement et les nœuds de communication allemands dans la profondeur. Ce furent, notamment les axes logistiques principaux et les gares de Bazancourt et de Challerange.

2. La concentration raisonnée des troupes, c'est-à-dire que nous étions rassemblés sur de grandes places d'armes à une distance respectable des premières lignes pour éviter que les allemands ne nous repèrent ; l'une d'elles prit le nom de Place de l'Opéra !
3. Et enfin, la mise en place d'une logistique adaptée afin de déplacer les troupes et leur garantir un approvisionnement continu en munitions. Pour cela la route et les voies ferrées spécialement construites pour l'occasion furent les vecteurs d'approvisionnement.

Le 24 donc nous nous préparions avec entrain à la grande attaque. Au soir, la pluie s'invita à la veillée d'armes et elle ne cessait de tomber. Elle compliquait sérieusement les préparatifs ainsi que les déplacements.

Un immense champ de bataille s'ouvrait à tous !

Il s'étendait sur une largeur de 25 km, d'Aubérive à Ville-sur-Tourbe, dans un paysage crayeux, creusé, çà et là, de dépressions de terrain, et bordé, au nord-est, par l'Argonne. L'uniformité morne de ces plaines n'était rompue que par de nombreux bois de pins, toujours pareils, à qui leurs formes géométriques servaient d'appellation :

Le bois Carré, le bois en Losange, en Trapèze, etc.

D'autres noms obscurs désignaient les différents points de cette étendue grise qui, sous son apparence immobile et silencieuse, recélait partout la mort :

- La ferme de Navarin,
- l'Épine de Vedegrange,
- le Trou Bricot,
- la butte de Tahure,
- la Main de Massiges.

Notre héroïsme leur donnera, dans le monde entier, une renommée éternelle.

Nous étions donc positionnés à l'arrière des crêtes en attendant l'heure H qui donnerait à tous le signal de l'assaut. Je vous assure que ce fut un moment d'angoisse, de prières, de recueillement. Cela dura deux longues heures dans cette nuit opaque sous une pluie presque incessante.

Nous aspirions tous au combat pour en finir, dans un ultime sacrifice, par une victoire.

Un 77[11] tonna si fort que je fus saisi, comme le fut tout le régiment.

Je n'étais plus au front, j'étais dans ma ferme et je cherchais désespérément mes enfants pour les secourir ; je craignais pour leur vie. Ils étaient trop

---

[11] Canon allemand de calibre 77

jeunes pour se sortir seuls de cet enfer. Pourquoi Marie Anne n'était-elle pas à coté de moi pour les secourir !...

Je me suis évanoui quelques instants, lorsque je revins à moi, l'adjudant commandait à mes camarades de me sortir, il ne voulait pas de simulateur dans ses rangs parce que le généralissime les condamnait. Mes amis prirent ma défense et lui prouvèrent que j'étais aussi braves que tous les soldats du régiment. Ils lui rappelèrent nos combats de septembre à octobre 1914, au cours desquels notre colonel fut tué. J'étais atteint d'un trouble neurologique inconnu de lui : le trouble cognitif causé par les bombardements successifs depuis trois jours.

C'est une maladie qui n'a pas de signes visibles, c'est pour cette raison que certains soldats la simulaient pour se soustraire aux combats, d'où la réplique du généralissime. C'était une nouvelle maladie, alors les traitements consistés à rassurer le patient, à lui apprendre à respirer et à expulser cette crainte en criant, en hurlant et enfin des séances de massages avaient pour but de décontracter les muscles dorsaux. Il consentit à ce qu'ils m'emmènèrent à l'écart pour me masser les épaules et me faire expulser cette peur incontrôlable en criant :

« En avant, en avant – mort aux boches »

Le 77 tonnait toujours, mais imperturbable nous chantions à tue-tête,nous hurlions, puis chantions, jusqu'à ce que je ne tremblais plus. Nous regagnâmes tous les quatre notre compagnie et nous nous présentâmes à l'adjudant.

Soldats, je vous rappelle la devise de notre régiment :

Nec pluribus impar

Armor fonce à mort

◆

Un ordre de rassemblement interrompit l'adjudant.

Le colonel commandant le 62° :

◆

Officiers, sous-officiers,

Caporaux et soldats,

Tout à l'heure, vous le savez, nous donnerons l'assaut. Nous sommes le fer de lance de la II° Armée, commandée par l'un des plus prestigieux chefs militaire :

Le général Pétain.

Il sait qu'il peut compter sur nous. L'histoire de notre régiment est riche de grandes batailles.

Vous les connaissez :

Valmy, Wagram, Lützen, Sébastopol, et Matehuala.

Nous allons écrire ensemble sur notre drapeau la prochaine grande bataille

« L'offensive de Champagne – 1915 »

Le général Joffre veut terminer cette terrible guerre, nous l'aiderons et nous la gagnerons. Beaucoup d'entre nous écriront celle-ci avec leur sang. Notre régiment est brave comme un lion, fort comme un taureau, rusé comme un renard. Les chefs qui vous encadrent ont montré leurs qualités humaines. Je les connais individuellement et je sais qu'ils mettront à profit leurs expériences pour vous mener victorieusement sur l'objectif qui nous est fixé.

L'ennemi qui est en face, n'a pas l'intention de nous faciliter la tâche.

Les renseignements dont nous disposons confirment mes dires. Ils nous attendent de pied ferme et l'armement dont il dispose est redoutable. Donc, nous les attaquerons avec la plus grande prudence, mais notre attaque lorsqu'elle débutera ne s'arrêtera que lorsque l'objectif sera atteint.

J'ai confiance en vous tous, je vous laisse avec le Père pour la prière avant l'assaut.

Que Dieu nous aide.

◆

L'aumônier

Camarades, la guerre est un châtiment divin envoyé par Dieu pour punir les hommes de leur impiété : il doit être compris, non pas comme une punition mais comme une épreuve salvatrice qui doit s'accompagner de la rédemption et du pardon.

- *Le soldat chrétien qui meurt pour la France imite la Passion du Christ et le champ de bataille devient son Golgotha*
- *Je vous implore de respecter le Droit de la guerre.*
- *Comprenez que tout n'est pas permis à l'encontre de l'ennemi.*

« Camarades, beaucoup vont mourir pour la France et paraître devant Dieu. Que ceux qui le désirent, s'inclinent. Ils vont recevoir le pardon de Dieu ! ».

Prions maintenant Saint Maurice :

Ô Saint Maurice
valeureux officier de la légion thébaine,
tu n'as pas craint d'affronter la mort
plutôt que de renoncer à ta foi.

Tu as su conforter le courage de tes
compagnons d'arme,
qui t'ont suivi sur le chemin des martyrs.
Ecoute aujourd'hui notre prière
et daigne intercéder en notre faveur auprès
du Christ-Seigneur,
toi qui es le saint patron des fantassins:
Que le Christ nous fortifie afin que nous
soyons
endurants dans les longues marches,
ardents au combats,
calmes et déterminés dans l'action.
Que le Christ nous éclaire afin que nous
gardions
un cœur radieux avec les ennemis,
paisible face à la mort,
reconnaissant face au don de la vie,
toujours espérant et fidèle,
rempli de la joie de servir.

Amen

♦

Après cette prière, nous nous retirâmes pour prier
encore, pour écrire à nos proches une lettre d'adieu
ou de testament, pour méditer sur le sens de la vie
et de la mort, d'autres se rejoignirent pour se
soutenir.

Mathurin, Joseph, André et moi, nous nous
regroupâmes pour nous réconforter parce que la
mort programmée suscite toutes sortes de peur, de
la souffrance pour autrui. Cette peur est naturelle.

Nous savions par instinct que nous devions nous soutenir mutuellement, cela demandait du courage. Nous étions courageux ; Nous l'avions tous prouvé !

Ce courage, ce soir là, nous allâmes le chercher au plus profond de nous-mêmes, parce que nous savions que c'était le prix à payer pour vivre notre deuil, en appliquant nos rites funéraires qui étaient chrétiens. Nous nous confièrent des choses importantes, notamment celles de promettre de secourir la veuve et l'orphelin dans l'hypothèse d'une mort, de raconter aux proches, les derniers instants vécus, d'inhumer avec respect et décence celui ou ceux qui disparaîtraient et de prier pour leurs âmes.

Nous formâmes une chaîne solidaire en nous donnant la main ; nous conservâmes le silence pendant un long moment, c'était celui d'une communion d'entraide, de solidarité, de fraternité.

Un cri nouveau se fit entendre, nous ne l'avions pas bien entendu, j'eus une intuition, une prémonition que notre mésange nous avertissait d'un danger extrême…Nous en prîmes conscience car chacun de nous serrait de plus en plus fort les mains qu'il tenait avec les siennes…

C'était un adieu fraternel.

Depuis mars 1915, le front n'avait pas bougé et le village de Tahure, endommagé mais pas encore anéanti était toujours occupé par l'armée allemande.
Les Allemands qui s'étaient installés un an plus tôt

occupaient judicieusement des crêtes saillantes des Buttes de Tahure, de Souain, du Mesnil, nous abandonnant ainsi l'offensive dans la plaine et la boue. A partir de ces positions défensives et lourdement fortifiées, ils contrôlaient la plaine qui s'étendait au sud, vers Chalons en Champagne et, sur leurs flancs, une zone allant de Reims à Sainte Menehould. Nous comprîmes alors les raisons pour lesquelles ces fameuses buttes étaient imprenables. Nous en parlions depuis une semaine.

◆

◆

Nous nous attendions à trouver un relief accentué de hautes collines, un paysage montagneux alors que nous découvrions un vaste horizon étonnamment plat. De cette plaine qui s'étalait autour de nous, nous remarquions à cinq ou six kilomètres plus au nord, un plateau surélevé d'une centaine de mètres et d'où émergeaient à peine quelques tertres enfumés. Adossées aux villages dont elles portent le nom, les Buttes avaient conservé leurs identités sur les cartes d'état major aux cotés de quelques fermes isolées et de deux ou trois petits rus locaux comme la Dormoise, la Tourbe ou la Goutte. Mais hormis ces exceptions, toute la toponymie coutumière des lieux avait été remplacée au profit de noms plus évocateurs pour un militaire : la Savate, la Brosse à Dent, le Poignard, la Galoche, les Mamelles ou encore la « Main » de Massiges avec ses «doigts». Les massifs boisés eux-mêmes avaient été rebaptisés selon leur forme ou leur couleur. On trouvait ainsi sur les cartes d'état major un Bois Jaune – Brûlé, des bois Bistre, Carré, Tordu, en Trapèze ou en Accent Circonflexe. D'autres portaient des noms de la flore ou de la faune locale : le Bois des Mûres, des Chouettes, des Ecureuils ou encore le Bois des Taupe, du Paon ou des Gerboises.

◆

Un repas froid nous fut servi, en même temps que les réserves pour deux jours de combat. A 6 h 30, lorsque le jour éclaira les tranchées allemandes, le colonel fut averti téléphoniquement par le Cdt Vial, (Bataillon de droite) que les fils de fer allemands n'étaient pas détruits et qu'il nous serait impossible de passer ; le Cdt Vassal (bataillon de gauche) prévint, en même temps qu'il apercevait une mitrailleuse sur le côté Est de l'entonnoir isolé, prenant de flanc toute la troupe sortant de nos lignes. Le Colonel en avertit le Général de Brigade. Au même instant, passa un Lieutenant d'Artillerie Lourde à qui le Colonel exposa la situation ; cet officier put faire tirer sur l'entonnoir ; il prévint un autre officier d'artillerie, (canon de 58) de tirer sur les fils de fer et grâce à eux, au bout de 2 h de tir, un résultat fut obtenu : des brèches étaient faites dans les fils de fer et l'on pourrait passer en certains points.

9 heures, le bombardement reprit.

Pendant ces trois jours, près d'un million d'obus de tous calibres furent tirés sur les tranchées de la 3ème armée allemande.

L'ordre nous fut donné d'attaquer baïonnette au canon. Nous comprîmes alors que c'était l'heure. Le général Pétain commandait la 2ème Armée qui était composée de notre régiment, des 116ème, 19ème et 118ème de la 22ème D.I commandée elle par le général Bouyssou.

Nous nous élançâmes en courant sur les tranchées ennemies ; pas un cri, pas un mot, tout le monde comprenait la gravité de l'heure et chacun ne songeait qu'à marcher de l'avant sur les points indiqués…

Nous étions encadrés à droite par le 118ème R.I. et à gauche par le 116ème Nous reçûmes la mission d'enlever les très fortes positions allemandes constituées par :

1. Les lignes de tranchées au nord de Perthes-les –Hurlus ;

2. Le village de Tahure ; la butte de Tahure (cote 192 au nord-ouest de Tahure).

La surprise de l'ennemi fut si totale, que les tirs de barrage restèrent sans intensité.

Pour nous signaler à l'artillerie française et qu'elle ajusta ses tirs de barrage, nous portions un carré de toile blanche épinglé sur nos sacs ou au dos de notre capote.

Les effets de l'artillerie de campagne et de l'artillerie de tranchée sur la première ligne allemande furent évidents. Toutefois, notre progression fut assez inégale en raison des fortes organisations défensives allemandes. Nous nous élançâmes à quelques centaines de mètres des lignes allemandes, au nord ouest du Mesnil, depuis la zone de chablis[12] calcinés qui s'étendait au sud

---

[12] Arbres déracinés et calcinés par les bombardements

ouest du Bois Cristofari, entre le Bois Rabougri et le Bois Jaune – Brûlé. Nous sautâmes par-dessus les premières rangées de tranchées ennemies sans rencontrer de résistance. Les allemands d'abord surpris se ressaisirent. Leurs 2 ° et 3 ° tranchées étaient protégées par des mitrailleuses placées judicieusement dans le ravin. Nous arrivâmes par-dessus la Goutte, a une allure qui ne s'était pas ralentie, des officiers tombaient aussitôt relevés par des subalternes. Leur témérité fut exemplaire, c'était par respect pour elle que nous les suivions. Le mouvement fut arrêté à cet endroit par deux fortins, dont celui de droite se défendait énergiquement. Le 2 ° bataillon arriva en renfort après qu'il eut nettoyé à la grenade les tranchées des 2 ° et 3 ° lignes. Ce premier fortin bétonné fut enlevé de haute lutte, 30 soldats dont plusieurs officiers furent capturés.

Les 1er et 3° bataillons cisaillèrent les réseaux que notre artillerie n'avait pas détruits, nous arrivâmes en face du bois des Canons garni de batteries de 77 et de 105.   Le combat au corps à corps s'engagea, fantassins et artilleurs allemands se firent tuer sur place.

La cote 188 fut pour notre régiment un objectif particulièrement difficile à atteindre. En effet, les 2 ° et 3 ° tranchées étaient protégées par des mitrailleuses placées dans le ravin de la Goutte ; notre allure ne fut pas modifiée pour autant. Fort heureusement le 2 ° bataillon arriva en renfort après avoir nettoyé à la grenade les tranchées des 2 ° et 3 ° lignes. Les trois premières vagues arrivèrent à la cote 188 à 9h, sous le commandement du Lieutenant Ange Le Guennec, avec l'appui de la compagnie de mitrailleuses commandée par le Capitaine Richer. Le colonel arriva et constata que les fils de fer placés devant ce fortin n'étaient pas du tout détruits par notre artillerie ; le colonel les fit couper par nos soldats, au moyen de cisailles. A 9 h 15, les éléments des 1er et 3e bataillons qui s'y trouvaient purent passer et continuer sur l'objectif assigné. A l'ouest de la route, à 188, se trouvait la première batterie ennemie de 77, celle-ci était protégée en aval par des fortins.

Soudain André cria :

« Attention à 2 heures un fortin «

Ce fortin se défendait farouchement avec des salves de mitrailleuses qui clouaient sur place tous les assaillants. Plusieurs soldats furent fauchés, les tirs étaient meurtriers mais causés de vilaines blessures. Ils étaient littéralement plaqués au sol, ils rampaient ; les balles sifflaient, leur salut était dans leur maîtrise de la peur. Ils ripostaient permettant ainsi à certains d'entre eux de ramper jusqu'à un abri de fortune.

L'adjudant appela un téléphoniste pour un appui aérien immédiat ou un tir de barrage sur les deux fortins.

Un Voisin 3 et un Caudron G3 firent un passage à basse altitude sur les deux fortins, les bombardèrent et les mitraillèrent. Joseph, André et Mathurin foncèrent alors sur le fortin

Les balles sifflaient, mais personne ne fut touché. La rage de tuer était en eux, l'odeur de la poudre les envoûtait tant, qu'ils poussèrent des cris de bêtes féroces en s'élançant tous comme un seul homme. Des camarades tombèrent, fauchés par ces tirs. Des cris de douleurs, de désespoir résonnèrent :

D'un côté, on entendait « ma femme », « mes enfants » de l'autre, « ma mère », de l'autre : « achevez-moi », « ne me faites plus souffrir ».

Soudain, se produisit une violente explosion sur la droite. Le bruit qu'elle émettait ne leur laissa que peu de temps pour sauter dans un trou d'obus pour se protéger ou mourir enterré ! L'excavation était immense, il leur était impossible de remonter avec leurs bardas. Plusieurs hommes furent tués, d'autres furent projetés en l'air. André Vaillant fut légèrement blessé à la cheville, Joseph Evanno se plaignait de la tête, son visage état ensanglanté, quant à, Mathurin Pouillic, il était inanimé. La situation était dramatique, ils étaient seuls et ne pouvaient remonter ! Ils n'eurent pas le temps de se mettre sur la défensive que déjà les Allemands les entouraient.

A ce moment (9 h 45) aucun élément de la 44e Brigade qui nous appuyait sur notre droite ne se trouvait encore là. Les commandants des 1er et 3e bataillons reformèrent leurs unités pour y mettre un peu d'ordre. A 10 h, ils repartaient à nouveau. Malheureusement, notre artillerie exécuta alors un tir de barrage trop court, à l'est du Bois du Paon, ce qui jeta quelques perturbations dans nos troupes. Le colonel fit agiter un fanion blanc et rouge que portait un des agents de liaison ; le tir d'artillerie s'allongea aussitôt.

Les allemands, ne voyant personne à notre droite, reprirent possession du « Bois de la Brosse à Dent » qu'ils avaient abandonné et nous prirent de flanc par leurs feux. Les 1er et 3° bataillons cisaillèrent les réseaux que notre artillerie n'avait pas détruits, ils arrivèrent en face du bois des Canons garni de batteries de 77 et de 105. Le combat au corps à corps s'engagea, fantassins et artilleurs allemands se firent tuer sur place.

La marche en avant reprit. A 11h 15, la route de Tahure-Souain aux sources de la Dormoise fut atteinte. Malgré ses pertes, surtout en cadres le régiment réalisa une avancée de plus de 4 kilomètres. Plusieurs centaines d'allemands furent capturés ainsi que 7 canons de 77 et 3 pièces de 105.Le Capitaine Rolland, adjoint au colonel, était en liaison avec les Capitaines Magneron et Louchet du 116e, au nord de la route Tahure-Souain. Il y avait à cet endroit, environ l'effectif de 3 compagnies appartenant à chacun des régiments du 62e et du 116e RI Le colonel cherchait à regrouper tout son monde. Un violent tir de barrage allemand, vers 11 h 30, sur la crête au nord-est du Bois 154, nous fit marquer un temps d'arrêt.

Ce fut alors l'apocalypse, je fus désemparé, je ne savais plus où j'allais, ni ce que je faisais, j'errais les yeux hagards m'exposant inconsciemment aux tirs de l'ennemi. Je sentais des odeurs nauséabondes, j'étais pris de haut-le-cœur, je vomissais, je trébuchais sur des corps, j'entendais des cris de souffrance, des appels…

♦

L'offensive continuait de plus belle ; à la grenade, les abris conquis étaient nettoyés de leurs occupants, puis les tranchées prises étaient recreusées et consolidées. Le second fortin se rendit avec sa garnison d'environ 150 prisonniers. Des brancardiers, des infirmiers accoururent et avec d'autres blessés, nous évacuèrent.

Le 62e, était le plus près du village de Tahure, le 116e, à sa gauche et en liaison avec le 75e (Colonel Ecorchat) du 14e corps. Il n'y avait aucun élément à notre droite. Les hommes étaient, en outre, à bout de souffle, après un assaut de 4 km, et aucune troupe n'était aperçue derrière. Vers la fin du tir de barrage de l'artillerie allemande (12 h environ), le Commandant Cloître du 118e arriva du sud, avec un groupe de 150 hommes. Le Colonel Guénin, commandant le 62e, le pria de couvrir son flanc droit et l'envoya au Petit Bois Triangulaire. Le Commandant Cloître y resta une heure environ. Il dut subitement se replier car un mouvement de l'ennemi le débordait à droite et venait se rabattre sur le Bois 6076, dit Bois des Canons.

Le colonel fut averti de ce mouvement et envoya le Capitaine Hottenger, du 62e, avec une centaine d'hommes et 3 sections de mitrailleuses, sur sa droite, avec mission de faire le râteau et de balayer tout ce qu'il y trouvera. Ce mouvement donna des résultats, mais le bataillon Cloître avait déjà quitté le Petit Bois Triangulaire et s'était replié, les hommes étaient très essoufflés. Le colonel le reporta sur la lisière nord-est du Bois des Canons.

115

A ce moment, (16 h 30) arriva le Chef de Bataillon Ducongé, du 116e, avec 150 hommes environ.

Quelques instants avant, le colonel vit arriver le Capitaine Renaud, du 116e RI, (1re Compagnie), avec le drapeau de ce régiment. Estimant la position dangereuse pour le drapeau, il le fit porter un peu en arrière, au nord du Bois des Lièvres. Le colonel, à 19 h, donna l'ordre aux 3 commandants de bataillon de reconstituer leurs unités pendant la nuit et de renvoyer à leurs régiments les soldats du 116e et du 118e mêlés aux nôtres.

L'inhumation en fosse commune des soldats tués fut fortement contestée par les soldats bretons qui avaient le culte des morts. Pour que vous compreniez notre culture, je dois d'abord vous préciser que pour tous les bretons engagés au quotidien dans de tels combats, les forces du Mal, affrontaient celles du Bien. La bataille pour l'âme était le thème le plus classique de la figuration du diable.

« Pas un fidèle n'ignore qu'un démon emporte l'âme du mauvais larron et un ange celui du bon larron de la Crucifixion »

La peur que suscitait ce personnage essentiel de la vie quotidienne des Bretons n'était pas une obsession mais cette guerre bouleversait les ancrages culturels, ainsi, l'ordre des générations devant la mort fut inversé ; les jeunes mouraient avant les vieux et les enfants avant les parents. La récurrence des deuils qui frappèrent à répétition certaines familles et les incertitudes sur les circonstances exactes des décès, compliquaient le deuil des familles attachées à l'accompagnement des mourants :

- Le clergé, devant ces facteurs de complication, rappelait aux familles que la disparition des corps ne compromettait pas leur droit à la résurrection.
- La croyance au purgatoire, qui avait connu un grand renouveau au XIXe siècle, fut amoindrie. Certains théologiens s'interrogeaient très sérieusement pour savoir si la mort au champ d'honneur était assimilable au martyre.
- De nombreux prédicateurs expliquaient que la mort pour la patrie permettait de passer directement du champ de bataille au ciel.[13]
- Comment imaginer du reste que des poilus auxquels on devait le salut de la patrie puissent avoir encore quelque chose à payer à la justice divine pour leur propre salut ?
- L'administration des derniers sacrements, en particulier de la confession et de l'extrême-onction, restait pour les catholiques de l'époque une exigence vivement ressentie.
- Certes, les hommes, surtout à la veille des offensives, se confessaient massivement, mais la mort de masse rendait difficile, voire impossible, les secours que le prêtre devait administrer au mourant.
- La réception des sacrements se trouvait donc relativisée.

- [13] image couramment illustrée après-guerre sur les vitraux des églises de la reconstruction dans le nord ou l'est de la France, où l'on voit le Christ venir chercher les poilus agonisant dans les tranchées.

- Même si, pour faciliter les choses, les autorités ecclésiastiques simplifiaient les procédures :
  les absolutions devinrent collectives,
  - o la communion fut distribuée en viatique (c'est-à-dire avec dispense de jeûne eucharistique).
  - o Sur le terrain, les conditions d'administration des sacrements furent donc très aléatoires.

♦

De plus, les soldats Joseph Evanno, Mathurin Pouillic et André Vaillant étaient portés disparus.

Le colonel demanda au Commandant Ducongé du 116e RI de prendre le commandement du 116e, à gauche, sur la crête au sud de la route Tahure-Souain, où il lui envoya toute la soirée les éléments du 116e qui rejoignirent. Il était 18 h quand le commandant Ducongé installa son poste de commandement, au village de Tahure au lieu dit « la Carrière », à l'ouest (800 m).

A la tombée de la nuit, la position du régiment était si en flèche, que le colonel transmit aux éléments de 1ère ligne, qui tenaient la route Tahure-Somme-Py, l'ordre de se replier sur la crête au nord-ouest du bois des Canons et d'occuper le bois triangulaire, en liaison avec un bataillon du 19ème, arrivé vers 17 ^{h}, sur la route Perthes-Tahure à hauteur de la cote 170. Pendant la nuit, le 1er bataillon occupa la crête nord-ouest du bois des Canons jusqu'à la cote 170 (route de Tahure à Hurlus) en liaison avec le bataillon Fohanno, du

19ème R. I. Les 2ème et 3ème bataillons s'établirent à la lisière du bois des Canons. La nuit calme. Il plut sans cesse. Derrière le régiment ; pas le moindre renfort n'arriva.

♦

Connaissez-vous le résultat d'une telle offensive qui dura jusqu'au 28 septembre et une légère reprise jusqu'au 1er octobre :

27851 tués – 98305 blessés et 53658 prisonniers et disparus du côté français.

Analysons avec le recul les évènements problématiques :

Nous étions 120.000 hommes à nous élancer dés 9h15 sous les tirs d'artillerie, les rafales des mitrailleuses. Le bruit était assourdissant ; le bourdonnement lugubre déchirait nos oreilles, le sol craquait, des ouragans de feu s'abattait sur la plaine. Nous croyions à la fin du monde !

Dés 2 heures du matin, les ordres de départ furent souvent donnés avant que le passage ne fut libre, ce qui provoqua un engorgement des deux premières lignes en raison de l'étroitesse du réseau des boyaux et des parallèles. Nous étions si pressés que nous ne pouvions plus marcher, stoppant ainsi ceux qui suivaient. La plupart des bataillons et des régiments connaissaient le même handicap !Des gerbes de flamme jaillissaient à plus de cent mètres, elles rejoignaient les langues de feux qui jaillissaient des saillants. Pendant cette partie de l'attaque, malgré ses pertes, surtout en cadres, notre régiment réalisa une avancée de plus de 4 km, fit plusieurs centaines de prisonniers et captura 7 canons de 77 et 3 pièces de 105. Par contre, la rupture voulut par le généralissime n'eut pas lieu parce que les allemands avaient su faire face avec leurs réserves locales et ensuite avec l'arrivée du 10ème Corps destiné initialement à la Russie. Elle démontra l'impossibilité de franchir dans un seul mouvement deux lignes de défense et la nécessité de traiter chacune des lignes séparément. Elle révéla aussi le manque de coopération entre les armes au sein des armées françaises, notamment entre l'artillerie lourde et l'infanterie.

Elle vit l'introduction **du casque Adrian et l'utilisation** massive de l'artillerie de tranchée. Elle fut un succès non négligeable au plan logistique et des mouvements.

◆

Comme vous le constatez, notre emploi du temps pendant cette période n'était pas à l'oisiveté, ni à la mélancolie de nos situations, cependant nous pensions à nos familles. Le courrier était censuré et de plus, peu parmi nous savait écrire. Il n'en demeurait pas moins que nous attendions tous des nouvelles de chez nous, mais le vaguemestre avait parfois des difficultés à nous l'acheminer, parfois il tombait sous les balles de l'ennemi qui ainsi, déstabilisait l'unité entière pour plusieurs jours. Le rôle de vaguemestre devint une corvée mortelle pour les belligérants.

Voyez-vous le courrier et la nourriture étaient l'évènement de la journée dans les deux camps, c'est pour cette raison que dans chacun d'eux, le meilleur moyen que nous avions trouvé de démoraliser l'adversaire était de lui couper les vivres et les nouvelles ! Hélas, pour en arriver là, il fallait tuer « la corvée ». C'est donc ce que chaque camp pratiquait ; ce qui stressaient considérablement ceux désignés pour les deux corvées.

A chaque fois, c'était le coup de poker !

Il en était une autre, très importante pour notre protection quotidienne : la tranchée.

Nous fûmes dans l'obligation de la creuser avec une pelle ou notre fusil à une profondeur minimum de 2 mètres que nous surmontions d'un parapet élévé avec des sacs de sable. Nous consolidions les parois avec des fagots.Lorsque nous le pouvions, nous recouvrions parfois le sol qui était souvent détrempé avec des rondins. Les rats s'y plaisaient. Nous étions ainsi à l'abri des tirs, mais nous fûmes contraint de les construire en zig-zag, ou en ligne droite entrecoupée de créneaux pour éviter les tirs en enfilade.

La tranchée de 1ère ligne avait trois fonctions principales :

1. C'était la première ligne de défense pour repousser l'ennemi,
2. Elle servait de ligne de feu,

3. Enfin, elle était le lieu d'où nous partions à l'assaut.

Les tranchées étaient composées de plusieurs lignes, distantes de quelques centaines de mètres, reliées par des « boyaux » sinueux . Nous placions judicieusement de nombreux postes de tir et de guet, des nids de mitrailleuse et quelques abris souvent très sommaires.

Les tranchées étaient l'un des principaux lieux de vie des poilus où le danger était permanent et les conditions de vie épouvantables. Nous y étions souvent exposés aux bombardements, nous souffrions du froid et nous vivions dans la boue et la saleté.

Un peu plus en arrière (70 à 100 m derrière la première ligne), une tranchée de seconde ligne servait de repli et d'appui ou de base pour une contre-attaque. On y trouvait des abris, parfois profonds et couverts, des postes de guet et de soins sommaires.
Une tranchée de réserve construite plus en arrière, entre 150 m à 2 km de la première ligne était plus protégée théoriquement. Elle servait de chemin de ravitaillement ou en cas extrême de chemin de retraite. L'artillerie ennemie à longue portée ne parvenait pas ainsi à nous perturber, ce qui nous offrait une zone de stockage de vivres, de matériels et de munitions que nous protégions en la fortifiant. Nous prenions alors un peu de repos et de détente que nous animions en notre qualité de barde, de chanteur, de danseur et de conteur. Les travaux manuels et la correspondance occupaient alors nos quelques moments de détente, car le

commandement n'oubliait pas d'entraîner les
« jeunes recrues » aux dures conditions de
fantassin de ligne. Chaque ligne était reliée aux
autres par des boyaux creusés également et
aménagés en chicane pour une meilleure défense.

Le no man's land séparait les lignes de
tranchées ennemies. Il était large d'environ 50 à
200 mètres et était renforcé par un matériel
spécifique, barbelés ou séchoir, pieux. C'était la
zone des combats meurtriers, où de très nombreux
soldats mouraient parfois après une longue agonie.

◆

Je m'interroge encore sur la capacité humaine à
endurer si longtemps de telles conditions de vie, de
souffrances physiques et morales et à demeurer
vigilants malgré la fatigue, les maladies, les
blessures légères et l'absence de nouvelles
fraîches.

◆

Pour ce qui me concernait, j'étais surtout inquiet
pour mon fils Louis qui se voutait et se plaignait de
douleurs dorsales. Quant à moi, j'étais hospitalisé
pour une maladie inconnue que le médecin-major
appelait « les troubles cognitifs ». Il était confronté
à un dilemme soigner et remettre sur pied des
soldats atteints de troubles neurologiques

provoqués par les armes. Mon cas l'intéressait ;
les troubles cognitifs étaient un sujet médical qui
requérait plusieurs observations. L'usage des
armes modernes et leurs conséquences sur le
système nerveux lui offrait un champ d'expériences
considérables .J'étais fantassin, ma corpulence,
ma région (la Bretagne), mon grade (2ème classe),
mon régiment (le 62 ème R.I), toutes ces données
seraient tôt ou tard confrontées à d'autres données
et de leurs analyses se dégagerait peut-être un
diagnostic.

Mes amis du Pays Pourlet et notre martiniquais
n'étaient pas revenus du dernier assaut, leur
absence m'affligea profondément. Je me sentais
désemparé, nous formions une équipe solide,
fraternelle et compétente dans divers domaines
qu'un fantassin doit assumer.

♦

Tous ces malades et ces blessés n'avaient pas de
traitement efficient, le médecin étudiait chaque cas
et progressivement mettait en application les
moyens propres à les guérir et à les soulager.
C'était dans ce contexte que pénétrait
progressivement dans le champ médical
l'application du mouvement au traitement. Le
massage et la gymnastique médicale présentaient
l'avantage sur les autres agents (chimiques et
physiques) de ne rien faire ingérer aux malades. Il
mettait en jeu des processus sociaux complexes,
telles les pratiques populaires, apparemment
séculaires comme les manipulations, le
reboutement, le magnétisme, et le massage.

L'orthopédie était alors assurée en grande partie par des guérisseurs, des aides des médecins ou de bonnes volontés, voire des médecins déclassés .L'usage de ces pratiques en médecine posaient un dilemme :

- Elles étaient délaissées par le corps médical considérées comme indignes de lui et pour certains médecins faisant déchoir la médecine.
- Elles portaient « un parfum de charlatanisme parce que le public fut longtemps exploité par des individus ignorants et cupides.
- Elles étaient prescrites par des praticiens de ville malgré le risque de concurrence et elles étaient promues par quelques spécialistes novateurs.

Ces méthodes assuraient une médicalisation du public en participant aux soins. Les gens du peuple avaient recours aux guérisseurs car ils étaient en général du même milieu qu'eux. Ils soignaient la personne tout entière, s'adressant même davantage à son psychisme et à son imagination qu'à son corps. Les médecins n'étaient appelés en consultation que par une fraction réduite de la population qui préférait faire appel aux guérisseurs, notamment à la campagne.

◆

21 - A Kerguestenen

◆

J e laisse la parole à mon fils Louis pour qu'il vous raconte leurs conditions de vie depuis mon départ.

◆

Mon grand-père Albin quant à lui, peinait de plus en plus; les travaux des champs depuis le départ de papa l'exténuaient, mais les nouvelles du front depuis la bataille de Maissin n'étaient pas pour lui remonter le moral. Il aidait du mieux qu'il pouvait Maman, déjà suffisamment occupée avec trois jeunes enfants et ma santé qui la préoccupait tout autant, ainsi que les craintes de voir les animaux et le matériel être, réquisitionnés pour l'effort de guerre.

Mes grands parents, maman, mes sœurs et moi, nous étions très anxieux des nouvelles du front. Elles étaient catastrophiques, des morts, des blessés. La liste s'allongeait chaque jour.

Maman était désespérée ; elle craignait pour la vie de papa et s'inquiétait de l'état de santé de mes grands parents. Cette maudite guerre les démoralisait, ils ressasiaient chaque jour les mêmes phrases de lamentation ; ce qui énervait maman qui parfois, reportait cet énervement sur ma sœur Jeanne-Louise et moi lorsque nous dépassions peut-être les bornes qu'elle s'était fixée..

Elle savait que Papa était souffrant mais personne ne pouvait lui expliquer le devenir de ce trouble cognitif (un mot inconnu de nous). Nous savons maintenant que ce sont des amnésies traumatiques lacunaires causées par des phénomènes de stress et de survoltage émotionnel. C'est une sorte de survoltage qui peut causer des pertes neuronales et être à l'origine de perte de connaissance avec amnésie lacunaire.

L'inquiétude grandissait lorsque les nouvelles du front nous apprenaient que des soldats étaient fusillés pour l'exemple, notamment ceux qui cherchaient à s'exempter du service en s'auto mutilant ou en feignant des maladies.

Celle de papa était-elle reconnue par l'autorité militaire ?

Mes grands parents et maman en parlaient ; ils imaginaient toutes sortes d'hypothèses à laquelle ma sœur Jeanne-Louise et moi, nous ne comprenions pas grand-chose. Nous étions nous aussi soucieux de son état général.

Quant à moi, je souffrais de plus en plus du dos, je me voutais malgré les recommandations de maman qui me demandait de me redresser. C'était impossible. Il fallut alors consulter le médecin de Plouay.

Grand-père et maman me conduisirent à son cabinet. Son diagnostic était sans appel :

C'était une scoliose, je ne sais de quelle nature. Il paraît qu'elle se développe pendant l'enfance, progressivement, au cours de la croissance. En général, son évolution est lente avant la puberté, puis elle s'accélère durant cette période. Le docteur m'avait confectionné des prothèses, plus exactement, il avait attaché à chacun des membres supérieurs et inférieurs des poids qui avaient pour fonction d'étirer les membres. Vous souvenez-vous de la torture de la roue ; c'était un peu l'image que j'en avais. Croyez-moi, c'était intenable pour un enfant de mon âge ; il n'y avait pas d'autres moyens ! Ainsi progressivement ces poids me redressaient la colonne vertébrale. C'était douloureux et inconfortable pour le jeune garçon que j'étais. J'avais cinq ans et je devais garder le lit alors que Pierre Peron mon cousin germain jouait constamment. Grâce à ces bons soins, cette affection se stabilisa.

Cependant, il arrive qu'elle évolue encore à l'âge adulte ; ce qui n'a pas été mon cas. Le médecin ajustait à chaque visite les prothèses qu'il m'avait confectionnées. Il était satisfait du résultat, d'autant plus que je ne me plaignais plus. Il espaça les séances progressivement et je pus jouer avec mon cousin germain. Il prescrivit des antalgiques pour atténuer les douleurs. Il recommanda à ma tante de surveiller attentivement mes postures et lui conseilla que je reste physiquement aussi actif que possible pour garder une bonne musculature du tronc. Je n'avais pas besoin de ces recommandations, mon cousin et moi, nous étions turbulents et les activités à la campagne étaient multiples pour les garçons que nous étions. Il lui recommanda une bonne hygiène alimentaire pour éviter un éventuel excès de poids qui surchargerait le rachis. Il constata que j'avais une inégalité de longueur des membres inférieurs qu'il appela l'attitude scoliotique, c'est-à-dire causée par une mauvaise posture. Puis il parla à maman de la maladie qui handicapait mon père.

Selon lui, ces troubles étaient causés par l'intensité et la fréquence des bombardements qui troublaient le système nerveux. Les soldats affectés perdaient le sens de la réalité, ils n'avaient plus le sens de l'orientation, ils divaguaient. Quant à la thérapie, elle était au stade du tâtonnement ; les massages et le repos étaient ce qui semblait apaiser les soldats.

♦

Je reprends le fil de cette pensée.

C'est tout à fait exact que mon système nerveux était atteint et sans les soins du médecin-major et de l'infirmière, je serais peut-être resté handicapé comme l'ont été certains frères d'armes qui n'ont pas eu la même chance que moi. Certes le système nerveux était atteint mais la posture que nous prenions à chaque détonation figeait notre colonne vertébrale dans des positions que le corps médical définissait ainsi :

Qu'elles soient dues à la cyphose, la lordose ou la scoliose, les douleurs étaient intenables, elles nous mettaient hors de combat pour une durée indéterminée, ce qui indisposait le commandement qui avait sans cesse besoin de troupes fraîches et valides.

Quant à ceux qui en souffraient physiquement, ils ne feignaient pas, je peux vous le garantir et leur moral était au plus bas. La colonne vertébrale est essentielle dans le maintien du corps, mais également dans sa capacité à mouvoir tous les membres supérieurs et inférieurs, et au port des charges lourdes. La plupart d'entre nous, étions des agriculteurs ou des ouvriers qui voyaient ainsi leur avenir professionnel compromis. Les bombardements, les éclats d'obus, les assauts, l'automne qui s'était installée avec sa froidure, sa pluie, ses brouillards, la boue qui collait aux chaussures, qui tapissait et alourdissait nos vêtements, ce qui n'arrangeait pas notre colonne vertébrale qui se rappelait à nous par d'incessantes douleurs dorsales.

Vous imaginez chers lectrices et lecteurs l'angoisse qui s'installait aussi bien dans nos familles qu'au front. Ce n'était pas la joie de part et d'autre et nous étions tous : soldats et familles dans le même état d'esprit.

◆

Quant à mes trois amis portés disparus, j'apprenais par mon infirmière qu'ils étaient prisonniers, mais l'information n'était qu'officieuse, il devait être dans un camp de prisonniers en Allemagne. Je n'avais pas besoin de cette mauvaise nouvelle, j'étais déjà au plus bas de mon moral : mon fils souffrant, mes parents vieillissant mal, Marie-Anne se démélant seule avec trois enfants en bas âge et deux vieillards pour tenir une ferme d'élevage et de polyculture. Et pour finir la capture de mes trois amis dans un camp de prisonniers !

Où trouverais-je du réconfort ? comment et quand serais-je remis en service commandé ?

Ces bombardements qui ne cessaient jamais me rappelaient ma crainte d'une rechute ! L'infirmière me promit de trouver le lieu de leur captivité et de me tenir informé. Nous savions que les conditions de détention étaient mauvaises et que très peu de soldats résistaient aux traitements infligés.

Les camps de concentration existaient déjà !

◆

22 - La Convention de La Haye

◆

Je ne vous ai pas encore parlé de l'armement qui était engagé de part et d'autre. J'en étais resté aux récits de ceux qui avaient connu les armes conventionnels de 1870. Les nôtres n'étaient pas toutes conventionnelles, j'entends par là celles qui ne correspondaient pas au règlement de la Convention de la Haye du 18 octobre 1907 qui définit les lois et coutumes de la guerre sur terre. De nouveaux appareils avaient été expérimentés et rendus opérationnels ; les avions et les sous-marins, ainsi que les armes chimiques (les gaz).

◆

Je ne vous communique que les vingt premiers articles ; ce sont notamment ceux qui parlent des prisonniers à partir du 4ème article.

Que disait cette Convention ?

Les lois, les droits et les devoirs de la guerre ne s'appliquent pas seulement à l'armée, mais encore aux milices et aux corps de volontaires réunissant les conditions suivantes:

1°. D'avoir à leur tête une personne responsable pour ses subordonnés ;

2°. D'avoir un signe distinctif fixe et reconnaissable à distance ;

3°. De porter les armes ouvertement et

4°. De se conformer dans leurs opérations aux lois et coutumes de la guerre.

Dans les pays où les milices ou des corps de volontaires constituent l'armée ou en font partie, ils sont compris sous la dénomination d'" armée '.

Article 2.

La population d'un territoire non occupé qui, à l'approche de l'ennemi, prend spontanément les armes pour combattre les troupes d'invasion sans avoir eu le temps de s'organiser conformément à l'article premier, sera considérée comme belligérante si elle porte les armes ouvertement et si elle respecte les lois et coutumes de la guerre.

Article 3.

Les forces armées des Parties belligérantes peuvent se composer de combattants et de non-combattants. En cas de capture par l'ennemi, les uns et les autres ont droit au traitement des prisonniers de guerre.

CHAPITRE II. - Des prisonniers de guerre.

Article 4.

Les prisonniers de guerre sont au pouvoir du Gouvernement ennemi, mais non des individus ou des corps qui les ont capturés. Ils doivent être traités avec humanité.

Tout ce qui leur appartient personnellement, excepté les armes, les chevaux et les papiers militaires, reste leur propriété.

Article 5.

Les prisonniers de guerre peuvent être assujettis à l'internement dans une ville, forteresse, camp ou localité quelconque, avec obligation de ne pas s'en éloigner au delà de certaines limites déterminées; mais ils ne peuvent être enfermés que par mesure de sûreté indispensable, et seulement pendant la durée des circonstances qui nécessitent cette mesure.

Article 6.

L'Etat peut employer, comme travailleurs, les prisonniers de guerre, selon leur grade et leurs aptitudes, à l'exception des officiers. Ces travaux ne seront pas excessifs et n'auront aucun rapport avec les opérations de la guerre. Les prisonniers peuvent être autorisés à travailler pour le compte d'administrations publiques ou de particuliers, ou pour leur propre compte.

Les travaux faits pour l'Etat sont payés d'après les tarifs en vigueur pour les militaires de l'armée nationale exécutant les mêmes travaux, ou, s'il n'en existe pas, d'après un tarif en rapport avec les travaux exécutés. Lorsque les travaux ont lieu pour le compte d'autres administrations publiques ou pour des particuliers, les conditions en sont réglées d'accord avec l'autorité militaire. Le salaire des prisonniers contribuera à adoucir leur position, et le surplus leur sera compté au moment de leur libération, sauf défalcation des frais d'entretien.

Article 7.

Le Gouvernement au pouvoir duquel se trouvent les prisonniers de guerre est chargé de leur entretien.

A défaut d'une entente spéciale entre les belligérants, les prisonniers de guerre seront traités pour la nourriture, le couchage et l'habillement, sur le même pied que les troupes du Gouvernement qui les aura capturés.

Article 8.

Les prisonniers de guerre seront soumis aux lois, règlements et ordres en vigueur dans l'armée de l'Etat au pouvoir duquel ils se trouvent. Tout acte d'insubordination autorise, à leur égard, les mesures de rigueur nécessaires. Les prisonniers évadés, qui seraient repris avant d'avoir pu rejoindre leur armée ou avant de quitter le territoire occupé par l'armée qui les aura capturés, sont passibles de peines disciplinaires. Les prisonniers qui, après avoir réussi à s'évader, sont de nouveau faits prisonniers, ne sont passibles d'aucune peine pour la fuite antérieure.

Article 9.

Chaque prisonnier de guerre est tenu de déclarer, s'il est interrogé à ce sujet, ses véritables noms et grade et, dans le cas où il enfreindrait cette règle, il s'exposerait à une restriction des avantages accordés aux prisonniers de guerre de sa catégorie.

Article 10.

Les prisonniers de guerre peuvent être mis en liberté sur parole, si les lois de leur pays les y autorisent, et, en pareil cas, ils sont obligés, sous la garantie de leur honneur personnel, de remplir scrupuleusement, tant vis-à-vis de leur propre Gouvernement que vis-à-vis de celui qui les a faits prisonniers, les engagements qu'ils auraient contractés.

Dans le même cas, leur propre Gouvernement est tenu de n'exiger ni accepter d'eux aucun service contraire à la parole donnée.

Article 11.

Un prisonnier de guerre ne peut être contraint d'accepter sa liberté sur parole: de même le Gouvernement ennemi n'est pas obligé d'accéder à la demande du prisonnier réclamant sa mise en liberté sur parole.

Article 12.

Tout prisonnier de guerre, libéré sur parole et repris portant les armes contre le Gouvernement envers lequel il s'était engagé d'honneur, ou contre les alliés de celui-ci, perd le droit au traitement des prisonniers de guerre et peut être traduit devant les tribunaux.

Article 13.

Les individus qui suivent une armée sans en faire directement partie, tels que les correspondants et les reporters de journaux, les vivandiers, les fournisseurs, qui tombent au pouvoir de l'ennemi et que celui-ci juge utile de détenir, ont droit au traitement des prisonniers de guerre, à condition qu'ils soient munis d'une légitimation de l'autorité militaire de l'armée qu'ils accompagnaient

Article 14.

Il est constitué, dès le début des hostilités, dans chacun des Etats belligérants, et, le cas échéant, dans les pays neutres qui auront recueilli des belligérants sur leur territoire, un bureau de renseignements sur les prisonniers de guerre. Ce bureau, chargé de répondre à toutes les demandes qui les concernent, reçoit des divers services compétents toutes les indications relatives aux internements et aux mutations, aux mises en liberté sur parole, aux échanges, aux évasions, aux entrées dans les hôpitaux, aux décès, ainsi que les autres renseignements nécessaires pour établir et tenir à jour une fiche individuelle pour chaque prisonnier de guerre. Le bureau devra porter sur cette fiche le numéro matricule, les nom et prénom, l'âge, le lieu d'origine, le grade, le corps de troupe, les blessures, la date et le lieu de la capture, de l'internement, des blessures et de la mort, ainsi que toutes les observations particulières. La fiche individuelle sera remise au Gouvernement de l'autre belligérant après la conclusion de la paix. Le bureau de renseignements est également chargé de recueillir et de centraliser tous les objets d'un usage personnel, valeurs, lettres etc., qui seront trouvés sur les champs de bataille ou délaissés par des prisonniers libérés sur parole, échangés, évadés ou décédés dans les hôpitaux et ambulances, et de les transmettre aux intéressés.

Article 15.

Les sociétés de secours pour les prisonniers de guerre, régulièrement constituées selon la loi de leur pays et ayant pour objet d'être les intermédiaires de l'action charitable, recevront, de la part des belligérants, pour elles et pour leurs agents dûment accrédités, toute facilité, dans les limites tracées par les nécessités militaires et les règles administratives, pour accomplir efficacement leur tâche d'humanité. Les délégués de ces sociétés pourront être admis à distribuer des secours dans les dépôts d'internement, ainsi qu'aux lieux d'étape des prisonniers rapatriés, moyennant une permission personnelle délivrée par l'autorité militaire, et en prenant l'engagement par écrit de se soumettre à toutes les mesures d'ordre et de police que celle-ci prescrirait.

Article 16.

Les bureaux de renseignements jouissent de la franchise de port. Les lettres, mandats et articles d'argent, ainsi que les colis postaux destinés aux prisonniers de guerre ou expédiés par eux, seront affranchis de toutes les taxes postales, aussi bien dans les pays d'origine et de destination que dans les pays intermédiaires. Les dons et secours en nature destinés aux prisonniers de guerre seront admis en franchise de tous droits d'entrée et autres, ainsi que des taxes de transport sur les chemins de fer exploités par l'Etat.

Article 17.

Les officiers prisonniers recevront la solde à laquelle ont droit les officiers de même grade du pays où ils sont retenus, à charge de remboursement par leur Gouvernement.

Article 18.

Toute latitude est laissée aux prisonniers de guerre pour l'exercice de leur religion, y compris. L'assistance aux offices de leur culte, à la seule condition de se conformer aux mesures d'ordre et de police prescrites par l'autorité militaire.

Article 19.

Les testaments des prisonniers de guerre sont reçus ou dressés dans les mêmes conditions que pour les militaires de l'armée nationale. On suivra également les mêmes règles en ce qui concerne les pièces relatives à la constatation des décès, ainsi que pour l'inhumation des prisonniers de guerre, en tenant compte de leur grade et de leur rang.

Article 20.

Après la conclusion de la paix, le rapatriement des prisonniers de guerre s'effectuera dans le plus bref délai possible.

Vous le savez aussi bien que moi, que la théorie n'est jamais respectée surtout lors d'un conflit ! mais au moins, les autorités en connaissaient les règles et nous soldats, nous espérions qu'ils les appliqueraient de part et d'autre.

♦

23 - Les nouvelles technologies

◆

Je voudrais à ce stade de mon récit, vous parler sommairement des nouvelles armes qui à notre grand étonnement nous effrayaient bien sur, mais nous émerveillaient par ailleurs. Pour comprendre notre étonnement, permettez-moi de vous préciser que la plupart des contemporains du Pays Pourlet n'avait jamais entendu parler de ces technologies si avancées et qui fonctionnaient parfaitement.

◆

Je commence par le téléphone que portait un soldat, il devait dérouler des centaines de mètres de câble téléphonique à travers des champs dévastés, minés, sous des tirs de mitrailleuses afin que le commandement puisse communiquer avec les unités combattantes et les postes de commandement avancés. Quelle invention, la voix passait par un fil et la réponse par le même fil et personne ne voyait rien. L'ennemi comprit rapidement que ce téléphone était une arme dangereuse car elle renseignait si rapidement le commandement que les coursiers à cheval furent évincés à son profit, il y eut aussi les pigeons voyageurs.

Un téléphoniste devait avoir de nombreux et très visibles points de repère afin qu'il se reconnaisse de nuit. Son salut dépendait souvent de la rapidité des réparations.

Les lignes téléphoniques étaient coupées par les obus 5 ou 6 fois par jour et autant la nuit. Il bondissait de trou d'obus en trou d'obus avec son rouleau de fils et l'appareil qui lui servait à délimiter les cassures.Il utilisait sa baïonnette comme piquet de terre. C'était encore l'hiver et la neige tombait en abondance, malgré cela il rentrait souvent trempé de sueur dans son camp.

◆

Vinrent ensuite les avions ; au début ils semblaient bien fragiles avec leurs grandes ailes et leur moteur. Les ratés qu'ils avaient, révélaient que leur crédibilité au vol n'était pas certaine. Mais les pilotes devenaient de plus en plus hardis. Leurs observations apportèrent de tels renseignements militaires qu'au tout début, ils ne servaient qu'à l'observation. Rapidement ils s'équipèrent de fusils et de mitrailleuses et enfin de bombes. C'est alors que nous fûmes témoins de batailles aériennes qui restèrent célèbres.

◆

Le renseignement quant à lui fut timide au début de la guerre mais il se développa considérablement très vite. Certes ce n'était pas du James Bond, toutefois le capitaine Ladoux chef des services de contre-espionnage profita qu'un certain capitaine Russe au service de la France, soigné aux environs de Vittel pour fournir à Mata Hari en échange de services spéciaux un laissez-passer pour rejoindre son amant. Il l'utilisera pour espionner le Haut commandement allemand en Belgique. Son nom de code : H.21 fut mentionné par les services allemands dans un message codé ce qui alerta les services français qui l'arrêtèrent et l'accusèrent d'être un agent double. Vous connaissez la fin, elle fut condamnée à mort pour intelligence avec l'ennemi en temps de guerre. Elle passa du statut d'idole à celui de coupable idéale pour servir d'exemple ; la France était traumatisée par les mutineries après l'échec de la bataille du Chemin des Dames.

Permettez-moi de vous parler de ce que nous devions savoir et surtout de ce que nous devions dire lorsque nous partions pour différentes raisons (permissions, évacuations sanitaires), nous étions alors informés que « les murs avaient des oreilles ». Comprenez que nos paroles étaient analysées et pouvaient alors nuire aux combattants. Si nous étions fait prisonniers, nous ne devions révéler que notre nom et notre matricule. L'espionnage est complexe, il revêt encore de nos jours différentes formes : économiques, techniques, militaires (stratégies et tactiques).

Je vous raconterai une ou deux histoires assez caractéristiques des méthodes utilisées tant par nos adversaires que par les services secrets français. Les femmes dans les deux camps ont participé à des missions spécifiques, autre que celles de femmes fatales.

◆

Le camouflage fut pour nous hélas une surprise désagréable parce que nous ignorions que cela existait d'une part et nous ne savions pas quelles formes prenait-il. ! Nous le découvrîmes lors d'un assaut sur un fortin qui était particulièrement camouflé et armé de mitrailleuses qui firent trop de morts et de blessés. Le commandement français tira les leçons de nos tenues voyantes qui permettaient à l'ennemi de connaître les différentes unités sur un champ de batailles bien délimité où la puissance et la portée des armes à distance étaient faibles, ce qui obligeait le contact pour la majeure partie des combats. La dissimulation devint une nécessité dés lors que la portée et la cadence des tirs des armes à feu augmenta pour protéger les soldats. C'est ainsi que le commandement français fit appel à des artistes pour mettre en œuvre cette technique. Des toiles bariolées dont les teintes se fondaient avec celles de la nature environnante dissimulaient les pièces d'artillerie.

♦

La chimie avec l'acide nitrique pour la fabrication d'explosifs et les gaz de combat étaient des armes non conventionnelles qui nous destabilisaient. L'usage des gaz de combat fut utilisé selon l'objectif à atteindre :

-   le gaz non-persistant provoquait rapidement un maximum de pertes chez l'adversaire tout en laissant la possibilité de déclencher par la suite une offensive avec l'infanterie (qui n'était plus gênée ni par le gaz, qui s'était dissipé, ni par l'infanterie ennemie, décimée par l'attaque).

- Tandis que le gaz persistant interdisait à l'ennemi l'accès à une zone stratégique ; il obligeait les soldats adverses à quitter leur poste en les empêchant de revenir :
- dans une perspective offensive on pouvait ainsi bloquer durablement les abords des pièces d'artillerie ennemies ou les voie de ravitaillement adverses,
- dans une perspective défensive on couvrait la retraite d'une armée qui reculait.

◆

Les unités qui utilisaient les chevaux comme force de traction virent ainsi leur activité considérablement handicapée. Ce fut l'une des causes de la motorisation de l'artillerie après la guerre.

◆

La propagande servait :

1. à aiguiller les espérances de l'opinion publique,
2. à modifier les actions des personnes ciblées,
3. à façonner la connaissance des personnes par n'importe quel moyen dont la diversion ou la confusion.

Elle déshumanisait l'ennemi et suscitait la haine en contrôlant la représentation que s'en faisait l'opinion publique. La diffamation fut employée comme accusation mensongère.

La propagande militaire était classée en trois couleurs :

- blanche pour une source identifiée,
- noire si la source était amicale, mais hostile en réalité
- grise si elle était soi-disant neutre, mais hostile en réalité.

L'objectif central de la propagande française était de dénoncer le caractère criminel d'une guerre imposée par l'Allemagne. Ce fut une volonté systématique de dénigrer tout ce qui était allemand – la haine de l'ennemi justifiant tous les débordements.

Pour cette raison, la propagande française se caractérisait par son extrême virulence. La diffusion massive d'images qui résumait de façon simple les enjeux principaux du conflit joua sans doute un rôle capital dans le conditionnement des esprits.

Le caractère outrancier de ces représentations, entraîna des réactions de rejet. Les journaux de tranchées que nous parcourions nous présentaient quelques cartes postales que nous jugions satiriques et que nous définissions de « bourrage de crâne » et d'odieux.

Cependant nous approuvions celles qui relataient les crimes allemands faits aux civils de Belgique et du Nord de la France ; notamment cette barbarie de couper les mains aux enfants, parfois aux nourrissons. Cette propagande française fut efficace et l'opinion générale considéra que cette guerre s'opposait à des tyrans. **Par conséquent,** tuer les Allemands n'était ni un crime ni un péché mais un devoir moral.

Cet endoctrinement influa insidieusement notre culture religieuse.

◆

24 - La justice militaire

♦

Lorsque la Première Guerre mondiale éclata, les principes de la justice militaire définissaient les délits et les peines et régissaient le fonctionnement des conseils de guerre en temps de paix comme en temps de guerre. Cette organisation pouvait sembler équilibrée ; hélas la justice militaire était indépendante de la justice civile.

Pour nous soldats, nous la considérions comme la continuité de la discipline ; les faits nous donnèrent raison.

Aussi, craignions-nous l'évolution des modalités d'action de cette justice militaire !

C'est ainsi que nous vîmes au niveau de la division, du corps d'armée et de l'armée s'attacher à chaque quartier général un conseil de guerre. Les juges, au nombre de cinq étaient tous choisis par le chef de l'unité sur laquelle le conseil de guerre exerçait sa juridiction. La procédure était rapide (moins de vingt quatre heures) et la fonction de commissaire-rapporteur n'était tenue que par un seul officier. De plus, dés les premières semaines de la guerre, les pourvois en révision contre les jugements des conseils de guerre furent suspendus. Les autorités militaires se voyaient ainsi autoriser à faire exécuter les sentences de mort sans attendre l'avis du Président de la République. Pour les auteurs de crime pris en flagrant délit, des conseils de guerre spéciaux composés de trois juges qui, selon une procédure simplifiée et sans possibilité de recours, furent institués.

En début 1916, le Grand Quartier général fit recenser dans chaque armée des militaires qui, de par leur profession dans le civil ou leur formation, serviraient de défenseurs dans les tribunaux militaires. Cette disposition répondait à la volonté de faire des exemples pour la troupe, hélas elle ignorait les cultures nationales et les traditions militaires. Pourtant une erreur aurait dû interpeller le Grand Quartier général : celle du soldat François-Marie Laurent, originaire de Mellionec (Côtes d'Armor) qui fut fusillé pour abandon de poste.

Voici la réalité :

Dans la nuit du 1er au 2 octobre 1914, il fut blessé sous les yeux de son capitaine. Il fut soigné par le docteur Buy, mais ne pouvant pas expliquer en français les circonstances de sa blessure, il fut soupçonné d'automutilation au motif que sa blessure était trop légère, voulant ainsi se soustraire à son devoir de combattant.

Il fut fusillé le 19 octobre 1914.

Il ne parlait pas le français et le médecin ne comprenait pas le breton.

Il ne fut pas défendu selon les règles élémentaires de la justice.

Cette justice expéditive, brisa des vies, des familles et souilla leur honneur ! Sa réhabilitation ne fut établie que le 9 décembre 1933 et son nom fut gravé sur le monument aux morts dans l'ordre alphabétique…

◆

25 - Les camps de concentration

◆

Imaginez notre moral après une telle bataille, déplorant tant de morts, de blessés secourus avec lenteur et énormément de difficultés, d'inhumations à la hâte et enfin les mouvements de notre régiment pour continuer la lutte. Nous avions le sentiment d'abandonner nos camarades tués et/ou blessés. Je pense que nos lettres reflétaient cet état d'esprit. La lecture des journaux ne devait pas enthousiasmer les familles des poilus au front dans ce secteur. Celles de mes amis prisonniers des allemands n'apprirent le lieu de leur détention que par la Croix Rouge et la filière des aumôniers. Mais elles ne pouvaient connaître les détails de leur détention.

◆

Je vous en donne la primeur, vous comprendrez les raisons pour lesquels les prisonniers enviaient ceux du front malgré tous les risques encourus.

J'évoquerai simplement les camps de prisonniers pour officiers qui fort heureusement pour eux avaient des conditions de vie moins difficile que ceux des soldats. Ils disposaient de lits au lieu de sacs de paille, ils étaient dispensés de travailler et pouvaient étudier dans des salles spécifiques ou s'adonnaient au sport. Le plus important à mon avis était, qu'il n'existait aucun camp d'officiers en

Prusse Orientale où les températures étaient plus rudes que dans les autres régions d'Allemagne.

Par contre pour les camps de base appelés mannschaftslager, les prisonniers logeaient dans des baraques de bois larges de dix mètres et longues de cinquante, recouvertes à l'extérieur de goudron. A l'intérieur un couloir central desservait de chaque côté des lits à deux niveaux de sacs de pailles ou de sciure. Une table, des bancs et quelques chaises composaient l'ameublement. Un poêle seulement ce qui était insuffisant eu égard à l'isolation thermique et au volume à chauffer Les baraques disposaient de sanitaires et quelques locaux culturels (bibliothèque, théâtre et des lieux cultuels). Le camp comprenait une Kantine, sorte de magasin où les prisonniers achetaient des petits objets ou quelques compléments alimentaires. Le camp était entouré de fils de fer barbelés de trois mètres de haut, espacés de quinze centimètres reliés tous les trois mètres par un poteau de bois[14] et diagonalement d'autres fils de fer formaient un grillage.

L'afflux massif de prisonniers nécessita la construction de Durchgangslager qui étaient des camps de transit pour gérer et diriger les flux de prisonniers vers des camps de détention.

En représailles aux conditions de détention des prisonniers allemands et pour punir les tentatives d'évasion des camps de représailles furent installés dans des régions dont le climat était

---

[14] http://milguerres.unblog.fr/les-prisonniers-de-guerre-francais/

particulièrement rude, comme en Prusse Orientale. Certains étaient à proximité des lignes de front afin que les prisonniers participent à la reconstruction des tranchées ou à charrier des corps. Ils logeaient sous des tentes, entourées de boue et effectuaient un travail harassant avec un minimum de nourriture (soupe avec de la décoction de glands). Ces prisonniers étaient des morts vivants, les yeux caves, les pommettes saillantes et des cranes dégarnis. Comment voulez-vous qu'il en fut autrement ?

La nourriture était infecte, insuffisante et distribuée le matin entre six et sept heure trente, celui du midi vers onze heures et le repas du soir aux environs de dix huit heures trente. La soupe était soit de haricots, d'avoine, de pruneaux, de betteraves, de morue. Quant au pain, le pain KK en allemand Kleie und Kartoffeln, c'est à dire son et pommes de terre. Ces aliments causèrent des troubles digestifs et la dénutrition devint le quotidien du prisonnier.

Certes l'Allemagne souffrait du blocus à partir du 6 novembre 1914, ce qui expliqua que l'administration militaire privilégiait leurs troupes combattantes au détriment des prisonniers et de la population. Ce ne fut qu'au début de 1916 que le prisonnier eut droit par semaine entre 600g et 1 kg de pommes de terre, 200 à 300 g de légumineuses. Cela, c'était la théorie, la réalité était que la nourriture demeurait insuffisante, mais surtout trés mauvaise pour leur santé.Parfois, la viande devait subir une désinfection préconisée par le médecin-chef allemand, en la trempant dans une solution de permanganate .

Vous comprenez alors qu'une telle nourriture affaiblissait les prisonniers et causait des maladies. Fort heureusement les colis et les envois de la Croix Rouge leur permettaient de survivre.

A ette dénutrition s'ajoutait le manque d'hygiène.

En effet, le camp ne disposait souvent que d'un seul robinet dans la cour pour des milliers de prisonniers. Les latrines étaient rudimentairement composées d'une planche percée au-dessus d'une fosse que les prisonniers devaient vider périodiquement. Le sol des camps en terre battue devanait boueux dés les premières pluies.

Le nombre de prisonniers par baraque, aux environs de 250 et le confinement des logements expliquent l'arrivée du typhus et du choléra. La lutte contre les poux à l'aide de crèmes dépilatoires et la désinfection des locaux furent avec les vaccinations contre le typhus les traitements entrepris à partir de la fin septembre 1915.

De nombreux décès furent enregistrés qui nécessita la construction de cimetières prés des camps.

Ces mauvaises conditions d'enfermement provoquèrent parmi les prisonniers des maladies psychiques qui étaient connues sous l'appellation de psychose des barbelés ou syndrome du prisonnier. Certains devenaient fous ou se suicidaient par pendaison ou en se jetant sur les barbelés.

La correspondance privée était fort réglementée et surtout censurée. Elle était un moyen de pression considérable, d'autant plus qu'un très grand nombre des soldats ne savaient pas écrire.

Les pratiques culturelles et religieuses se mirent en place dés 1915 ; lorsqu'un ministre du culte faisait défaut un religieux allemand le remplaçait. Les églises créèrent une commission d'aide interconfessionnelle pour pallier les insuffisances et améliorer la vie spirituelle.

Au début le travail fit appel au volontarait mais rapidement, il devint obligatoire pour répondre aux besoins croissants de l'industrie de l'armement , de l'agriculture et des mines. Certains prisonniers refusèrent , d'autres pratiquèrent le sabotage ce qui conduisit à des repressions sévères. La peine de mort fut rarement appliquée, sauf pour des prisonniers évadés et repris qui avait tué un garde. Par contre la peine du poteau fut un symbole fort. Le principe était simple : le prisonnier était attaché à un poteau, un arbre, ou contre un mur, les mains dans le dos, et devait rester dans cette position qui l'empêchait de bouger pendant un certain temps, sans boire ni manger. Plusieurs variantes furent inventées, comme celle où le prisonnier était surélevé par des briques le temps de l'attacher ; elles étaient retirées rendant alors la punition particulièrement douloureuse.

Elle ne fut abolie qu'après une plainte de la France à la fin 1916.

◆

◆

Pour les frères d'armes natifs des colonies, leurs mères, leurs épouses et leurs fiancées étaient fort inquiètes pour leurs soldats qui défendaient le sol de France. Les nouvelles qu'elles attendaient, tardaient à arriver, d'où leur grande anxiété.

La guerre n'était pas que sur le sol de France, elle était aussi en mer, dans l'Océan Atlantique. Des bateaux civils et militaires étaient coulés par les sous-marins allemands, Ce qui expliquait le retard ou sa disparition pure et simple du courrier venant de la Métropole.

◆

Les frères Bénédictins et Jésuites informaient les populations d'Outre-mer, ils leur relataient les difficultés que rencontraient nos soldats au quotidien qui vivaient dans des tranchées, leurs abris étaient quasi inexistants. Cette guerre des tranchées était une guerre d'usure, mais offensive. Elle affaiblissait considérablement les Allemands comme les Français, sans pour cela obtenir un succès décisif. Le Haut Commandement des deux belligérants s'obstinait à vouloir percer les lignes adverses. La Prière Universelle qu'ils demandaient à Dieu était de l'exaucer au plus vite pour que cesse cette stratégie inutile et barbare. Puis, ils leur suggéraient de confectionner des vêtements chauds pour leurs soldats et lorsqu'elles leur envoyaient un colis de penser aussi aux douceurs de la Martinique. Elles savaient que les familles françaises expédiaient des colis et que les soldats en frères d'armes se les partageaient.

L'amitié était grande entre eux, leurs soldats étaient bien intégrés et ils participaient avec leurs frères de la Métropole à toutes les cérémonies religieuses qu'officiaient les aumôniers.

Lorsqu'il y avait des décès, les soldats recevaient les Saints Sacrements et ils les assuraient que :

« Tous les soldats engagés dans cette guerre faisaient là-bas leur purgatoire.

Dieu les purifiait pour autant de souffrances et ils iraient tout droit au Ciel.

Et là, c'était le bonheur pour l'éternité ».

Comme ils l'avaient souligné, les nouvelles du front étaient difficiles à obtenir ; la censure militaire ainsi que les aléas de la navigation maritime expliquaient en partie la rareté des nouvelles. Fort heureusement les aumôniers militaires et les diocèses communiquaient différemment et certaines nouvelles leur parvenaient malgré tout. C'est ainsi qu'ils pouvaient, avec l'extrême prudence eu égard à la durée de son acheminement, rassurer la famille de notre ami André Vaillant. Il était détenu dans un camp de prisonniers à Düsseldorf en Allemagne avec deux autres camarades de son régiment. Ils formaient une bonne équipe et leur statut n'était pas celui des camps de Prusse Orientale que nous redoutions en raison de température extrême. Cependant ce n'était pas facile pour eux ; l'Allemagne devait faire face à un blocus, ce qui pénalisait les ravitaillements. Nos prisonniers indirectement en subissaient les conséquences directes et indirectes.

Les denrées alimentaires étaient aussi rares pour la population civile allemande que pour les militaires et les prisonniers. Comprenez alors que la population civile manipulée par la propagande allemande, était particulièrement hostile à nos prisonniers et leur attitude était démoralisatrice pour nos prisonniers. La Croix Rouge fut alertée pour une intervention ; mais quel impact avait-elle sur les geôliers allemands ?

Les correspondances les soutenaient, toutefois, elles devaient être discrètes sur le mode de renseignements. Des colis de première nécessité, entendez par là, des victuailles non périssables et des vêtements pour affronter la rigueur des saisons.

Les prêtres leur disaient :

« Ayez confiance !
Dieu aime l'humanité comme un vigneron aime sa vigne.

Jésus reprend les mots même d'Isaïe, entendus dans la première lecture de ce dimanche, et qui étaient dans toutes les mémoires :

Je chanterai pour mon Bien-Aimé le chant d'amour pour sa vigne, cette vigne qui est à mon Bien-Aimé». Dieu est un amoureux, dit le prophète. Amoureux de sa vigne, amoureux de son peuple choisi, Israël. Que de soins attentifs, il lui a prodigués :

Retourner la terre, retirer les pierres, choisir un plant de qualité, planter, entourer d'une clôture de protection, creuser un pressoir, bâtir une tour de garde.

Jusqu'ici c'est Dieu, le Maître, qui a travaillé : il a pris beaucoup de peine pour SA vigne, toute fécondée de sa sueur. Mais Dieu n'a pas tout fait : il a confié son bien à «des fermiers et est parti en voyage.

Cette parabole racontée par Jésus quelques jours avant sa mort, les fit pénétrer dans sa psychologie quand il envisageait sa mort comme une Rédemption, un Salut de l'humanité.

Voici ce cœur qui a tant aimé les hommes, et n'en reçoit qu'indifférence et mépris.

En mourant pour nous au pressoir de la croix, Jésus a fait jaillir de son côté percé le sang vermeil qui redonne la Vie. Il n'est donc pas étonnant qu'il ait anticipé sa Passion, la veille au soir, par le don de sa vie offerte. Il n'est pas étonnant que le grand Signe donné par Jésus, et auquel on reconnaît les chrétiens, soit la messe… qui nous redonne réellement son Corps livré et son Sang versé pour nous et pour la multitude.

Vendanges de sang» de la nouvelle et éternelle Alliance. »

Enfin, Frères et Sœurs, sachez que vos prières quotidiennes sont entendues de Dieu et qu'Il vous donne sa Paix. Amen.

27 - Les services secrets

♦

Les services secrets sont toujours actifs, même en temps de paix. Par nature, ils sont le plus discret possible, ils utilisent des agents formés à toutes les disciplines, à toutes les sciences susceptibles de surprendre l'adversaire.

♦

Les attachés militaires et navals ainsi que les consuls renseignaient les services de renseignements. Ils donnaient parfois de faux indices pour tester, voire intoxiquer l'adversaire. Les services du chiffre étaient actifs et changeaient constamment leurs codes. La propagande fut une arme qui utilisa de nouvelles compétences qui se révélèrent démoralisatrices tant au front que parmi la population. Ce furent des dessinateurs de talent qui, intelligemment, par leurs croquis, ridiculisèrent l'ennemi, le rendant ainsi soit inférieurs, soit barbares aux yeux de population ou de leurs Etats. Ils menèrent une guerre psychologique adaptée à chaque situation, déstabilisant parfois la presse nationale ou excitant celle satyrique.

♦

Voyons chers amis, ce qui différenciait les services secrets allemands et français.

Je commencerai par les services secrets allemands dirigés par le colonel Nicolaï qui était assisté par une collègue, qui, à elle seule valait une division, selon lui. Cette femme d'une intelligence remarquable dirigeait le recrutement et la formation des espions allemands à Anvers, elle s'appelait : docteur Schragmüller.

Pour elle, un service d'espionnage était une organisation pensée, structurée jusque dans ses moindres détails par une intelligence hors pair, une organisation aux rouages subtils et compliqués. Les renseignements de la plus haute importance devaient être recueillis auprès des meilleures sources, dans le respect des conventions sociales et dans un face à face.

Cela nécessitait une maîtrise des questions politiques, économiques et militaires.

L'entretien s'établissait comme une conversation qui devait déboucher lentement mais surement sur des résultats dignes d'intérêt. La rédaction des analyses devait être rigoureuse, quelque soit le rang de l'agent interrogé (supérieur et/ou subalterne). Lorsqu'elle confiait une mission à un agent, préalablement, elle s'identifiait à celui-ci et tentait de percevoir ce qu'il ressentait.

♦

Quant au service secret français c'était le capitaine Ladoux qui en fut le maître à penser. Il partit du constat qu'à la déclaration de guerre l'activité de recherche était réduite à sa plus simple expression. Elle portait essentiellement sur les ouvrages fortifiés de l'ennemi et les garnisons allemandes de l'Ouest. Il inventa de nouvelles stratégies qui furent innovantes et subtiles. Elles s'introduisirent dans l'imaginaire guerrier et s'adressèrent aussi bien aux civils qu'aux militaires. Elles s'infiltrèrent dans tous les milieux de la société. Elles tuèrent autant que les armes conventionnelles. Elles révélèrent des sentiments aussi divers que la colère, la sensibilité, la crainte ou l'espoir.

Il chercha les acteurs de ces nouvelles stratégies et les incorporera comme des soldats.

Il inventa « la militarisation de certains métiers » en contactant Hansi qui était encore inconnu, mais ses caricatures étaient si impitoyables qu'elles ridiculisaient les puissants, qu'étaient les arrogants militaires, les policiers mesquins, les enseignants pédants et qu'elles redonnaient espoir et fierté au cœur d'une population opprimée. Avec passion et tendresse, ce dessinateur engagé conféra à l'Alsace une identité qui, me semble t'il, traversera les générations. Il l'intégra au 2ème Bureau à Paris et l'utilisa à la guerre psychologique afin de rédiger des tracts, des affiches et des journaux qui inondèrent les lignes ennemies.

Il recruta d'autres dessinateurs qui œuvrèrent dans la presse quotidienne ou hebdomadaire et dans les journaux de tranchée. Il étudia les thèmes et leur donna ses instructions tant pour les supports que pour les illustrations et les délais de livraison. Pour la transmission des renseignements recueillis par les agents, il utilisa des pigeons voyageurs. Ces mêmes pigeons voyageurs furent requis pour le recueil du renseignement. Ils furent enfermés dans des paniers avec de la nourriture, des questionnaires et la façon d'y répondre.

Les papiers d'identité, notamment ceux des prisonniers et déserteurs allemands étaient d'une grande importance. Aussi attacha t'il un grand intérêt au décollement de la photographie du détenteur initial parce qu'il savait que les allemands utilisaient une colle adhésive. Il exigea de trouver rapidement une parade

Il organisa la guerre psychologique sous la forme de propagande aérienne.

Toutes ces activités avaient besoin de couvertures.

♦

A la veille de 1914, le S.R. français avait dans sa manche un certain nombre d'officiers allemands qui le renseignaient et, parmi eux « Le Vengeur », officier général qui, pour se venger de ses supérieurs, en 1904, lui livra le plan SCHLIEFEN et bien d'autres informations jusqu'en 1913.

Les Attachés militaires et navals, consuls facilitaient souvent la tâche du Service de Renseignement, tel les Colonels Farramond à Berlin, Pageot à Berne, Dupont à Bruxelles, MM. Pascal d'Aix à Genève, Fuchs et tant d'autres.

L'activité des postes militaires de recherche de Belfort, Verdun, Nancy, était prolongée par des antennes à l'étranger (Belgique, Hollande, la plus importante était en Suisse dirigée par le Lieutenant Colonel Parchet).Signalons aussi le commissaire de police Waegele, attaché au G.Q.G. Allemand qui fournit des renseignements sur les intentions du haut commandement adverse.

Avant la guerre, les relations entre l'ENS[15] et l'armée étaient très étroites. A partir de 1905, les élèves étaient soumis, durant leur scolarité à une préparation militaire très lourde surnommée le *Bonvoust*.[16] Les conscrits normaliens devaient effectuer un service de deux ans. Avant d'entrer à l'école, ils passaient une première année dans un régiment puis, au terme de la scolarité à l'ENS, ils effectuaient une seconde année. Ils avaient alors la possibilité de terminer sous-lieutenant de réserve s'ils passaient ou réussissaient les épreuves. Retournés à la vie civile, ils étaient astreints régulièrement à des obligations militaires : exercices, manœuvres, etc. En 1913, la loi fut modifiée. Il était alors demandé aux élèves un investissement plus important : entraînement physique, instruction théorique supplémentaire, etc.

Ni espions, ni planqués, les normaliens des 2e et 5e bureaux de l'EMA étaient avant tout des serviteurs de l'État, ils se définissaient d'abord par une très bonne connaissance du monde (voyages, relations, études) et des compétences linguistiques exceptionnelles.

Enfin, pour être admis au club très fermé des officiers des services de renseignement de l'E.M.A, ils devaient être : inapte au front temporairement ou définitivement, ou d'une blessure, ou enfin de l'âge. Leur recrutement était essentiellement dû à

---

[15] L'Ecole Normale Supérieure

[16] Mot-valise désignant tout ce qui a rapport à la chose militaire (hommes, lieux, et surtout anciennement la préparation militaire à laquelle étaient soumis les Normaliens).

l'efficacité et au zèle des Commissaires Spéciaux chargés du recrutement.

♦

Avant la réorganisation réalisée par Ladoux en 1915 et pendant dix-huit mois, ce fut pourtant une période de stagnation marquée par une lutte constante contre les administrations civiles réticentes. Il fut considérablement aidé par les Alsaciens - Lorrains au domaine de la recherche. La lutte contre l'espionnage fut très efficace et sur ce plan comme sur beaucoup d'autres dans le domaine des Services, la société française se ressentait de l'internationalisme croissant.

 Pour acheminer leurs agents, les Services Spéciaux français, outre les territoires neutres (Hollande et Suisse surtout) à partir de 1915, utilisèrent des avions. Des ballons pouvant aller jusqu'à 600 km, ballons relativement petits, de 8,50 m de diamètre, furent employés.

Ils utilisaient d'autres moyens de transmission :

- le message à l'encre sympathique ou inscrit sous les timbres ou sur les ficelles des colis,
- sans oublier les journaux contenant des messages conventionnels (exemple du Landwirth, journal luxembourgeois expédié à une boîte aux lettres en Suisse).

♦

Le Contre-espionnage s'améliora aussi, non seulement sur le plan préventif et défensif, mais surtout dans le domaine offensif. Il « intoxiqua » le S.R. allemand dans la mesure du possible, sur les intentions de notre haut commandement, mais aussi quant aux résultats de l'activité des agents doubles qu'il manipula, notamment dans le domaine du sabotage (fictif) qu'ils devaient effectuer chez nous Toutes ces activités eurent besoin de couvertures. La trahison n'était pas chose rare en France et en temps de paix.

♦

28 – L'Oiseau de Kerguestenen

◆

Notre désarroi fut grand, lorsque nous apprîmes que Mathurin Pouillic avait usurpé l'identité d'un de nos officiers, le Capitaine Emilien Palaric, mort au combat et qu'il avait servi les intérêts du Grand Reich.

Tous ceux qui le connaissaient ne doutaient pas de son intégrité, de son patriotisme, de sa foi de chrétien. Il était impensable qu'un de nos frères d'armes, si vaillant au combat, si intelligent, si fraternel puisse trahir son Pays, son régiment, ses camarades. Nous pensions que c'était de la propagande pour déshonorer notre régiment et démoraliser une grande partie des ses effectifs.

Nous devenions suspects aux yeux des Lorientais et des Vendéens. La honte était sur nous.

Comment faire face, j'étais seul à le défendre ; mes amis qui le connaissaient aussi bien que moi, étaient prisonniers.

Je peux vous assurer que Mathurin était doté d'une intelligence hors du commun, il était à nos yeux aussi intelligent qu'un officier , malgré son grade de soldat de 2ème classe. Il était avant sa mobilisation, l'instituteur du village de Saint-Yves en Bubry, proche de quelques kms de ma ferme. C'était , je vous l'assure un bon maître, un fervent citoyen qui inculquait aux enfants dont il avait la charge, les valeurs de la République, les traditions de notre culture et malgré sa sensibité de gauche, différente de la mienne, un esprit patriotique. Je priais et j'implorais l'aide de Sainte Anne. Elle seule pouvait m'éclairer et peut-être me donner un indice pour disculper mon ami. J'attendais des nouvelles du Pays pour connaître l'état d'esprit de sa famille, des habitants de sa commune ; mais rien ne transpira, j'étais désemparé.

C'est alors que la mésange m'avertit de sa présence par son chant :

Etait-ce celle pour qui, j'avais aménagé un abri de fortune dans la tranchée ? Je n'osais y croire et pourtant son chant continuait pendant que mon esprit cherchait l'aide que je devais apporter à Mathurin.

Soudain , une idée me vint, fut-elle initiée par le chant de la mésange ?

Rencontrer l'aumônier pour qu'il éclaire ma pensée et éventuellement qu'il intervienne en sa faveur le sachant bon chrétien et bon soldat.

Si ce n'est toi, mésange l'initiateur de cette suggestion, merci quand même !

Je te nommerai « L'oiseau de Kerguestenen »

Nous décidâmes de demander une audience au colonel. Elle nous fut accordée à notre grande satisfaction.L'aumônier fut un excellent avocat ; il commença sa plaidoirie en démontrant au colonel, combien nous étions soucieux de l'honneur de notre régiment et de notre drapeau. Puis il fit appel à l'esprit religieux de notre colonel qui me demanda quelques renseignements le concernant. Je n'eus que des éloges pour Mathurin tant sur le plan militaire que sur celui de citoyen. Pendant un court instant j'hésitais à lui révéler l'incident de Tahure. Je pense que l'Esprit saint me conseilla de lui en parler, ce que je fis avec la plus grande prudence, mais avec toute sa vérité, car je voulais rester crédible à, ses yeux. J'étais particulièrement attentif à chaque mot, à la construction de mes phrases, alors que je ne maîtrisais pas autant que l'aumônier la langue française. Fort heureusement le prêtre était bilingue et son assistance fut la bienvenue, vous vous en doutez.

Le colonel savait que Mathurin Pouillic était un homme de gauche qui avait des idées subversives, comme beaucoup d'autres soldats fatigués par tant de morts et de blessés pour si si peu de mètres gagnés et/ou perdus. Il savait aussi que la stratégie du générallisime était désavouée par beaucoup de soldats. Je ne savais pas pour ce qui me concerne si des officiers ou sous-officiers partageaient cette critique.

C'était un sujet tabou, passible du Conseil de guerre !

Donc, je lui avouais que Mathurin Pouillic avait, dans un moment d'extrême fatigue, de tension et de stress, critiquait la stratégie du Général Joffre, mais que très vite, notre adjudant le sermona et le menaça d'en parler à notre capitaine. Nous , c'est-à-dire André Vaillant, Joseph Evanno et moi, rappelèrent à l'adjudant ses qualités de soldat, depuis la célèbre bataille de Maissin et nous lui démontrâmes sa bravoure en plusieurs occasions.

Je cherchais vainement un souvenir plus déterminant pour convaincre notre colonel, lorsque me vint à l'esprit que mon voisin le plus proche était un officier.Sa connaissance de Mathurin Pouillic serait la meilleure preuve de son honnêté intellectuelle et des valeurs de citoyen, car cet officier appartenait à l'aristocratie et qu'aucune suspection de sa parole pourait être remise en cause. Je savais qu'il avait Mathurin en estime ; nos conversations à la sortie de la messe étaient de nature à démontrer sa foi, son professionnalisme et sa citoyenneté. Je demandais donc au colonel de m'autoriser de lui suggérer le nom d'un capitaine qui, mieux que je ne pourrais le faire, le renseignerait sur la citoyenneté de Mathurin et sur ses qualités professionnelles.

Avec son consentement, je lui fis part qu'il s'agissait du capitaine Grout de Beaufort[17] demeurant au château de Kerascouët de la commune d'Inguiniel. Nous étions voisins. Le dimanche, après l'office religieux, à l'église Saint-Yves, nous échangions régulièrement quelques paroles avec d'autres paroissiens, dont Mathurin Pouillic qui était l' un des notables de la commune de Saint-Yves en Bubry de par sa fonction d'instituteur. Nos discussions étaient courtoises,

---

[17] Deviendra le 8 janvier 1959, Chef d'état-major particulier du général de Gaulle avec le grade de général de division

respectueuses des avis de chacun et je remarquais que le capitaine était toujours déférent envers chacun de nous. Notre condition n'était pas la sienne, mais nous ne remarquions pas de différence significative lorsqu'il conversait avec notre curé, notre instituteur ou avec de simples paysans, artisans, commerçants ou simples fidèles.

♦

L'audience s'arrêta sur cette révélation et nous le quittâmes respectueusement après l'avoir remercié de nous avoir consacré de son temps.

L'aumonier et moi, nous échangeâmes quelques idées sur les éventualités d'une intervention. Celle qui nous sembla la plus plausible fut d'imaginer que notre colonel chercherait à entrer en contact avec le capitaine Grout de Beaufort afin de se positionner sur l'avis qu'il devrait donner sur la personnalité de Mathurin et sur sa manière de servir en service, comme au combat. Nous espérions que le contact le conforterait dans la défense de l'honneur de Mathurin, mais surtout dans celui du Régiment qui, jusqu'à cet évènement , était l'un des plus valeureux de l'Armée Française.

♦

Je dois avouer avec le recul, que les services secrets allemands avaient une stratégie payante, nous venions de nous rendre compte qu'ils utilisaient des éléments ennemis pour les « retourner », c'est-à-dire les pousser à la trahison, ce qui alimentait avec éclat, leur propagande.

Qu'avions-nous à notre actif pour compenser
cette honte nationale ?

♦

29 - Lettre à Mathurin

◆

Mon cher Mathurin,

J e sais par le canal officiel tous les ennuis qui te préoccupent. Ma démarche se veut fraternelle au sens noble du terme. A ce titre, je peux t'assurer que nous sommes tous convaincus de ton innocence . Pas un seul, pas un seul instant, ne nous est venu à l'esprit, l'idée d'une quelconque culpabilité te concernant. J'en veux pour preuve la motivation qui est la nôtre pour te disculper. Nous sommes nombreux dans le civil comme parmi tes frères d'armes à clamer ton innocence. Nous cherchons par tous les moyens à réunir des preuves écrites, des témoignages qui discréditent les chefs d'accusation.

A ce sujet, je te dois une confidence !

J'ai hésité avant de me décider à passer à l'acte ; il ne fut pas de curiosité, je te demande de me croire et de me pardonner ! , il fut dicté dans la seule intention de trouver dans tes papiers , une preuve aussi minime soit-elle, pour sauver ton honneur, celui de ton nom, de ta famille, du régiment. Je me suis souvenu que tes écrits n'avaient qu'une finalité : servir l'histoire de ton pays. Quant à ta bravoure, je pense que nous serons nombreux y compris les sous-officiers et les officiers à témoigner en ta faveur.

J'ai donc trouvé tes écrits Mathurin, je mesurais en les lisant, le fossé intellectuel qui nous sépare ! Je ne comprends pas ta volonté de demeurer soldat alors que tu as les capacités intellectuelles et l'intelligence pour être officier. Je découvrais ainsi des qualités humaines que je ne soupçonnais pas. Nous n'avons pas les mêmes idées politiques, mais nos idéaux sont identiques. Je suis fier d'être ton ami, ton frère d'armes. Je ne pense pas être le seul.

Je ne peux pas révéler tout ce que je sais ; je crains que mes propos soient différemment interprêtés et qu'ils te nuisent. J'ai pris conseil auprés de notre aumônier et je ne le regrette pas. Sa vision de l'affaire qui te préoccupe est analysée sous un angle spirituel certes, mais l'avis qu'il m'a donné sur tes écrits me confortent dans l'idée de les avoir remis au colonel commandant notre régiment, comme pièces à conviction. Selon cet homme d'église et j'ai confiance en son jugement, ils seront recevables et devront influencer favorablement les experts comme les juges .

J'ai reçu des nouvelles de Marie-Anne qui te souhaite au nom de toute notre communauté de garder confiance. Des prières sont dites quotidiennement dans notre bonne église de Saint-Yves et comme il est le défenseur des pauvres, le doyen et tous les paroissiens forment une chaîne de prières. Je t'assure que le bourg est en révolution et le maire et son conseil ont écrit une lettre élogieuse te concernant . Une pétition circule qui a déjà recueilli la signature de la quasi-totalité des habitants ; des élèves se joignent aux parents d'élèves.

C'est une mobilisation de fraternité pour que ton honneur, celui de ta famille et celui de notre régiment afin qu'ils demeurent sans tâche.

Nous savons et nous avons réuni des preuves sur les méthodes odieuses qui t'ont été imposées ainsi qu'à André et Joseph par le commandant du camp et le docteur Schragmüller. Il semblerait que le Haut-Commandement français ignorait cette stratégie d'infiltration. J'espère que nos autorités préviendront toutes les unités combattantes de ce genre de manipulation et qu'elles en tireront un enseignement à méditer.

Je sais que tu es un homme de réflexion et que la philosophie t'es plus familière qu'à moi !

Ce sujet de manipulation peut-il être considéré comme une arme de guerre au même titre que l'emploi des gaz suffocants, axphixiants ! ou être assimilé à des opérations de l'ombre comme l'espionnage, la propagande ?

C'est tellement complexe que je ne me sens pas capable d'analyser les tenants et les aboutissants d'une telle turpitude.

C'est infâme, c'est déshonorer un homme, un régiment, un pays qui ont, chacun en ce qui les concerne, des valeurs, une histoire et une morale à transmettre sans tâche à l'histoire.

Mon Cher Mathurin, j'espère que cette lettre t'apportera tout le soutien qui t'est nécessaire pour mener ce combat d'honneur. Je te sais courageux et largement intelligent pour trouver les mots qui seront ton bouclier et l'épée pour trancher cette abjection et cette infamie.

Je te prie de croire à notre amitié sincère et je te rappelle notre slogan :

« Feiz ha breizh zo breur ha c'hoar »
« Foi et Bretagne sont frère et sœur »

Je continue la chaîne de prières .

Que Dieu nous entende.

Pierre , ton frère d'armes du 62°

◆

30 - Les services secrets français.

◆

Fort heureusement, les services secrets français ne restèrent pas les bras croisés. Ce n'était pas le genre de la maison de crier haut et fort les exploits de nos agents.

Je peux vous assurer que nos historiens se sont régalés en découvrant que les services du Capitaine Ladoux furent aussi efficaces. De plus l'Etat-major organisa les services de renseignements de telle sorte qu'ils furent complémentaires et qu'ils déroutèrent les généraux allemands, les égarèrent et leur fit perdre le fil de leur stratégie.

Après la bataille de la Marne, le Grand Quartier général, sur ordre du général Joffre créa le 2e bureau du service de renseignement (SR) qui exista en parallèle avec le 2e bureau de l'EMA (état-major des armées), il s'adjoindra plus tard un 5e bureau. Coexistèrent avec ces services, ceux de la Sûreté générale, du ministère de l'Intérieur et de la préfecture de Police de Paris.

Plusieurs centres de renseignements fonctionnèrent :

- Paris, pour l'espionnage et le contre-espionnage ;
- Folkestone, pour le recrutement d'espions du nord de la France et des passagers sur les navires ;

- Belfort, pour la surveillance et le recrutement d'espions parmi les réfugiés alsaciens et la population cosmopolite implantée à Genève avec le colonel Porchet et la police des frontières ;
- la Hollande, avec les villes de Flessingue et Maastricht sous la direction du général Boulabeille.

Des hommes,

- comme le colonel Dupont, chef du 2e bureau du GQG,
- le colonel Zopf,
- le général Valentin, ont fait beaucoup pour assurer le meilleur rendement de leurs services et en s'adaptant constamment aux situations nouvelles jusqu'en 1919.
- Le capitaine puis commandant Ladoux du 5e bureau[18]. Il était chargé de recruter et de diriger espions et espionnes, surveiller les agents doubles et croiser les informations.

---

[18]Il passera au 2e bureau le 9 février 1917, trouva des agents traitants comme Violan auprès de Marthe Richard ou le sous-lieutenant Hallaure auprès de Mata Hari. La notoriété du capitaine Ladoux provint surtout de l'arrestation et du procès de cette dernière et des résultats obtenus parfois par des moyens illégaux. Il dut plus tard faire face à la justice, accusé d'avoir trempé, lui aussi, dans l'affaire d'espionnage du député Turmel. Sa carrière fut compromise, mais il fut finalement lavé de tout soupçon.

◆

Voici quelques exemples de leurs exploits demeurés cachés de l'opinion certes mais qui permirent à nos généraux de déjouer la stratégie de l'ennemi et de renverser l'issue de l'offensive à la faveur du général Joffre :

- L'offensive allemande menée par le général Von Klück, marchait à grandes journées vers le sud-est, vers Paris, lorsqu'elle arriva sur la ligne Amiens-Moreuil-Hangest en Santerre-Roye, elle fit un crochet et se dirigea sur Compiègne et Meaux. Le général Joffre comprit alors que le général Von Klück commettait une profonde erreur en voulant détruire la Vème Armée. Il sacrifia volontairement un vaste territoire national pour enfermer l'adversaire. Il soustraya l'aile gauche de la 5ème Armée à l'enveloppement dont Klück la menaçait. Il reconquit ainsi sa liberté de manœuvre en gagnant du champ. En reculant, il pivota à droite sur le point fixe de Verdun. Cette opération fut difficile, l'immense ligne de nos armées, longue de plusieurs centaines de kilomètres reculait donc, marchant et se battant jour et nuit, sans sommeil, sans ravitaillement.

Ce revirement de stratégie du général Joffre fut analysé par les allemands.

Je vous livre avec plaisir leur analyse :

Le Plan d'attaque de la Marne «Schlieffen » a échoué ; nous pensons que les Français connaissaient nos intentions et que la manœuvre du général Joffre, de dernière minute n'a pu être menée à bien, qu'en connaissance de cause. La résistance de l'armée belge[19] appuyée par l'artillerie nous imposa le renforcement de nos troupes et compromit le plan Schlieffen d'offensive rapide vers le nord-ouest de la France. Le 5 août, cinq de nos six brigades battirent en retraite. Nous déplorâmes la perte, notamment dans la 34°brigade de 30 officiers et 1500 hommes. Nos renforts, d'une équivalence de 10 % de l'armée d'invasion opérant contre l'armée belge. Cette bataille dura une quinzaine de jours et nos pertes s'élevèrent à 5.000 morts, tandis que l'armée belge faisait retraite vers l'ouest, échappant ainsi à l'encerclement. Le bilan est désastreux, les trois sorties de l'infanterie belge nous immobilisèrent 150.000 soldats et l'artillerie, ce qui eut pour conséquence une continuité dans notre front offensif au sud. C'est alors que le généralissime Joffre lança une contre-offensive qui se conclut par la victoire de la Marne. Nos troupes qui étaient aux portes de Paris durent reculer de plus de 200 km et depuis nous sommes figés dans une guerre de position. Toutes nos tentatives d'offensives pour percer le front se révèlent meurtrières et inefficaces.

---

[19]http://fr.wikipedia.org/wiki/Histoire_de_la_Belgique_de_1914_%C3%

A0_1945

♦

Comment le général Joffre fut-il informé ?

Me croirez-vous si je vous dis que le malheur de Maurice Chevalier fit le bonheur du général Joffre ! Naturellement d'une façon indirecte.

Ecoutez cette histoire :

- Lorsque la première guerre mondiale éclata, Maurice Chevalier fut blessé au front et fait prisonnier en Allemagne.Maurice était l'amant de Jeanna Florentine Bourgeois, danseuse de cabaret. En 1909, Max Dearly la choisit comme partenaire pour créer la valse chaloupée au Moulin Rouge. Elle prit le nom de Mistinguett. Puis c'est avec Maurice Chevalier qu'elle dansa la valse renversante en 1911 au Folies Bergères. De cet instant naquit leur amour.

Aussi, voula t'-elle le faire libérer. Elle proposa ses services au général Gamelin[20]. Elle fut volontaire pour servir dans les services de renseignements

---

[20] Ce général rédigea une note pour les services secrets où il détailla le parcours de Mistinguett espionne, un document reproduit en belle place dans ledit ouvrage.

Tout commença en 1914. Gamelin était alors chef de Cabinet du général Joffre, quand il reçut la visite de cette petite blondinette, déjà vedette, qui se décrivait dans ses chansons comme très coquette, avec de petites fossettes, de belles gambettes et un nez en trompette qui faisait des béguins.

181

français. Elle obtint l'autorisation de circuler librement en Europe. Les « belles gambettes » et le courage de cette « brave» Mistinguett ont peut-être décidé du sort de la Première Guerre mondiale. Elle obtint de nombreux renseignements du prince allemand Gottfried Von Hohenlohe-Schilligfürst alors à Berne. La célèbre danseuse du Moulin Rouge et des Folies-Bergères, momentanément transformée en espionne, réussit à informer le Grand Quartier Général (GQG) français des plans de l'ennemi.

Ces indications stratégiques, récoltées lors de voyages en Suisse, se révélèrent très utiles aux Alliés pour répondre à l'offensive allemande, lancée en juin 1918 à travers la Champagne, et dont l'échec fut décisif pour l'issue du conflit. Elle prévint notamment les services secrets que les Allemands prévoyaient une offensive dans la Champagne et non dans la Somme.

◆

Ces deux récits vous étonneront certainement comme je le fus en son temps ! Et pourtant à la déclaration de guerre l'activité de recherche était réduite à sa plus simple expression. Elle portait essentiellement sur les ouvrages fortifiés de l'ennemi et les garnisons allemandes de l'Ouest. Avant la réorganisation réalisée par Ladoux en 1915 et pendant dix-huit mois, ce fut pourtant une période de stagnation marquée par une lutte constante contre les administrations civiles réticentes. Le capitaine Ladoux, conscient que la guerre classique comme nous la connaissions était dépassée, inventa de nouvelles stratégies qui furent innovantes et subtiles, elles s'introduisirent dans l'imaginaire guerrier, elles s'adressèrent aussi bien aux civils qu'aux militaires, elles tuèrent autant que les armes conventionnelles, elles s'infiltrèrent dans tous les milieux de la société. Elles révélèrent des sentiments aussi divers que la colère, la sensibilité, la crainte ou l'espoir.

♦

Ne pensez pas chers lectrices et lecteurs que seuls des hauts fonctionnaires, des dessinateurs de talent, des journalistes ou des attachés militaires étaient requis, je dois vous préciser que l'aide considérable apportée par les Alsaciens - Lorrains au domaine de la recherche fut active, imaginative et constante. La lutte contre l'espionnage fut très efficace et sur ce plan comme sur beaucoup d'autres dans le domaine des Services, la société française se ressentait de l'internationalisme croissant.

♦

Le Contre. Espionnage s'améliora aussi, non seulement sur le plan préventif et défensif, mais surtout dans le domaine offensif.

Il « intoxiqua » le S.R. allemand dans la mesure du possible, sur les intentions de notre haut commandement, mais aussi quant aux résultats de l'activité des agents doubles qu'ils manipulèrent, notamment dans le domaine du sabotage (fictif) qu'ils devaient effectuer chez nous Toutes ces activités avaient besoin de couvertures cependant les trahisons n'étaient pas choses rares en France et en temps de paix.

♦

31 - Les technologies nouvelles au service de la médecine et de la chirurgie.

♦

Permettez-moi de reprendre le fil conducteur de ma pensée, d'autant plus que cela me concerne. Rappelez-vous, je fus transporté au poste de secours avancé à la suite d'une crise soudaine et inattendue. Le médecin – major était alors confronté à un dilemme soigner et remettre sur pied des soldats atteints de troubles neurologiques provoqués par les armes ; les troubles cognitifs étaient un sujet médical qui requérait plusieurs observations. L'usage des armes modernes et leurs conséquences sur le système nerveux lui offraient un champ d'expériences considérables. Tous ces malades et ces blessés n'avaient pas de traitement efficient, le médecin devait étudier chaque cas et progressivement mettre en application les moyens propres à les guérir et à les soulager. C'est dans ce contexte que pénétra progressivement dans le champ médical l'application du mouvement au traitement. Le massage et la gymnastique médicale présentaient l'avantage sur les autres agents (chimiques et physiques) de ne rien faire ingérer aux malades. Il mettait en jeu des processus sociaux complexes, telles les pratiques populaires, apparemment séculaires comme les manipulations, le reboutement, le magnétisme, et le massage. L'orthopédie était, avant-guerre, assurée en grande partie par des guérisseurs, des aides des médecins ou de bonnes volontés, voire des médecins déclassés.

Quant à moi, ma préoccupation était mon avenir, j'entends par là, celui après la démobilisation, si

Dieu épargnait ma vie ! Pourrais-je mener ma ferme correctement, reprendre la génétique de mes vaches et chevaux ?

J'interrogeais le médecin-major ; sa réponse resta gravée dans ma mémoire :

« *Mon brave, l'expérience que nous avons dans ce domaine est beaucoup trop récente et les études que nous menons avec nos confrères n'ont pas suffisamment de recul pour en tirer les conséquences. Afin de préserver votre moral, je vais suggérer à votre chef de corps qu'il vous affecte à un poste moins exposé ; je ne peux pas faire plus. Vous comprenez que notre devoir de médecin est de soigner et de remettre sur pieds tous les soldats dans la mesure de nos moyens et de la connaissance de notre science* ».

Cette réponse ou plus exactement cet aveu d'impuissance me rassura par son honnêteté et par sa suggestion au colonel d'une affectation plus protectrice. Je n'étais pas le plus à plaindre, je pensais alors à mes frères d'armes blessés gravement par des projectiles dévastateurs qui nécessitaient des amputations, des opérations complexes de la face, des poumons et du bas ventre.
La chirurgie relevait elle aussi du domaine empirique, comme l'était également la pharmacie, la chimie et la radiologie.
Fort heureusement, les pays alliés dans leur ensemble offrirent par leurs recherches, des techniques nouvelles dans tous ces domaines de la science médicale, chirurgicale, biologique, chimique,

pharmaceutique et radiologique qui facilitèrent les interventions, soulagèrent les malades et blessés et sauvèrent bien des vies. Hélas, le choc psychologique de certaines blessures telles les amputations et les blessures au visage eurent des conséquences tragiques que je vous exposerai plus tard.

♦

◆

Ne croyez pas chers lectrices et lecteurs que nous étions quotidiennement au combat, nos journées « de paix », nous les occupions bien sûr à des tâches d'entretien de nos tranchées qu'il fallait renforcer ou reconstruire, rédiger nos correspondances, entretenir notre armement, parfaire notre instruction militaire ou apporter aux nouvelles recrues l'enseignement spécifique pour les prochains assauts. Lorsque nous occupions des creutes, c'est-à-dire des cavernes creusées par l'homme, elles nous offraient non seulement un abri, mais elles abritaient aussi le service de santé qui les aménageait pour offrir un meilleur confort, une sécurité et un espace d'organisation du travail de tri des blessés, d'installation des salles d'opérations et d'hébergement.

Voyez par vous-même ce qu'écrivait un brancardier de la 21ème batterie du 16ème Régiment d'artillerie en janvier 1916 :

« Nous allons donc les quitter, ces carrières où nous avons passé presque 6 mois de la guerre. Dans les meilleures conditions possibles où nous avons trouvé bon gîte et sécurité absolue. Tous, nous partons à regret. » .

Ces creutes se recensaient dans deux régions riches en anciennes carrières souterraines, l'Aisne (secteur du Chemin des Dames) et l'Oise, ces sites souterrains furent aussi utilisés pour y abriter les combattants. La solidité des lieux étant éprouvée, le Service de santé parfois s'y installa, ce que montrait la lecture attentive des correspondances de poilus, mais aussi certaines traces (inscriptions, sculptures) qui y sont toujours présentes. Les périodes d'occupation de ces creutes, offrirent à des sculpteurs de talent des chefs d'œuvre que vous pouvez visiter encore aujourd'hui, notamment l'écusson du 1er bataillon du 174ème Régiment d'infanterie réalisé par Henri Louis Leclabart de l'Ecole des Beaux arts d'Amiens, que lui commanda le colonel Colonna d'Istria sur le quel sont cités les noms des trois médecins majors : Weil, Cala et Dubois.

Parmi les blessés, certains pendant leur période de rééducation fonctionnelle ou de convalescence occupaient leurs loisirs à travailler des obus selon les conseils de dinandiers experts dans ce genre artisanal. Comme la matière première ne manquait pas, il n'est pas un poilu qui n'a pas offert une ou plusieurs douilles d'obus travaillée de la sorte à leurs familles. Longtemps après cette grande guerre, nombreux étaient les foyers qui exposaient ces chefs d'œuvre de leurs poilus dans leur séjour. Ils étaient astiqués au Mirror et faisait la fierté du propriétaire qui relatait dans quelles conditions son père, son oncle ou son frère l'avait réalisée.

◆

Pendant que le service de santé soignait, opérait et rééduquait les blessés et que certains d'entre eux réalisaient ou confectionnaient des œuvres d'art, les Etats-majors étudiaient et mettaient au point de nouvelles stratégies.

◆

33 - L'opération Alberich 1917

◆

L'Allemagne préparait l'Opération Alberich. Ce nom est tiré de leur mythologie germanique ; la légende du nain invisible des Nibelungen. Cette opération avait pour but de raccourcir le front et d'installer les défenses allemandes derrière des positions fortifiées qu'elle pensait imprenables. Celles-ci furent constituées de plusieurs lignes que protégeaient d'immenses réseaux de barbelés qui furent confortées par des abris bétonnés profonds et des nids de mitrailleuses.

Leur stratégie consista en un retrait de la ligne de front entre Arras et Soissons, sur une profondeur d'environ 70 km dans certains secteurs.

Enfin, les allemands connaissaient avec exactitude, dés les premiers jours d'avril, le lieu précis de l'opération française en préparation.

L'Opération était programmée pour le 15 mars 1917.

Leur retrait des troupes fut précédé d'une opération de « terre brulée » qu'ils déclenchèrent le 21 février 1917. La population française qui habitait les zones fut expulsée vers l'arrière, les villages furent systématiquement dynamités et minés, les voies de communication furent détruites, les arbres abattus.

Cette disposition avait pour finalité d'empêcher l'armée française de préparer des cantonnements et des abris avant un assaut.

◆

Quelle était alors la situation générale du conflit ?

En 1916, l'armée allemande parvenait à résister à une série d'assauts franco-britanniques visant à rompre l'impasse de la guerre des tranchées. En février, les Allemands tentaient une offensive d'envergure dans la région de Verdun. L'objectif principal du chef d'état-major de l'époque, le général Erich Von Falkenhayn, était d'user l'armée française en l'amenant à consommer ses ressources dans ce secteur. L'année 1917 vit les Allemands sur le front Ouest rester sur la défensive. À l'Est, la situation était plus prometteuse. Avec leurs alliés, les Allemands finirent par vaincre la Serbie à la fin de 1915, la Roumanie au court d'une brève campagne de quatre mois en 1916 et, enfin, la Russie à la fin de 1917.

Le général Falkenhayn fut remplacé en août 1916 par le duo des généraux Hindenburg et Ludendorff, qui jouissaient d'une bonne réputation grâce à leurs victoires à l'Est. En fait, leur nomination signifiait qu'ils prenaient aussi le contrôle de l'effort de guerre national, soit une mobilisation totale de l'économie et de la société allemande aux fins militaires.

Au niveau tactique, la nature des combats de la guerre de 1914-1918 amena une série d'innovations. La politique allemande en usage, voulant que l'on se fasse tuer sur place, subit de lourdes pertes causées par l'artillerie britannique sur la Somme, devint insensée. Il était donc urgent de repenser la tactique de guerre. La consultation de la troupe détermina une nouvelle doctrine du combat.

La défense devint plus élastique et étirée en profondeur, protégée par des fortifications et des unités spécialisées en contre-attaques. Ce fut sur ce principe que fut construite la ligne Siegfried, héros invisible qui terrassa le dragon, que les français baptisèrent «Ligne Hindenburg », du nom du haut commandement de l'armée allemande.

Pour se rapprocher de leurs lignes de ravitaillement, les allemands reculèrent leur front de 24 à 32 kilomètres, abandonnant ainsi le champ de bataille de la Somme pour occuper les hauteurs. D'un point de vue offensif, les Allemands mettaient sur pied des unités spéciales d'assaut, et ce, dès le début de 1915. Lourdement armées, elles utilisèrent des tactiques d'infiltration, de telles unités constituaient la base du renouvellement de la doctrine offensive. De plus, l'artillerie contribua également à ces innovations, notamment certains officiers se firent les promoteurs de la neutralisation. Parmi eux, le colonel allemand Georg Bruchmüller, dont l'influence se fait encore sentir de nos jours en ce qui concerne les principes de l'appui-feu au niveau tactique. Plutôt que d'effectuer des tirs de préparation qui duraient des semaines, le colonel Bruchmüller suggéra que l'attention de l'artillerie allemande fut concentrée sur la neutralisation au lieu de la destruction, ce qui permit d'atteindre de meilleurs résultats, et ce, en l'espace de quelques heures.

34 -La stratégie du général Nivelle

◆

Avant de développer le sujet, il me semble utile de préciser que la formation du général Nivelle était celle d'un artilleur, ce qui explique sa stratégie fondée sur une puissance de feu.

Il comptait beaucoup sur l'artillerie pour écraser les défenses allemandes, notamment cette artillerie lourde et plus nombreuse qui avait pour finalité :

- de bloquer les offensives allemandes,
- d'anéantir leurs premières positions,
- d'interdire l'arrivée de renfort,
- d'anéantir les canons allemands.

Des chars blindés furent prévus pour évoluer où cela leur serait possible, c'est-à-dire à l'est et à l'ouest du Chemin des Dames dont les pentes leur étaient impraticables. À l'est, du côté de Berry-au-Bac, et rattaché au 32ᵉ corps de la Vᵉ Armée, il y avait le *groupement Bossut*[21] avec ses 82 chars Schneider. Le *groupement Chaubès*, équipé de 50 chars Saint-Chamond, était lui rattaché au 5ᵉ corps d'armée. À l'ouest, du côté de Laffaux, il n'y avait pas de chars pour accompagner l'assaut du 16 avril. En mai, il y eut le « groupement Lefèbvre », rattaché au 37ᵉ corps de la VIᵉ Armée. Le rôle des chars était d'accompagner l'infanterie, de faire des brèches dans les réseaux de barbelés et d'éliminer les nids de mitrailleuses, bref de favoriser la progression des fantassins : c'est pour cela qu'ils furent conçus. D'ailleurs, leur vitesse n'était guère

---

[21] Plusieurs batteries vont donner un groupe. Plusieurs groupes donnent un groupement.

supérieure à celle d'un fantassin marchant au pas et leur autonomie limitée leur interdisait toute action de longue durée.

Le plan était particulièrement attaché à réduire les contraintes d'approvisionnement. L'Aisne coule au sud, parallèlement au Chemin des Dames, en vue directe des observatoires allemands. Pour éviter que l'arrivée des renforts, munitions, etc. ne soit tributaire des points de passage obligés sur cette rivière (et de même pour les flux descendants, comme les blessés), d'innombrables ponts et passerelles supplémentaires furent construits en secret, ainsi qu'un vaste réseau de routes et de voies ferrées supplémentaires.

Pour mener à bien cette offensive, le général Nivelle disposait d'une force française d'environ 850 000 hommes qui disposait de 2 700 pièces d'artillerie de 75 et de 2 300 mortiers lourds, dont 790 canons modernes.

L'organigramme de cette armée était :
1. La Ve Armée du général Mazel qui comptait 16 divisions d'infanterie réparties en 5 corps, une division de cavalerie, deux brigades russes et un peu moins de 200 chars d'assaut répartis en 5 groupes.
2. Tandis que la VIe Armée du général Mangin disposait de 17 divisions d'infanterie réparties également en 5 corps, une division de cavalerie et une division territoriale. De nombreux régiments de troupes coloniales, tirailleurs sénégalais et zouaves, constituaient des « troupes de choc ».Les

troupes africaines[22] devaient attaquer sur le secteur le plus stratégique du plateau, au niveau de l'isthme d'Hurtebise, face à la Caverne du dragon.

3. De même la Xe Armée du général Duchêne comptant 9 divisions d'infanterie était en réserve.

4. Quant à la IVe Armée du général Anthoine, également en réserve, avec 5 divisions d'infanterie, elle était assistée du 2e Corps d'Armée colonial placé sous les ordres du général Blondlat.

« L' offensive Nivelle », commença le 16 avril 1917 à 6 heures du matin par la tentative française de rupture du front allemand entre Soissons et Reims vers Laon, sous les ordres du général Nivelle :

« L'heure est venue, confiance, courage et vive la France ! ».

Le Chemin des Dames qui est un plateau calcaire, orienté Est-Ouest, situé entre la vallée de l'Aisne, au sud, et la vallée de l'Ailette, au nord, était un bel observatoire, tant vers le nord et la plaine située à l'est entre Reims et Laon, que celle située au sud depuis Soissons.

Les Allemands étaient présents sur le plateau depuis septembre 1914. Ils eurent tout le temps de transformer cet observatoire en forteresse en aménageant les carrières souterraines (Caverne du dragon), en creusant des souterrains permettant de

---

[22] Sur les 15 000 Africains présents face aux lignes allemandes, 6 000 mourront le 16 avril.

relier l'arrière aux premières lignes, en édifiant et camouflant de nombreux nids de mitrailleuses.

Les Allemands tenaient la ligne de crête et les Français étaient établis sur les pentes.

◆

Le plan prévoyait une concentration maximale de forces sur 30 km de front. Le terrain fut préparé par un bombardement d'artillerie massif chargé de détruire les premières lignes allemandes. Ensuite, les troupes d'infanterie s'élancèrent protégées par un feu roulant d'artillerie.
Ce plan ne tenait pas assez compte du terrain qui était très défavorable : les troupes françaises se situaient en contrebas et devaient se lancer à l'assaut de pentes fortifiées. D'autre part, le bombardement sur 30 kilomètres de front ne peut être aussi dense que lorsqu'il s'agissait de prendre un fort.

◆

Cette stratégie fut une véritable boucherie :

Verdun fit plus de 714 231 morts, disparus ou blessés, 362 000 soldats français et 337 000 allemands, une moyenne de 70 000 victimes pour chacun des dix mois de la bataille.

Combien de familles entendirent leurs poilus clamer avec fierté « J'étais à Verdun ». Cette exclamation signifiait, croyez-moi, un appel, un cri de douleur enfin une certaine reconnaissance de la

nation pour toutes nos souffrances endurées
pendant cette bataille mais aussi pendant toute
cette maudite guerre.

◆

C'est pour toutes ces raisons que nous appelions
de toutes nos forces restantes la fin de toutes les
guerres :

« La der des ders »

◆

35 - Des nouvelles de Marie-Anne

◆

Une lettre de Marie-Anne m'apprenait les
conditions de détention de mes amis

◆

Cher Pierre,

J e sais que tu vas mieux et cela me rassure
parce que j'ai appris par Monsieur le Recteur
les conditions de détention de Joseph Evanno,
Mathurin Pouillic et André Vaillant.

Dois-je te les dire ? Que fera la censure
militaire ?

C'est désespérant de ne pouvoir écrire ce que l'on
pense à son conjoint ; je comprends le sens de la
censure, mais elle devrait être limitée au secret
militaire que nous ignorons d'ailleurs.
J'ai appris que ton ami le Martiniquais craignait
pour sa vie ; les allemands n'aiment pas les noirs
africains parce que ce sont de redoutables
nettoyeurs de tranchées. Il est fort démoralisé
d'être prisonnier en Allemagne ; il ne voit pas son
retour dans son île !
Fort heureusement, il n'est pas seul ; ceux du Pays
Pourlet lui remontent le moral et le défendent du
mieux qu'ils peuvent auprès des autorités du camp.

Mathurin Pouillic est précieux, il parle un peu
l'allemand et parfaitement le français.

Je te relate l'évènement qui les a fait connaître du commandant du camp :

Un groupe s'était formé autour d'André qui dansait et chantait, entraînant avec lui Joseph et Mathurin. D'autres prisonniers Français, Anglais, Russes s'étaient joints à eux. La tristesse d'André faisait place à la joie de danser ; tout le monde reprenait le refrain (Ban moin on ti bo)[23]. C'est alors que les sentinelles allemandes arrivèrent et crièrent : VERBOTEN – INTERDIT. Elles dispersèrent le rassemblement. Un officier arriva et demanda que le responsable avance.

Mathurin fit un pas en avant.

L'Officier :

Pourquoi ce rassemblement. ?

Notre ami est Martiniquais, il craint que vos soldats le prennent pour un Sénégalais. C'est pour cette raison que je lui ai suggéré de chanter la Biguine. C'est une chanson de son île qui invite à la danse. Nous n'avions aucune volonté de manifester, veuillez nous excuser !

L'Officier :

---

[23] (Biguine)

Prenez les noms de ces trois soldats ; je les verrai plus tard.

Je n'ai pas plus de renseignements les concernant personnellement. Nous sommes ici très inquiets de la suite que leur réservera cet officier qui ne semble pas très humain lorsque tu liras leurs conditions de détention :

Des prisonniers arrivent sans discontinuer, ce qui nous affole sur la suite de la guerre et des conséquences sur nos exploitations agricoles. Ils sont logés sous des tentes en attendant la construction des baraques en bois montées sur pilotis pour les isoler du sol humide. Les prisonniers participent aux travaux sous la surveillance de gradés prisonniers. Les blessés doivent également travailler. C'est scandaleux ! La nourriture est exécrable : une fine tranche de pain très gris le matin et à midi un demi-litre de rata de pommes de terre, ou d'orge cassé, ou de riz ou du rutabaga leur est versé. Quant au soir, c'est tout aussi rationné. 3 ou 4 pommes de terre accompagnées d'une petite ration de fromage ou de saucisson ! De plus ils doivent aller chercher leur nourriture avec l'interdiction de manger pendant le déplacement… ils mangent donc froid !

Comment survivre dans de telles conditions ?

Sais-tu Pierre qu'ils vivent à 400 dans ces baraques qui ne sont chauffées que par un seul poêle et ils dorment sur des paillasses remplies de copeaux de bois qui se transforment en sacs de poussière au bout d'un mois et seulement une couverture !

Certes Pierre, les frères du front ont eux aussi leurs souffrances, les dangers permanents de nuit et de jours, mais les rigueurs de la détention sont si extrêmes que les prisonniers envient leurs frères d'armes au front ! Je ne sais que te dire pour te remonter le moral, je n'ose pas t'avouer que je préfère te savoir malade que prisonnier, je fais confiance à ton médecin –major qui, selon le docteur de Plouay, lui paraît très compétent. Il te faut espérer et prier comme moi Sainte-Anne pour ta guérison. Je pense que dans un tel environnement, il faudrait un minimum de discipline, une hygiène corporelle quotidienne, ainsi que le nettoyage des pièces et leur aération. Il semblerait que les poux et les puces sont la réponse à cette mauvaise organisation !

Je t'informe que l'appel du matin est un véritable cauchemar, il a lieu à l'extérieur quelque soit le temps et la température. Les Allemands arrivent en criant « Aoustren » - Sortez ! Chaque groupe comprend 25 prisonniers ; les manquants empêchent les présents de se mettre à l'abri !

Quant aux vaccinations contre toutes les maladies elles sont effectuées avec la même seringue sans aucune désinfection ! Par contre les vêtements sont désinfectés la nuit, les prisonniers attendent grelottants que leurs effets reviennent de l'étuve.

A ce régime draconien, beaucoup de prisonniers meurent, perdent la raison, hurlent, chantent ou appellent leurs parents. Les malades trop nombreux meurent faute de soins, malgré l'aide aux malades qu'essayent de mettre en œuvre les comités d'aide aux malades. Les prisonniers sont placés par nationalité : Français, Anglais (moins nombreux), Russes (très nombreux), Polonais … Tous dans ce même camp.

Quand cette guerre finirait- elle ?

Noël, Pâques… ?

Lorsque les colis et/ou les lettres parviennent, c'est une consolation si grande qu'elles les aident à survivre !

Quotidiennement, une messe catholique est célébrée, certains n'y assistent que le dimanche ! Les prisonniers demeurent debout pendant tout l'office, faute de banc, mais ils sont en communion avec le Christ.

Comme tu le sais les évasions sont réglementées par les Conventions de la Haye :

« Les prisonniers évadés, qui seraient repris avant d'avoir pu rejoindre leur armée ou avant de quitter le territoire occupé par l'armée qui les aurait capturés,sont passibles de peines disciplinaires. Les prisonniers qui, après avoir réussi à s'évader et qui sont de nouveau faits prisonniers, ne sont passibles d'aucune peine pour la fuite antérieure »

Je pense t'avoir apporté les informations que tu attendais, espérons que la censure ne les arrête pas ! Les enfants et tes parents se joignent à moi pour t'embrasser bien fort.

Courage Pierre, nous avons besoin de toi.

◆

Bien que cette lettre fût horrible à lire, je remercie encore Marie-Anne de me l'avoir transmise ; elle m'ouvrit les yeux qui étaient trop centrés sur ma personne. Les conditions de vie de mes amis n'étaient pas enviables et j'en fis part autour de moi.

Hélas, cette lettre ne me parlait pas de la trahison de Mathurin Pouillic, pourquoi ne m'en parle t'elle pas ? Je m'interrogeais de savoir si le village de Saint-Yves était au courant ?

◆

◆

Chers ami(e)s

P renez le temps d'étudier attentivement cette réflexion spirituelle, à mon avis, elle reflétait parfaitement la situation morale et physique des troupes au combat. La détermination du Diocèse aux Armées ne faillit pas, croyez-moi, les aumôniers qui nous aidaient, malgré les risques qu'ils encouraient, agissaient en toute discrétion et ceux qui parmi nous, n'étaient pas croyants le devinrent devant leurs exemplaires actions au service de la foi.

◆

Frères,

« *Nos paroissiens sont anxieux, les nouvelles qui parviennent des zones de combat sont alarmantes. Verdun est une bataille meurtrière ; les armes employées provoquent des blessures d'une extrême cruauté (blessures à la face, au ventre, aux membres supérieurs et inférieurs), des traumatismes psychologiques que la science médicale ne maîtrise pas suffisamment, des morts qui ne peuvent être ensevelis décemment en raison d'intenses bombardements qui les déterrent puis les exhument pour les enterrer de nouveau avec de nouvelles victimes.*

C'est dantesque. »

Frères,

« L'objectivité du mal et du Bien. Notre volonté ne les crée pas, nos intérêts ou nos caprices ne les modifient pas et ne les font pas cesser d'être. Ils nous dominent, et nous sommes leurs sujets.

Pour nous, pas d'indépendance.

Nous n'avons d'autre choix que de servir le Bien ou de nous révolter contre lui. Nous symboliserons la force énergique, accueillante et humaine, au milieu de la masse des faibles, des hésitants et des soldats dont la volonté vacillante a besoin d'un tuteur. Nous donnerons du ressort, nous serons la lumière, nous soutiendrons, nous impulserons, nous maintiendrons et créeront par leur contact des puissances nouvelles. Ils viendront vers nous, ceux en qui résident les vitalités créatrices et libératrices, dont dépend l'avenir, parce qu'ils sentiront que nous sommes nécessaires. Notre manière d'agir sera la discrétion, nous n'imposerons rien, car nos voisins sont jaloux de leur indépendance ; nous la respecterons absolument. Nous veillerons car le mal nous entoure et le Mauvais nous guette. Nous ne nous laisserons pas surprendre. Ne soyons pas naïfs, ne croyons pas que nous serons respectés s'ils nous sentent faibles ; la paix n'est promise qu'aux forts. Nous serons vigilants pour éviter les pièges.

Nous aiderons à murmurer la suprême parole du regret, de l'amour !... que beaucoup d'âmes, au cours de cette guerre sont obligées de rendre leurs

205

comptes au tribunal de Dieu, tandis que la mort vient les surprendre.

Nous soutiendrons les survivants, les blessés, ceux de l'arrière, les blessés du cœur qui sont séparés, plongés dans l'angoisse !... Ceux que l'absence torture, que l'infidélité déchire !... Nous consolerons les douloureux du champ de bataille, nous encouragerons les ambulanciers, les médecins et les infirmières !...

Nous prierons pour nos héros qui ont besoin d'être si forts pour lutter contre la Bête, invinciblement, sans rien perdre de leur tendresse familiale, de leur délicatesse intime et de leur foi religieuse.

Prions pour nous aussi !... A cette heure où notre devoir sacerdotal se double des obligations militaires. Plus que jamais nous serons regardés, plus que d'aucun, nous sommes attendus.

Esprit-Saint, faites de nous des « hommes spirituels ».

Nous devons agir et montrer au Gouvernement que l'Eglise est au service de la Nation, pour le bien moral et spirituel des combattants et de leurs familles, éloignées des zones de combat.

Nous allons nous réunir en groupes de travail pour mettre sur pied : Une organisation fonctionnelle, des équipes pastorales et des moyens de communication. »

◆

Nous leur devons une éternelle reconnaissance d'avoir exercé leur sacerdoce avec tant d'amour, dans ces conditions dantesques. Ils démontrèrent au Gouvernement qu'ils étaient au service de la Nation. Ils furent des serviteurs de Dieu, respectueux de la vie d'autrui, en étant prêtre-soldat.

♦

La crise des vocations que connaît actuellement l'Eglise est peut-être la conséquence de l'Etat-Providence qui répond aux besoins matériels et à leurs financements en tout ou en partie. Je crains hélas, que si les tensions internationales et les menaces terroristes se multiplient, l'Eglise catholique ne sera pas en mesure de satisfaire les besoins d'une population privée alors de guides spirituels, comme nous le fûmes en notre temps. Mes craintes concernent également l'étendue de la tâche du gouvernement qui doit assurer avec des moyens limités en spécialistes de la lutte anti-terroriste, les surveillances des points névralgiques de la Défense et des établissements spirituels. Pour le moment, la stratégie des terroristes semble provisoirement en sommeil, mais n'est-ce pas une tactique pour relâcher la vigilance de nos pouvoirs publics qui ont besoin de souffler et alors ils peuvent choisir une cible et causer d'énormes dégâts matériels et traumatiser une nouvelle fois l'opinion publique.

◆

Voyez-vous la guerre a changé de visage, l'ennemi est invisible, sa stratégie est inattendue ce qui déstabilise le gouvernement qui doit improviser et réagir en fonction des données qu'il détient.
Quant à l'opinion, pour la plupart insouciante, ne semble pas comprendre que le monde occidental est en danger et que le nouveau « cheval de Troie » est bien installé dans nos frontières et qu'il agit quotidiennement selon sa guise !
L'Eglise est aussi confrontée à des menaces envers ses fidèles disséminés dans le monde oriental ; le Saint-Père François tente quelques approches œcuméniques pour maintenir une paix menacée.

◆

37 - En France, le doute s'installait

◆

Comment voulez-vous que l'opinion ne douta pas ; l'échec désastreux de l'offensive Nivelle fut tel que le 20 mai 1917 éclataient les premières mutineries au sein de régiments ayant combattu sur le Chemin des Dames et qui refusaient de remonter en ligne ; près de 150 unités étaient concernées, dans les zones de repos proches du front. C'était la déception consécutive à l'échec d'une offensive perçue comme décisive et l'ampleur des pertes subies qui furent à l'origine de ces mutineries, ou plus exactement de ces refus de participer à de nouvelles attaques inutiles. La valeur des officiers d'encadrement n'était pas remise en cause, ni la détermination des soldats à tenir le front, seule la stratégie de l'Etat-major l'était.

Hélas, la répression fut massive, mais pondérée : 450 hommes furent condamnés à mort, mais seuls 27 furent exécutés, le président de la République, Poincaré, ayant fait jouer son droit de grâce. Elle causa dans l'opinion un traumatisme profond qui perdure encore de nos jours, la commémoration du centenaire des millésimes de cette grande guerre s'en fit l'écho, essayant de redonner l'honneur à la mémoire des soldats victimes de « l'exemplarité ». Hélas, les familles vécurent une certaine vindicte populaire pendant quelques années avant que leur honneur fut rétabli.

L'accroissement des permissions et l'amélioration des conditions de vie des combattants permirent un retour à la normale dès le mois de septembre 1917

; dès lors, l'armée française combattit sans faillir, jusqu'au bout.

Le 15 novembre 1917, Clémenceau fut reçu par le Président Poincaré, dont le gouvernement de Paul Painlevé fut mis en minorité. Il lui confia la présidence du Conseil des ministères.

Clémenceau accepta et constitua son gouvernement.

Le 20 novembre, il monta à la tribune de la Chambre des députés et leur demanda un témoignage de confiance. Il affirma sa volonté de vaincre, magnifia une fois de plus le courage et le patriotisme des poilus et promit que justice sera faite pour les crimes contre la France, sans faiblesse et sans violence. Les applaudissements résonnèrent dans l'hémicycle, mais les députés socialistes voulaient qu'il conduise la guerre et qu'il prenne parti contre le ministre Malvy et Joseph Caillaux, accusés de trahison.

◆

38 - Les progrès de la science médicale et chirurgicale apparurent

♦

Lorsque je vous ai parlé des conditions dans lesquelles œuvraient les équipes médicales après la bataille de Maissin, c'était alors le tout début des hostilités. Le souvenir que vous en avez doit être négatif. Dieu sait pourtant que ces unités médicales étaient dévouées et compétentes, mais la rapidité de l'attaque ainsi que le nombre de blessés de toutes sortes les avaient surprises. Une guerre moderne débutait avec de l'armement particulièrement meurtrier. Personne ne pouvait imaginer une telle ampleur ; fort heureusement le corps de santé évolua progressivement tant sur le plan technique que sur celui de l'organisation.

Je vous en parle en connaissance de cause. Dans un assaut à la baïonnette, je fus blessé au bras, hélas mon adversaire n'eut pas ma chance, je l'aidais à trépasser en attendant que les secours arrivent. Je fus assez rapidement secouru et transféré sur l'hôpital de Soissons en 1917. Je garde un souvenir de gratitude envers le corps médical et les infirmières qui, comme des « souris de grenier » allaient et venaient, inlassablement, apaiser nos souffrances. Elles nous réconfortaient, nous tranquillisaient. Certaines d'entre elles écrivaient à nos épouses, ou fiancées, ce qui, pour certains blessés, apaiser leur angoisse. Naturellement, ces souris de grenier s'arrangeaient pour que « le chat », c'est-à-dire le médecin-major, ne les surprennent pas.

♦

La complexité des blessures de guerre nécessita une organisation fondée sur le tri préalable afin d'orienter les blessés selon la catégorie la plus adaptée à leurs blessures.

Cinq grandes disciplines furent créees :

1. Les soins portés aux gazés,
2. Les blessés de la face (les gueules cassées),
3. Les blessés au ventre,
4. Les blessés aux membres (inférieurs et supérieurs),
5. Les soins en psychiatrie.

Trois outils d'une extême importance furent d'un grand secours :

1. La radiologie,
2. Les transfusions
3. Les perfusions

Des défis restaient à relever et pas des moindres, croyez-moi :

1. En premier, la gangrène,
2. Le traitement de la douleur,
3. Les automutilations,
4. La névrose de la guerre, les épidémies,
5. La prévention

♦

Je voudrais commencer par :

- *Les soins portés aux gazés*

Lorsque survint la première attaque de gaz, aucun médecin ne savait comment réagir face à ce problème. Ils ne proposaient que des soins de survie en prescrivant l'atropine, l'oxygénothérapie et la kinésithérapie. Ils ne disposaient que peu de ressources et étaient inexpérimentés. Hélas les premiers gazés conservèrent très souvent des séquelles et ne guérirent jamais totalement. Leurs muqueuses demeurèrent fragiles et ils souffrirent de complications telles les pneumonies, les bronchites et la tuberculose.

L'atropine est un médicament qui dilate les voies respiratoires, mais leurs poumons recevant moins d'oxygène, l'oxygénothérapie s'imposa. La kinésithérapie naîtra de cette guerre et elle aidera les gazés à mieux respirer.

Certains gazés décédèrent après plusieurs semaines, voire des mois après une attaque au gaz.

Tôt ou tard, presque toutes les unités connurent ces attaques dévastatrices et invalidantes qui terrorisaient les meilleurs d'entre nous ; le port du masque était inconfortable et peu pratique.

Nous vivions alors un cauchemar et nous craignions beaucoup pour notre avenir.

◆

Hélas, je dois vous parler des « *gueules cassées* »

En 1914, avec la modernisation de l'armement, nous étions confrontés à un nouveau type de conflit engendrant des mutilations jusqu'alors peu courantes comme celles de la face. Ainsi, il est admis qu'entre 11 à 14% des blessés français de la Grande Guerre le furent au visage. La guerre des tranchées favorisa, en effet, ce type de blessure car les combattants étaient littéralement enfouis « face à face » et exposaient donc leurs visages au feu ennemi. Les dégâts occasionnés aux visages furent d'une violence inouïe. De nombreux blessés furent laissés sur le champ de bataille tant leurs blessures étaient hideuses et paraissaient sans aucun espoir. Les soldats défigurés étaient souvent évacués les derniers. Face à ces traumatismes, les médecins étaient inexpérimentés. Ils remarquèrent que ces effroyables blessures accompagnées souvent de la perte des sens (yeux, oreilles, nez, ...) ne compromettaient pas les fonctions vitales. Les défigurés survivraient à leurs lésions. Mais dans quel état psychique !

Des centres de chirurgie maxillo-faciale virent le jour. Ce fut très lentement et par essais-erreurs que la chirurgie réparatrice progressa, obligeant le blessé à de longs traitements et à de fréquentes opérations. Les premières greffes furent ainsi réalisées : greffes osseuses, de cartilages. Les greffes « ostéo-périostiques », le périoste étant la membrane fibreuse qui entoure l'os, se montrèrent les plus efficaces. Un laboratoire de prothèses fut aménagé dans ces centres. Les mécaniciens-dentistes y fabriquaient des appareils prothétiques à partir de moulages. Toutefois, les lésions faciales causèrent beaucoup plus de troubles psychologiques que physiologiques. En effet, en perdant son visage, le défiguré perdait également son identité. Très souvent, il se renfermait sur lui-même. Il avait dès lors besoin d'être pris en charge par une équipe pluridisciplinaire : spécialistes de la face, kinésithérapeutes, psychiatres...Sur la dégradation physique, des blessés maxillo-faciaux, se greffa une détresse morale. Comment vivre avec des traits hideux, une identité perdue ? Même si à l'époque on ne parlait pas d'une prise en charge psychologique proprement dite, le monde médical était conscient que le processus d'acceptation du handicap facial était lent. Il savait aussi que la « guérison » devait se dérouler en deux étapes :

1. Dans un premier temps, l'équipe médicale, souvent des infirmières, organisait la confrontation entre le défiguré et sa famille. Les infirmières avaient une tâche délicate à accomplir. Elles préparaient les proches au choc, ceux-ci retrouvèrent un fils, un frère, un mari méconnaissable. L'acceptation du blessé par la famille était une étape clé, une absolue nécessité dans la reconstruction d'une nouvelle identité. Si la famille rejetait le mutilé par la peur, le dégoût, elle compromettait sa réintégration à la vie sociale.
2. Dans un deuxième temps, le défiguré devait affronter le regard de la société. Certains pouvaient ressentir de la fierté : ils s'étaient

battus et avaient payé un lourd tribu. Mais ce sentiment était vite gâché par le regard des autres. Ces jeunes visages meurtris devenaient des objets de curiosité, des créatures dont on avait peur.

Pierre de Chardin évoqua ce sentiment ; il tentait d'aider les familles à se reconstruire, sachant qu'elles vivaient un traumatisme permanent.

« Celui qui est parti

Ne le cherchez pas en arrière, ni ici, ni là, ni dans les vestiges matériels qui vous sont naturellement chers. Soyez lui fidèle là, et non point dans une sentimentalité rétrospective avec laquelle il faut avoir le courage de briser.
Sa véritable trace n'est pas dans certaines manifestations de son activité. Leur disparition même si douloureuse qu'elle puisse vous paraître, doit vous libérer, non vous déprimer.
Non pas oublier, mais chercher en avant. Malgré tout ce que vous pouvez sentir ou croire, reconnaître avec évidence que votre vie doit se poursuivre. Je suis persuadé qu'elle commence. Décidez vous seulement à ne plus vivre dans le passé, ce qui ne veut pas dire que vous oubliez celui-ci, mais seulement que votre manière, la vraie, de lui être fidèle doit consister à construire en avant, c'est à dire à être digne de lui.
Ne vous isolez donc pas. Ne vous repliez donc pas au fond de vous-mêmes. Mais voyez le plus possible vos amis. Donnez-vous.

C'est ce don qui vous libérera et vous épanouira. Je voudrais que vous trouviez nombre de gens et de choses auxquels noblement vous donner. »

Pierre Teilhard de Chardin[24]

◆

Se reconstruire se révéla donc très difficile tant la crainte, l'angoisse de rencontrer les autres était une terrible épreuve. Celle-ci pouvait entrainer l'échec du processus d'acceptation. Dans de nombreux cas, les blessés de la face se sont péniblement réintégrés à la vie civile. Beaucoup préférèrent rejoindre les centres pour mutilés. Dans ces endroits protecteurs, ils continuèrent à vivre à l'abri des regards partageant le quotidien d'autres gueules cassées.

La chirurgie esthétique fut une spécialité médicale née de cette guerre. La médecine devait répondre à une nécessité majeure : rendre à tous ces hommes aux visages ravagés une figure humaine. Tous ces blessés offrirent à la chirurgie restauratrice de la face de réaliser, parfois à leurs dépens, d'immenses progrès.

◆

- *Les blessures au ventre*

---

[24] Pierre Teilhard de Chardin Prêtre jésuite, homme de science et philosophe (1881-1951)

Les projectiles furent particulièrement meurtriers et destructeurs. Ils déchiraient les corps et rompaient les barrières anatomiques protectrices comme le péritoine qui entoure les viscères, la plèvre qui englobe les poumons, ...Les médecins du front furent les premiers témoins de cette violence. Au début du conflit, ils appliquaient le principe dicté à l'entrée en guerre : l'abstention opératoire des blessés à l'abdomen. Celle-ci fut systématique : un soldat touché au ventre gravement ou non se voyait systématiquement condamné.

Cependant certains praticiens s'insurgeaient contre cette inertie thérapeutique. Il y avait une incompréhension entre les médecins « de la première ligne », souvent jeunes, parachutés sans expérience sur les champs de bataille, et les médecins « de l'arrière » plus expérimentés, mais ignorant tout de la dure réalité du terrain. Le Service de santé voulait maintenir loin du front les médecins les plus experts pour les préserver du danger. Malgré la mortalité élevée de ce genre de lésion (90%), les chirurgiens ne s'avouèrent pas vaincus. Mais ce fut seulement dans la seconde moitié de l'année 1915 que les blessés au ventre furent pris en charge par l'ensemble des chirurgiens. Au fil du conflit, ils constatèrent que la survie de leurs patients dépendait de la rapidité des soins apportés. Ils militèrent afin que les conditions d'évacuation fussent meilleures et plus rapides.

L'évacuation des blessés se révéla souvent difficile : le transport des blessés était lent, les brancardiers devaient se frayer un chemin dans la boue des tranchées. Les blessés étaient fréquemment transportés dans de simples toiles de tentes qu'on empoignait aux quatre coins. Il n'y avait pas toujours un brancard à disposition. Ces problèmes d'évacuation aggravaient considérablement la mortalité au front, cependant, grâce à l'insistance des chirurgiens, des postes chirurgicaux avancés virent le jour : les ambulances chirurgicales.

Une ambulance chirurgicale était un établissement temporaire construit souvent près du front. Son rôle était de dispenser les premiers soins aux blessés. En général, elle était composée d'une salle d'opération, d'une salle de pansements et d'une installation pour les radiographies.

Le sort des blessés à l'abdomen était très précaire. Il dépendait, non seulement de la gravité des lésions, mais surtout de l'afflux des blessés. Si celui-ci était trop important, les chirurgiens délaissaient les blessés du ventre dans le but de sauver un maximum d'autres blessés. Les laparotomies[25], opérations longues et délicates, monopolisaient un chirurgien et plusieurs infirmières pendant plusieurs heures. Les formations chirurgicales sur le front en période d'offensive remédièrent à ce problème. La rapidité d'intervention étant un facteur vital, des ambulances automobiles étaient donc dépêchées selon les besoins à l'endroit où affluaient les blessés.

◆

---

[25] La laparotomie, parfois appelée laparotomie, est un acte chirurgical consistant en l'ouverture de l'abdomen par une incision laissant le passage direct à d'autres actes chirurgicaux sur les organes abdominaux et pelviens.

- *Les blessures aux membres*

A l'entrée en guerre, les médecins essayaient de conserver les membres touchés. Mais devant la violence des blessures, l'amputation devint une évidence pour les chirurgiens.

> *« L'amputation est une chirurgie dictée par le champ de bataille : »*

L'ensemble des chirurgiens semblait d'accord, il fallait intervenir rapidement sur les blessures aux membres et très souvent l'amputation était la seule solution. Cependant, leurs avis divergeaient au sujet de la technique utilisée. L'amputation « en saucisson » remettait en cause les techniques préconisées par les chirurgiens de l'arrière. Le monde médical d'abord indigné par cette méthode « barbare » finit par se rendre compte que c'était une intervention beaucoup moins traumatisante qu'une amputation classique. Cette méthode se révéla la meilleure car elle était rapide, facile et surtout efficace.

Au début du conflit, le monde médical réagissait par une « non-réponse » à la question de la douleur :

> *« Il apparaît en effet plus facile de nier la douleur que d'y répondre. »*

Le monde médical était dans l'incapacité de soulager la douleur des amputés. Celle-ci concerna la quasi-totalité des estropiés.

« *Une fréquence de 98 à 99%. Le phénomène* *semblait donc presque constant. Seuls 1 à 3% des* *mutilés des membres échappaient à la règle,* »

Dans un premier temps, les blessés souffraient d'hallucinose : illusion de la présence du membre. Le mutilé était convaincu de la présence de son membre amputé. Il n'intégrait pas la modification de son schéma corporel. « *95% des amputés voyaient* *leur membre fantôme apparaître au cours de la* *première année suivant l'amputation.* »

Il y avait aussi les douleurs du moignon dont était victime la moitié des amputés. Nombre d'entre eux devenaient morphinomanes. Cette dépendance était jugée à l'époque comme incurable. Beaucoup de mutilés, désespérés, se suicidèrent.

♦

- *Les soins psychiatriques*

Personnellement, je fus soigné pour des troubles cognitifs qui me remirent assez rapidement au combat. Par contre certains soldats s'automutilaient pour tenter d'échapper définitivement au combat. Ils encouraient des conséquences judiciaires s'ils étaient reconnus faux malades ou s'étant blessés volontairement.

Ces automutilations étaient des actes *désespérés.*

Les blessures volontaires étaient souvent portées aux pieds, aux mains ; celles de la main gauche étaient les plus fréquentes. Des coups de feu pouvaient aussi être tirés dans les bras, les jambes, ...Les maladies provoquées ne furent pas répertoriées, Le peu de données médicales et juridiques rendait difficile l'évaluation du nombre de mutilations et de maladies volontaires. La médecine légale en était à ses débuts. Le rôle attribué aux médecins était délicat. Certains praticiens débutaient et se voyaient charger d'expertises. La moindre erreur de jugement de leur part pouvait avoir de graves conséquences. S'ils dénonçaient les faux malades ou les soldats qui s'étaient blessé volontairement, ceux-ci subissaient les conséquences judiciaires et donc une condamnation.

« Entre août 1914 et octobre 1916, sur 290 exécutions probables, 35 d'entre elles soit environ 12 %, relevèrent de « désertion en présence de l'ennemi » sous la forme d'une mutilation volontaire :»

Cela engendra dans le monde médical de sérieux problèmes éthiques et souleva de houleux débats. Progressivement le monde médical se rendit compte que les souffrances infligées étaient des actes désespérés de personnes qui ne supportaient plus l'expérience traumatisante de la guerre. Dès lors, les médecins étaient tenus de considérer les maladies et les blessures volontaires comme des cas médicaux à part entière. Les diagnostics n'étaient pas toujours fiables et souvent réalisés dans l'urgence. Certains des articles référencés dans l'Index medicus avaient pour vocation de conseiller les médecins dans leurs efforts pour démasquer les usurpateurs.

- *La névrose de la guerre*

Elle apparut sous forme d'angoisse et d'agitation. Les patients souffraient de troubles de la parole, de surdité, de troubles de la marche, ... Malgré l'absence de toute blessure, certains étaient incapables de se tenir debout et de marcher. Le monde médical était conscient que les soldats pouvaient être victimes d'une pathologie psychiatrique. Les psychiatres remarquaient que si le patient était pris en charge rapidement et traité à proximité du front, ses chances de guérison et de retourner au combat étaient grandes.

« Les Anglais en appliquant cette méthode réussirent à renvoyer 66% des soldats traumatisés psychiques à leurs unités »

La psychiatrie de guerre prit donc de l'ampleur pendant le conflit, mais elle ne parvint pas à empêcher l'exécution de nombreux soldats déserteurs alors qu'ils souffraient de toute évidence de névrose de guerre.

◆

Quelle n'était pas la surprise de voir arriver une dame au volant de sa voiture que l'on nommait « ambulance radiologique » ; C'était une curiosité qui devint un peu plus tard :

« La petite curie ».

Cette femme, Marie Curie (1867-1934) était une savante, une physicienne qui avait découvert la radioactivité naturelle qu'elle propagea en mettant l'imagerie médicale et sa compétence au service des hôpitaux français et Belges.

- *La radiologie*

> « *La radiologie est une partie de la médecine qui utilise les rayons X, les isotopes radioactifs et les radiations non ionisantes à des fins diagnostiques ou thérapeutiques.* »

Marie Curie se sentait investie d'une mission qu'elle mena à bien en aménageant, grâce à la Croix Rouge Française et d'autres organismes de bienfaisance, des limousines données ou prêtées en voitures radiologiques, qui deviendront plus tard « les petite curies ». Elle se rendait là où les blessés affluaient. Elle initia des infirmières aux techniques radiologiques et équipa dix-huit voitures ainsi que deux cents postes fixes de radiologie. A bord de chaque « petite curie » se trouvaient un médecin, un technicien en imagerie médicale et un chauffeur. Ces ambulances radiologiques firent partie des grandes avancées nées de la guerre 14-18. Elles offraient aux chirurgiens un outil qui leur devint rapidement indispensable.

- *Les transfusions et perfusions*

La transfusion est une injection dans une veine, de sang ou d'un produit constituant le sang (plaquettes, globules rouges, globules blancs, ...) préalablement prélevé sur un ou plusieurs donneurs. La perfusion est une introduction lente et continue dans l'organisme d'une solution contenant un médicament ou un produit sanguin.

L'incompatibilité entre donneur et receveur trouva une solution en 1900 grâce à la découverte des différents groupes sanguins. Cependant, le facteur Rhésus n'était pas encore été découvert et cette lacune posa problème.

La transfusion sanguine ne résolut pas tous les problèmes, toutes les maladies, mais contribua à une meilleure guérison des blessés et des malades. Pourtant, pendant la première guerre, les transfusions sanguines étaient encore à l'état expérimental. C'est pourquoi, elles furent rarement administrées. Il fallut attendre la fin du conflit pour voir cette pratique se généraliser.

Un autre problème était celui de la coagulation naturelle du sang. Celle-ci survint très vite après le prélèvement. Il n'était donc pas possible de prendre le sang d'une personne saine et de le transfuser à un patient. Mais le docteur belge Albert Hustin[26] découvrit en 1913 un produit qui rendit le sang incoagulable :

Le citrate de soude.

Celui-ci se révéla efficace, non nocif et non coagulant. En 1914, Hustin réussissait à élaborer un matériel de prélèvement et d'injection. La

---

[26] Albert Hustin, né le 15 juillet 1882 à Ethe, (petit village de Belgique situé en Gaume, province du Luxembourg) et mort le 12 septembre 1967 à Bruxelles, est un scientifique belge inventeur de la méthode de conservation du sang

transfusion sanguine devint extrêmement simple. Malgré cette trouvaille, les transfusions directes de bras à bras étaient beaucoup plus utilisées que les transfusions différées. Selon le docteur Loodts, ces dernières étaient encore l'objet de méfiance et n'était pratiquées que par une minorité de soignants

-       *La gangrène, un des défis à relever.*

Un des premiers défis à relever pour les médecins bactériologistes était de lutter contre la gangrène gazeuse. La gangrène est une nécrose des tissus à l'intérieur d'organismes vivants, due à un arrêt de circulation du sang ou d'une infection.

Au début du 20ème siècle, toutes les plaies profondes avaient de grandes chances de se gangréner. Les médecins devaient agir rapidement pour éviter que la gangrène s'installe. C'était une course contre la montre, il fallait enrayer sa propagation afin d'empêcher que les cellules infectées touchent les tissus voisins et plus grave encore la totalité d'un membre. Si l'infection se diffusait à l'entièreté du corps, la mort par septicémie était inéluctable.

Pendant la Grande Guerre, la seule solution était l'amputation. Même si celle-ci n'était pas synonyme de guérison, elle sauva quelques soldats. Le docteur Carrel[27], un Français, et le chimiste

---

[27] Alexis Carrel (né Marie Joseph Auguste Carrel-Billiard le 28 juin 1873 à Sainte-Foy-lès-Lyon, France - 5 novembre 1944 à Paris) est un chirurgien et biologiste français

Dakin[28], prix Nobel de médecine (1910) inventèrent une solution antiseptique à base d'hypochlorite de soude.

L'antiseptique ne présente pas d'effets secondaires. Comme l'expliquait le docteur Loodts, le traitement « Carrel-Dakin » sauva des vies et empêcha des amputations.

Pour lui, cette découverte constitua l'avancée médicale majeure de cette guerre.

Du côté anglais, les docteurs Fleming[29] et Wright ne partageaient pas l'avis de leurs collègues français. Pour eux, la solution antiseptique n'était pas efficace. Ils conseillaient l'ablation d'un maximum de tissus nécrosés et l'humidification de la plaie afin de limiter les cas gangréneux. Il fallut attendre 1928 pour que Fleming découvre la pénicilline. Beaucoup trop tard pour de nombreuses victimes de 14-18 !

- *Les épidémies, un combat médical permanent.*

Pendant la guerre, les épidémies étaient très fréquentes. La promiscuité des soldats jouait un grand rôle dans la contamination. Les armées belligérantes devaient faire face à ce problème. Les hommes de science se montrèrent très inventifs. Ils repoussaient leurs limites et celles de la science. Une solution était de combattre directement ces

---

[28] Henry Drysdale Dakin, né à Londres le 12 mars 1880, mort en 1952, chimiste britannique.

[29] Alexander Fleming est un biologiste et un pharmacologue britannique né le 6 août 1881 à Lochfield (Darvel (en)), Ayrshire en Écosse et mort le 11 mars 1955 à Londres

maladies. Pour cela, il fallait perfectionner les vaccins et améliorait les sérums existant déjà. Il était impératif de conscientiser les soldats et leurs dirigeants de l'extrême importance d'une bonne hygiène.

- *Le sérum*

Souvenez-vous lecteurs de votre service militaire, lorsque vous deviez recevoir cette redoutable vaccination « T.A.B.D.T » qui vous clouait à garder la chambre pendant 48 heures.

Le sérum est constitué d'antitoxines qui sont prélevées sur un animal. Lorsque l'on vaccine un animal contre une maladie microbienne ou une toxine, celui-ci crée des anticorps pour la combattre. Il suffit alors de prélever ces antitoxines dans le sang de l'animal pour constituer un sérum. Cela permit une protection rapide chez l'homme.

Au début de la guerre, deux sérums furent utilisés : celui contre la diphtérie et celui contre le tétanos. Ils étaient fabriqués grâce au sang des chevaux qui développait les bons anticorps. Le sérum antidiphtérique fut créé par Behring[30] et Roux[31] en

---

[30] Emil Adolf von Behring (15 mars 1854 à Hansdorf, Eylau, Allemagne - 31 mars 1917 à Marbourg, Allemagne) est un médecin allemand et premier lauréat du prix Nobel de physiologie ou médecine, en 1901

[31] Émile ROUX –bactériologiste français (1853-1933)

1889, celui du tétanos par Roux et Vaillard[32] en 1892.

- *Le vaccin*

Le vaccin est une substance microbienne morte ou non infectieuse qui est injectée afin d'assurer l'immunité.

A la veille de la guerre, il existait seulement deux vaccins : l'un contre la rage « de Pasteur » découvert comme son nom l'indique par Pasteur[33] en 1885 et l'autre contre la fièvre typhoïde découvert par Wright[34] en 1896.

La rage est une maladie mortelle d'origine animale qui peut être transmise à l'homme. La fièvre typhoïde est causée par les bactéries Salmonella. Cette maladie se propagea à cause des mains sales et de la mauvaise hygiène, mais aussi par la contamination alimentaire. Il fallut convaincre les hauts dirigeants de l'Armée de faire vacciner les troupes.

- *L'hygiène*

Le Service de santé prit conscience que l'hygiène était primordiale pour éliminer les différentes maladies qui coexistaient chez les soldats. Chaque

---

[32] Louis VAILLARD –médecin (1850-1935)

[33] Louis PASTEUR - né à Dole (Jura) le 27 décembre 1822 et mort à Marnes-la-Coquette Seine-et-Oise) le 28 septembre 1895, est un scientifique français, chimiste et physicien de formation, pionnier de la microbiologie, qui, de son vivant même, connut une grande notoriété pour avoir mis au point un vaccin contre la rage.

[34] Sir Almroth Edward Wright, (10 Août 1861- 30 Avril 1947) - britannique bactériologiste et immunologiste

bataillon avait sa propre équipe sanitaire en vue de minimiser le plus possible la prolifération de maladies, bactéries, virus, et autres.

Pour lutter contre la tuberculose, des médecins mirent sur pied des sanatoriums pour séparer et isoler les malades des tranchées et de la population civile. Là, ils furent soignés par des moyens naturels : repos, suralimentation, héliothérapie (lumière solaire). Une campagne de prévention et d'information vit même le jour.

Au début du siècle, le typhus était un fléau. Pour sauver des vies humaines, nous recevions l'ordre de lutter contre les poux car ces parasites véhiculaient le typhus. Afin d'être débarrassés de ces hôtes indésirables, nous devions prendre des douches et nos vêtements étaient désinfectés.

Les Services de santé investissaient beaucoup :

Des bains douches pour les soldats furent construits, des cabines de désinfection vinrent assainir les vêtements. Parfois, les moyens manquaient et les habits n'étaient plus nettoyés. En hiver, une solution s'imposa : nous devions les laisser geler à l'extérieur.

Un autre parasite, moins nocif que le précédent, mais insoutenable pour les soldats était la gale. Elle nous rendait fous puisque nous nous grattions continuellement et qu'il était extrêmement difficile de s'en débarrasser. Le petit insecte sarcopte se logeait sous la peau, ce qui engendrait des lésions de grattage insupportables. Le seul traitement était de frotter et d'enduire pendant 24 heures le contaminé d'une pommade à base de soufre.

Dans les tranchées, les bacilles dysentériques étaient partout. Les facteurs de transmission comme le ruissellement des eaux, les diptères (les mouches et les moustiques) qui proliféraient dans les matières fécales contaminaient la nourriture et les objets appartenant aux soldats. Nous essayions de lutter contre ces insectes en confectionnant des attrape-mouches. Nous peignions aussi des murs en bleu clair pour tenter de les tenir à l'écart.

Un autre problème était la présence des rats dans les tranchées. Ces rongeurs étaient de réels vecteurs de maladies. Il était très difficile de s'en débarrasser.

Lorsqu'on essaya d'améliorer l'hygiène, un facteur très important fut l'eau. Donc, il était primordial de pouvoir la transporter directement jusqu'aux tranchées. Ce fut chose faite grâce à un ingénieur français, Philippe Bunau-Varilla[35] qui réussit à la capter et à l'acheminer

---

[35] - Philippe BUNAU-VARILLA né le 26 juillet 1859 à Paris où il est mort le 18 mai 1940, est un ingénieur français qui s'est illustré dans l'histoire du canal de Panama.

L'eau au moyen de puits de fortune, de pompes et de tuyaux.

De nombreuses mesures d'hygiène furent prises lors de cette guerre pour nous protéger, nous qui, 24 heures sur 24, croupissions dans les boyaux de la mort. En effet, ces endroits confinés, sales et humides étaient des lieux propices à attraper une maladie, à être contaminé ou à contaminer, tant la promiscuité y régnait. Il était donc important de s'investir dans la prévention des maladies...

-         *La syphilis*

La syphilis est une maladie vénérienne, infectieuse et contagieuse. De nombreux soldats en furent victimes. Lors de permissions ceux-ci succombaient aux charmes de prostituées et étaient ainsi contaminés.

◆

39 - Les états d'âme de mon fils Louis pendant mon absence

◆

Si notre situation au front et dans les camps de concentration n'était pas enviable, mon fils assure que son enfance pendant cette période l'a profondément marqué.

J'étais un enfant en pleine croissance et notre nourriture était insuffisante malgré toutes les énergies dépensées par maman. Le voisinage connaissait son bon cœur et profitait de sa générosité.Elle n'hésitait pas à donner quelques victuailles, comme c'est de coutume chez nous. Comprenez que c'était à notre détriment.. Pauvre maman, elle était prise entre le « marteau et l'enclume » . Moi, je trouvais cette coutume injuste et je me révoltais, mais que pouvait-elle faire !

Je vous garantis que c'est encore comme cela, nous ne refusons jamais une collation à des visiteurs de passage et ceux qui le savent, parfois en profitent. Pour pallier cette insuffisance avec ma grande sœur, nous allions dénicher des œufs chez nos voisins profiteurs et nous les mangeions mes sœurs Jeanne-Louise, Julienne et moi. Nous avions faim, que voulez-vous !

Mon état de santé se dégrada et maman me mit en pension chez sa belle-sœur à Plouay pour que les soins fussent prodigués par le médecin. Ma tante était une sainte femme et je lui en sais gré encore aujourd'hui de toutes ses bontés qu'elle nous prodiguait à Pierre son fils qui était mon cousin germain. Ce que nous ne savions pas c'est que pour satisfaire nos deux gros appétits, elle se privait. Elle non plus n'était pas fortunée et mon oncle était aussi au front .

Pauvre tante !

A la messe le dimanche, nous rencontrions madame Pouillic, l'épouse de l'instituteur qui était déclaré « traitre à la patrie ». Dans notre communauté religieuse, personne ne croyait à cette affirmation, au contraire, il était, malgré cela, encensé comme citoyen, comme instituteur et comme époux. Madame Pouillic connaissait ses défauts et elle confait à maman ses craintes. En effet, c'était de notoriété publique qu'il était de gauche, antiparlementaire et fort critique sur les stratégies des généraux.

Que voulez-vous les faits lui donnaient raison, trop de victimes pour quelques mètres gagnés ou perdus !

Madame Pouillic fut heureusement pour elle, assurée de l'estime général de la communauté religieuse et laïque. Saint-Yves fut hebdomadairement sollicité par de nombreuses prières pour le sort de Mathurin Pouillic, mais nous étions sans nouvelles de lui ; par contre une chasse à l'homme était engagée.

L'inconnu de son sort était angoissant pour nous tous, parce que nous redoutions le Tribunal de guerre et sa décision !

◆

Des « Mathurin Pouillic », l'armée française en produisait, certes leur révolte était différente, mais tous manifestaient leur profond désaccord avec la stratégie de leurs généraux respectifs.

Je ne peux passer sous silence ce magnifique poème écrit au front avant de mourir par un jeune poête pacifique les 7-9 février 1916.

Son nom : Marc de Larréguy de Civrieux.

Il fut édité en 1922 sous le titre : « La muse de sang »

Je pense que la voix rauque et puissante de feu André Malraux conviendrait. Hélas elle n'est plus!

« Ce n'est, certes pas vous ! Ô soldats étrangers !
Que séparent les monts, les forêts ou les fleuves,
Vous qui fraternisez dans les mêmes épreuves,
Laissant derrière vous orphelins, parents, veuves...
Lorsque vous succombez après d'affreux dangers !

Pendant que nos tyrans convoitent des lambeaux,

Dans l'État de la Mort il n'est nulles frontières...
Nous gisons, côte à côte, aux mêmes cimetières,
Après avoir lutté pendant des nuits entières
Pour conquérir la Paix au fond de nos tombeaux !

Mes ennemis ? C'est vous ! Gouvernants timorés,
Qui prenez sans péril une pose de gloire,
Et, dans cette moisson sanglante de l'Histoire,
Ne songez qu'à vous seuls en parlant de victoire
O vous, dont les vertus sont des vices dorés !

Vous qui poussez au meurtre et nous assassinez !
--Hypocrites dévots au cœur de frénésie !
Je voudrais démasquer toutes vos hérésies
Et faire palpiter-parmi mes poésies--
La vengeance de ceux que vous avez damnés »

♦

Mais l'armée est une grande muette, la discipline est sa force. Cela ne peut souffrir les critiques justifiées ou non.

♦

40 - La bataille de Verdun

♦

Cette année 1916 fut l'année de la bataille de Verdun. Cette ville était entourée de collines qui entouraient sa place principale, étaient garnies de forêts profondes et de bois. C'était une position idéale pour contrôler tout le secteur et acheminer assez discrètement des hommes et des matériels. Les allemands occupaient déjà la Crête de Romagne ainsi que Jumelles d'Ornes qui furent d'excellents observatoires , croyez moi !

Notre Etat-major français avait hélas désarmé les forts et décidé le retrait des garnisons en août 1915, ce que savait Falkenhayn, grâce à ses réseaux de renseignements.

Les allemands avaient besoin d'une victoire car ils doutaient de l'issue du conflit et la presse évoquait les effets désastreux de la guerre. Il fallait donc remonter le moral national et surtout l'Allemagne voulait un élément important de négociation pour imposer sa paix. Contrairement aux alliés, leurs ressources en hommes et en matériels n'étaient pas inépuisables et ils savaient que l'Angleterre était très dangereuse, par sa puissance navale qui chassait leurs sous-marins d'une part et leur volonté imminente d'instaurer le service national qui leur offrirait des forces neuves d'autre part. Ils avaient alors l'absolue nécessité de saigner à blanc la France. De plus, ils privaient ainsi la Russie du soutien occidental ce qui la mettait dans l'incapacité de maintenir son effort de guerre. Toutes ces raisons lui imposaient une victoire. Le front français leur était donc primordial, c'était la seule solution.

Une partie d'échecs s'engageait !

Pour cela, le général Falkenhayn voulait une offensive écrasante sur un secteur limité, afin de ne pas trop dégarnir les autres points. L'objectif territorial lui importait peu, il ne voulait pas occuper, il voulait tuer le maximum d'hommes. Sa tactique était d'attaquer en tenaille un saillant du front français et d'employer intensément l'artillerie avec une technique de hachoir ou "Trommelfeuer". L'artillerie laminerait en profondeur les lignes ennemies et permettrait à l'infanterie d'occuper le terrain, détruisant, quasiment sans combattre. En outre, cette tactique favoriserait la suppression des traditionnels combats d'infanterie. Falkenhayn retint finalement Verdun car les forces françaises seraient acculées à la Meuse qui coupait en deux le saillant, nous contraignant ainsi à nous battre battre le dos au fleuve et à nous couper de nos lignes arrières. Cette offensive réduirait le saillant et éviterait alors une attaque française qui rendrait alors intenable le front allemand. Le saillant de Verdun était une position stratégique de première importance cat il menaçait les voies de communication allemandes sur une distance voisine de 20 km.

Comprenez-vous, le danger de ce saillant ?

L'état-major allemand ne pensait pas devoir redouter une contre-attaque française en raison de la faiblesse des communications de Verdun avec l'arrière. Les liaisons ferrées avec Chalons et Nancy étaient coupées, de même que la voie reliant Verdun à Sainte-Menehould, coupée à hauteur d'Aubréville. Par contre, les allemands disposaient de 14 voies ferrées qui faciliteraient l'acheminement rapide des soldats et des matériels et surtout, ils avaient l'arrière pays industriel de la Moselle, du Luxembourg et des bassins miniers du haut-pays lorrain. Falkenhayn émettait l'hypothèse que les Français défendraient ce lieu symbolique jusqu'au dernier homme et que l'état-major français y engagerait ses réserves. Il placerait ainsi l'armée française dans cette nasse, la saignerait à blanc et l'exterminerait de telle sorte que ce serait :

Echec et mat.

♦

J'ai l'impression qu'en vous décrivant l'état de notre front, vous jugerez que la partie d'échecs était vouée au désastre du côté français .

♦

Au début de l'année 1916, l'état du front français dans la région de Verdun était pitoyable :

Les forts de Verdun avaient été démantelés en garnison et en armement au motif ministériel que leur puissant armement étant inutilisé, fournirait une artillerie lourde à l'offensive de Champagne qui se préparait début août 1915. De plus , le ministère pensa que les forts étant voués à une destruction certaine, comme l'avaient été ceux de Maubeuge, Liège, Namur et Anvers par une artillerie mobile moderne et puissante. Il jugea également que les renforts en munition étaient trop importants et difficilement réalisables.

Le decret du 5 août 1915 fut signé et ordonné le 12 août 1915 par le général Dubail commandant le groupe d'armée de l'Est. Le désarmement de 43 batteries lourdes et de 128000 obus ainsi que 11 batteries à pied fut effectif le 15 octobre 1915.

Le maréchal Pétain, dans ses mémoires, pensait que les Allemands, auraient porté leur attaque vers un autre secteur. C'était une hypothèse, alors que si le fort de Douamont avait pu répondre efficacement et puissamment aux bombardements allemands, il aurait perturbé l'avance des troupes, voire peut-être les décourager…

Analysons maintenant nos lignes :

- Les 1ère lignes n'étaient qu'une suite de tranchées en grande partie éboulées et discontinues. Leurs parapets étaient étroits et leurs créneaux trop espacés. Le réseau de fil de fer barbelé était peu dense et en très mauvais état. En certains endroits, il fut remplacé par de simples haies en bois, à d'autres, il n'y avait rien du tout. Par exemple, l'espace entre le bois d'Haumont et le bois des Caures était pratiquement libre, en cas d'attaque subite, l'ennemi n'aurait même pas à réaliser une brèche. Les postes d'observation étaient trop peu nombreux, mal placés, ils n'offraient pas une vision suffisante et efficace. Les abris et les sapes était peu profonds et ne protégeaint que des éclats d'obus. Ils ne pouvaient en aucun cas supporter un violent et puissant bombardement. Quelques cavernes furent creusées mais elles n'étaient pas volumineuses et ne disposaient que d'une seule issue.

- Les secondes lignes étaient un peu mieux réfléchies et dessinées, mais elles étaient trop espacées et totalement laissées à l'abandon. Un gros travail était nécessaire pour les remettre en état.

- En arrière, les villages étaient quant à eux organisés assez logiquement mais insuffisamment. Les liaisons entre chacun d'eux et vers les lignes de front étaient dérisoires. Un seul boyau étroit reliait le village de Forge à la côte de l'Oie. Quelques boyaux seulement, ne bénéficiant d'aucune protection, partaient de Forge vers l'avant. C'était un espace totalement libre entre le village de Brabant et le village de Consenvoye. Les jumelages (2 tranchées parallèles pour la montée des renforts et l'évacuation des troupes et blessés) étaient inexistants. Les postes de commandement solidement organisés et placés à des endroits stratégiques manquaient cruellement. Ces manquements aux règles élémentaires de la guerre de tranchée, qui durait déjà depuis un an, ne passèrent pas inaperçus pour tout le monde :

- Le général Chrétien (commandant du 30e Corps), dès que la région fortifiée de Verdun lui fut confiée, visita ses lignes et envoya une lettre à Paris fin 1915, faisant état de ces graves malveillances.

- De son coté, le général Becher, adjoint du général Chrétien, constata et signala les mêmes imperfections.

- Enfin, le colonel Driant, défenseur du bois des Caures, ne cessa en janvier et février 1916 de demander des troupes et du matériel pour remettre en état et renforcer son secteur.
Toutes ces réclamations restèrent sans suite, la raison invoquée était qu'il n'était pas nécessaire de renforcer ce secteur puisqu'il était calme et que les Allemands n'attaqueraient pas ici !

Fin 1915, les avions d'observation français remarquaient que les réseaux de chemin de fer au nord de Verdun se multipliaient. En novembre trois nouvelles voies apparurent qui reliaient la voie ferrée de la vallée de la Meuse. Permettant ainsi de rejoindre l'Allemagne par Metz, Thionville ou Luxembourg.
Peu à peu, ces voies s'étendaient vers Verdun en ramifications de voies étroites (0.60 m) pour finalement s'approcher à 300 m derrière les premières lignes allemandes.
En même temps, l'activité des gares des principales villes du nord traversées par ces voies (Romanche, Vilosnes, Chamblay, etc.) s'accroissait de manière importante.
En janvier 1916, l'activité ferroviaire était trois fois plus importante qu'en été 1915. Des trains entiers de fil barbelés, de poutres, de pieux, de planches, de gravier, de sable, de ciment, de sac de sable, de rails, de traverses pour voies étroites (de quoi

réaliser des centaines de km), de munitions, de canons de tous calibres, d'hommes, convergeaient vers Verdun... des milliers de convois...

Cette logistique s'installait pour des vacances peut-être !

Les allemands confortaient leurs positions en concentrant une importante artillerie lourde qu'ils plaçaient en position dans le ravin entre Vilosnes et Haraucourt. Ils renforçaient leurs positions dans le village de Romagne avec une artillerie de tous calibres (210, 305, 380 longue portée et 420). Ils installaient dans les campagnes en arrière des camps de baraques en bois pour stocker d'immenses stocks de munitions. Chacun de ces camps abritaient 5000 hommes et 3000 chevaux. Ils dévièrent une rivière pour fournir l'eau courante à tous ces camps. - Le 16 janvier 1916, un déserteur allemand du 28e régiment de réserve, recueilli à Béthincourt, signala plusieurs abris souterrains (stollens) à plusieurs étages de 15 m de profondeur, à l'épreuve des bombes qui pouvaient abriter chacun 1000 hommes, avaient été creusés dans le secret le plus absolu.

♦

Le commandement français apprit ces aménagements lors de la capture de trois prisonniers et prit enfin conscience de l'imminence de l'attaque allemande sur Verdun , mais il était trop tard pour réagir ! Il aurait fallu augmenter de manière importante le nombre de batteries, afin de rééquilibrer les forces, prévoir un approvisionnement en munitions important, des abris plus solides, des liaisons téléphoniques systématiques avec les P.C. et l'aviation.

Rien n'était programmé !

Il manqua 60 km de fil téléphonique sur les 160 nécessaires pour rétablir des liaisons convenables ; rien ne fut mis en place. Les pièces d'artillerie enlevées d'autres secteurs et acheminées vers Verdun étaient très insuffisantes, aucune réparation ni consolidation d'abris d'artillerie ne furent ordonnées. Lorsqu' il était demandé des lanternes et des projecteurs pour établir des signaux optiques, aucune suite n'était donnée. Ils devaient continuer à se faire comprendre avec les fanions de couleurs.
Au final, un grand nombre de pièces d'artilleries demeurèrent totalement isolées.

◆

En ce qui concerne l'infanterie, des divisions étaient tout de même mises en alerte à partir du 11 février. Les 51e et 67e D.I. furent envoyées en renfort en arrière du front (51e rive droite et 67e rive gauche). Les 14e et 37e D.I. furent rattachées à la région fortifiée de Verdun et rapprochées du secteur. La 48e D.I. se dirigea sur Chaumont-Sur-Aise et la 16e sur Pierrefitte.

◆

Par contre les allemands déjà fort bien protégés positionnaient toutes leurs batteries et leurs bataillons dés le 20 février 1916 à (J-1).

♦

Nos Corps d'Armée avec leurs pièces légères et lourdes prenaient leur position à J-1 :

- En face du Bois des Caures pour le 18ème C.A avec 118 pièces légères et 110 lourdes ;
- En face du Bois de Ville et de l'Herbebois pour le 3ème C.A avec 96 pièves légères et 213 lourdes ;
- En face du village d'Haumont pour le 7ème C.A avec 100 pièces légères et 100 lourdes.

Tandis que les 15ème,4ème et 5ème C.R s'installaient respectivement :

- Dans la forêt de Gremilly et ses abords,
- Sur la rive Ouest de la Meuse
- Et en Woëvre.

Pour compléter cela, 152 lance-mines, ainsi que :

- 80 pièces de campagne et 136 pièces lourdes se plaçaient derrière le 4ème C.R ;
- 136 « 60 « appuyaient le 5ème C.R.

Ils avaient pour mission de pilonner les hauts de Meuse. Chacune de ces pièces disposait de 3 jours de munition, soit 3000 coups par batterie de campagne, 2100 par obusier léger et 1200 par obusier lourd (3 autres jours de munitions étaient stockés et rapidement disponible en arrière des 1ère lignes). Chacune avait déjà ajusté son tir durant les jours précédent, mais avec prudence afin de ne pas éveiller les soupons.

Quant à nos premières lignes :

- La 14e D.I. (12 bataillons, 89 pièces légères et 20 pièces lourdes) tenait le secteur d'Ornes à la route d'Etain ;

- La 51e D.I. (10 bataillons, 70 pièces légères et 20 pièces lourdes) occupait le secteur du bois de Villes-Ornes ;

- La 72e D.I. (12 bataillons, 70 pièces légères et 12 pièces lourdes) occupait le secteur entre la rivière et la lisière est du bois des Caures ;

- Les 29e et 67e D.I gardaient le secteur de la rive gauche de la Meuse, jusqu'à Avocourt.

◆

En seconde ligne, plus au sud, les 3e, 4e et 132e D.I. étaient stationnées en Woëvre.
En arrière, à 20 km au sud de Verdun, les 37e, 48e et la moitié de la 16e D.I. cantonnaient et pouvaient rapidement intervenir.
Encore plus loin, les 153e et 39e D.I. étaient

stationnés autour de Bar-Le-Duc, et le 1er C.A., à Epernay, s'appretait à se mettre en marche vers Verdun.

◆

En résumé, au 20 février, 34 bataillons français et 270 canons mal appropriés et très anciens (à tir tendu) devaient faire face à 72 batteries allemandes soutenus par 870 canons dont 540 lourds. De plus, le secteur français était mal fortifié, sans boyaux de raccordement, sans abris solides ni liaisons.

Le commandement allemand était persuadé d'une percée fulgurante et surtout écrasante.

C'était sans compter sur l'âme, la valeur, le courage et la ténacité du soldat Français...

L'enfer de Verdun s' installa pour longtemps...

◆

Il commença par un bombardement infernal sur tous les secteurs en direction de la côte 304 (rive gauche) du 24 au 28 mars 1916.Nous étions terrés comme des rats dans nos trous, la peur au ventre. Nous utilisions des boites de sardine pour verser nos excréments en dehors des trous. Nos jambes fagelaient de rester inactives pendant ces quatre jours. Le moindre mouvement était salué par des rafales de mitrailleuses. Ce fut un soulagement de recevoir l'ordre de rentrer de nuit avec notre matériel, mais notre mouvement était particulièrement handicapé par les trous d'obus qui se rejoignaient de plus en plus . nous devions nous déplacer qu'à la lueur des fusées éclairantes et alors commençait la difficulté de nous faire reconnaître par nos réseaux tellement le bombardement était constant et assourdissant. Les consignes étaient strictes ; les sommations étaient ou non prononcées que nous avançions avec d'ultimes précautions…

Ma Division (la 22ème) relevait la 42ème du Bois d'Haudraucourt à la ferme de Thiaumont le 29 mars 1916.

Le 5 avril 1916, dés 9 h du matin, commença un terrible pilonnage qui ne cessa que le 7 avril à 17h.

Que puis-je vous dire !

Un volcan de terre et de feu s'abattait sur nous, nous n'étions plus que 40 sur un effectif de 200 hommes. Nous essayions , en rampant de droite et/ou de gauche de liberer des camarades enfouis sous le parapet. Souvent, nous arrivions trop tard, ils étaient étouffés. Je fus moi aussi enterré et fort heureusement deterré par des camarades. Nos poumons étaient mis à rude épreuve et nous devions avancer dans la boue, j'écumais comme un chien…

Le pilonnage reprit de la vigueur, mais nous n'étions plus la cible !

Je compris alors qu'un assaut le remplacerait .. En effet « les Boches avançaient en colonnes serrées en épousant les replis du terrain. Comme de vrais démons, nous nous jetions sur le reste du parapet, dans un sursaut de sacrifice ultime… Un fusil en main et quelques grenades nous hurlions et nous outragions l'ennemi qui nous rendait nos injures. Nous réussîmes à anéantir leur première vague avec leurs lance-flammes et à trois reprises, nous éliminâmes leurs chefs à bout portant qui étaient de grande valeur.

Les allemands furent saisis d'une telle résistance !

Ils se ressaisirent et attaquèrent par la droite en progression constante, quant à nous, nous organisâmes notre poste de défense avec un barrage de sacs et de matériels. Une énorme explosion me fit perdre connaissance et m'enterra à moitié à côté d'un camarade qui lui, malheureusement fut tué. D'autres soldats furent tués d'une balle en pleine tête. Quel spectacle de les voir tomber à la renverse, le casque plein de leur cervelle.

C'est inoubliable !

Notre capitaine qui s'appuyait sur la paroi oblique du trou, guettait par l'un des créneaux rudimentaires… je vis alors des sillons de larmes marquaient son visage noirci. Le capitaine avait pleuré peu auparavant, non de désespoir, mais en vomissant. Il avait vomi, une fois de plus, à cause de l'odeur. Depuis quatre jours,nous n'avions mangé que du singe et nous n'avions eu ni vin, ni eau potable depuis quarante-huit heures. Nous souffrions tous de dysenterie.

Même au plus fort de la bataille les « corvée de soupes » partaient des roulantes et marchaient jusqu'aux premières lignes, chargés comme des ânes. Ils marchaient, rampaient ou se traînaient souvent jusqu'aux trous avancées. Hélas, leurs silhouettes alourdies les rendaient reconnaissables de très loin ; ils étaient alors la cible préférée des tireurs ennemis. Leurs cadavres d'hommes secourables parsemaient alors le champs de bataille, parmi tant d'autres, mais cadavres intéressants, à cause des bouteillons et bidons qui gisaient à côtés d'eux.

Non seulement nous souffrions de la dysentrie, mais la soif nous tenaillait, le froid bien que moins cruel qu'une semaine auparavant, était très mordant et n'annulait pas cette satanée soif. Nos gorges, qu'elles fussent allemandes ou françaises, étaient brulantes et nous étions impuissants terrés et encagés entre les barrages des deux artillerie . Nous étions si déshydratés par la dysenterie que nos langues nous semblaient être un buvard épais dans nos bouches.

Notre capitaine qui n'avait rien mangé, ni bu,vomit de nouveau, mais c'était de la bile et ses yeux étaient secs…

♦

Je me dois , à ce stade du récit rendre un hommage particulier à ces hommes de corvées de soupe, ainsi qu'à ceux qui accompagnaient le fourrier pour nous distribuer les colis et le courrier. Ils encouraient les mêmes risques à chaque mission :

la mort.

C'était le prix à payer pour garder le moral des troupes !

La corvée de soupe consistait à transporter sur un bâton dix boules de pain par deux hommes à chaque extrémité et en bandouillères, ils ramenaient du café, du vin et de la gnole qu'ils nous distribuaient jusque dans la tranchée. Leur corvé commençait dés l'aube et cela trois fois par jour ! La soupe nous était distribuée à 11 heures. Nous savions les risques calculés qu'ils prenaient pour notre alimentation et nous leur manifestions toute notre reconnaissance. Ils nous aidèrent à leur façon, à tenir jusqu'à la victoire !

♦

Imaginez leurs difficultés pour ravitailler les premières lignes, tant Verdun fut l'enfer des combats par la violence des bombardements, les difficultés d'acheminement et de progression dans cette boue, dans ces trous garnis de cadavres en putréfaction..

Puisque nous évoquons les ravitaillements, j'ai reçu par l'intermédiaire de mon épouse, une information relative à Mathurin Pouillic. Vous savez le traitre ! enfin c'est ce qui se disait dans les sphères du commandement, mais je doutais fort que mon ami l'instituteur de Bubry ait pu franchir ce pas !

♦

41 - Mathurin Pouillic était arrêté

♦

Hélas, la nouvelle me laissa tout cois. Il était arrêté et devait être jugé pour usurpation d'identité, trahison et espionnage pour le compte d'une puissance étrangère en zone de conflits. Mon épouse et tous les habitants de notre village voudraient pouvoir témoigner de sa foi en la patrie. Certes, il était comme beaucoup d'entre nous, fatigué des horreurs de cette guerre et souvent ses paroles dépassaient sa pensée. Nous savions que le Conseil de guerre était une juridiction redoutable. Il y avait déjà eu des exécutions pour servir d'exemple et ceux qu'avaient payé le prix de leur vie n'avaient pas tous ces chefs d'accusation…

J'imaginais pour lui, le pire et j'étais tout attristé…

La mésange fit son apparition.

Elle signala sa présence par ce chant perçant et sonore « teechu-teechu-teechu » qui me ramena à la dure réalité de cette information. Je me souvins alors que sa dernière apparition m'avait ouvert l'esprit. Je me concentrais donc…

Je me souvins que Mathurin tenait un carnet de notes dans lequel il conservait des articles de presse pour les analyser et surtout rétablir les vérités de quelques documents de propagande. Il notait des souvenirs, des faits divers pour alimenter ses sources d'écrivain ; il dissertait sur la philosophie de la guerre.

Je remerciais mon oiseau de Kerguestenen qui, une nouvelle fois, recentrait mon esprit sur une piste d'informations personnelles et privées de notre ami

♦

Je trouvais son carnet et j'eus alors le sentiment que je détenais un trésor…

Un « tchairrr » criard et aigu retentit et se répéta ; ma mésange approuvait-elle en poussant ce nouveau cri ?

Une conversation s'engagea entre elle et moi et je la testais en lui communiquant mes intentions en lui soumettant l'idée de remettre ce carnet à notre colonel. Un cri d'alarme « tink-tink-tink » et un « zik-zik-doo-doo », retentirent.

Comme ces cris étaient différents et que je ne les connaissais pas encore, j'en conclus qu'elle n'était pas de mon avis… Je lui soumettais donc l'idée de le remettre à l'aumônier !

Sa réponse ne se fit pas attendre : « Tchairr-Tchairr-Tchairr »

Etait-ce une approbation ?

De nouveau « Tchairr-tchairr-tchairr »

Je la remerciais de tout cœur.

42 - L'entrevue avec l'aumônier

◆

Je parcourais rapidement son carnet de notes pour m'imprégner de son contenu général. Il était, je m'en souviens parfaitement, écrit au crayon à papier. Son écriture était régulière malgré les situations inconfortables qu'il rencontrait pour noter ses impressions ou parfois quelques écrits qu'il jugeait importants pour enrichir ses pensées et/ou pour philosopher sur le sens de la guerre, de la souffrance humaine, de Dieu…

◆

Il commençait ainsi :

« Ce carnet a été commencé le 3 août 1914, jour mémorable de la mobilisation générale. Il a pour finalité de conserver, non pas un journal de marche, car je sais que notre régiment le tiendra régulièrement. Par contre, ma formation d'instituteur est de transmettre aux jeunes générations le sens de l'Histoire.

Celle que nous vivrons : officiers, sous-officiers et soldats devra être connue des historiens.

Ce sont des spécialistes qui recherchent la vérité historique par l'accumulation de preuves chronologiques. Ils n'ont qu'un objectif : le salut des hommes. Ce sont des intellectuels qui donneront du sens à un passé aboli et qui mettront en circulation des idées. Je sais pertinemment que l'historien est toujours engagé en politique. La liberté d'opinion et d'expression commence à s'affirmer en France. Les historiens auront donc un rôle à jouer dans la vision républicaine du passé.

J'établis ainsi un acte culturel. Serais-je objectif ? J'essaierai de l'être, sachant bien que je suis rattaché à mon milieu, à mon Pays, à mon époque. Pour cela, je devrais connaître mon for intérieur...et le maîtriser. Je sais que l'objectivité n'existe pas, nous sommes partie prenante de notre temps. La tolérance doit être la vertu de l'historien et de l'homme. Lorsque nous posons un regard sur le passé, nous posons aussi un regard sur l'Autre et nous essayons de trouver la vérité en ayant du recul. »

◆

J'étais troublé par cette lecture ; je découvrais alors combien Mathurin était sociable, patriote, tolérant, profondément humain et déjà européen avant l'heure.

Je continuais de parcourir le carnet à la recherche d'indices qui pourraient plaider en sa faveur. Je notais quelques publications qui avaient retenu son attention.
Je vous en propose quelques unes qui semblent correspondre à la problématique qui est la nôtre :
Faire l'histoire des groupes humains dans le temps.
Le pacifiste

" Et les conférences pullulèrent où, devant un verre d'eau, on m'opposa le génie français au pédantisme teuton sans d'ailleurs expliquer autrement que par des ramassis de lieux communs ce qu'on entendait par là. On démontra, ou plutôt affirma, que tout ce qui est français est bon et que tout ce qui est bon n'est pas allemand. Tour à tour l'impérialisme se voyait établi et démenti par Kant ou Hegel. On ressortait Tacite. Un géologue enfin prouvait que le monstre germanique, par la formation et le développement analogue aux monstres de la géologie primitive, ne connaîtrait pas d'autre destin que celui du plésiosaure ou du diplodocus."

La vie intellectuelle pendant la guerre, La Grande Revue, 1915

Le philosophe

" La lutte engagée contre l'Allemagne est la lutte même de la civilisation contre la barbarie. Tout le monde le sent, mais notre Académie a peut-être une autorité particulière pour le dire. Vouée en grande partie à l'étude des questions psychologiques, morales et sociales, elle accomplit un simple devoir scientifique en signalant dans la brutalité et le cynisme de l'Allemagne, dans son mépris de toute justice et de toute vérité une régression à l'état sauvage."

L'analyse d'H. Bergson (1859-1941) philosophe le 8 août 1914

" Notre Joffre qui êtes au feu... ".

"Notre Joffre qui êtes au feu, que votre nom soit glorifié, que votre victoire arrive, que votre volonté soit faite sur la terre et dans les airs. Donnez-leur aujourd'hui votre poing quotidien - redonnez-nous l'offensive comme vous l'avez donnée à ceux qui les ont enfoncés, ne nous laissez pas succomber à la teutonisation, mais délivrez-nous des Boches. Ainsi soit-il !

Le Radical de Marseille, 1914.

Voilà quelques extraits d'une brochure parue en 1917 et due à la plume d'un des plus éminents psychiatres français du temps.

« Il y a plus de différences entre un Français et un Allemand qu'entre un chien et un loup. »

« De ce premier coup d'œil sur la race allemande, il résulte que le type général est laid, disproportionné, et qu'il donne l'impression du mal dégrossi, du mal fini, du mal léché. Je prévois d'ici l'objection : - Mais il n'est pas rare de rencontrer en Allemagne des hommes bien faits, d'allure svelte et de tournure distinguée. Une enquête approfondie ne tarderait pas à apprendre que, dans ces cas-là, il s'agit toujours de Slaves, de Polonais, de Tchèques, de Danois, de Lorrains, d'Alsaciens, de représentants des populations annexées ou de ceux qui, d'origine française, descendent en ligne directe des réfugiés de l'Edit de Nantes. »

« Les yeux : Les magistrats et les fonctionnaires de la police judiciaire ont noté chez les assassins ce regard froid, terne, réalisant en quelque sorte l'absence de regard que l'on retrouve chez un si grand nombre de soldats allemands. Chez beaucoup d'entre eux, on observe le regard inquiet, oblique, sournois des voleurs. Les oreilles : Il suffit d'avoir vu une fois ces deux cornets, allongés, mal bordés, plantés en saillie, se dressant comme des oreilles de loup ou de renard, pour en garder le souvenir. Le nez : Le nez des Allemands n'a pas été créé pour sentir : c'est le nez des races de chiens de garde, dépourvus de tact et de flair, uniquement préoccupés de mordre et d'aboyer. La bouche : L'ampleur de la saillie des joues, la profondeur du sillon nasolabial, l'étendue de la cavité buccale, l'épaisseur de la lèvre inférieure indiquent la prédominance de la fonction digestive. Dans le menton carré, en galoche, dans l'épaisse mâchoire inférieure, on retrouve le marteau et la meule propres à broyer les aliments. »

Après avoir proposé de faire du mot « boche » un terme scientifique pour désigner la « race » allemande, l'auteur poursuit : « Pour l'Allemand de pure race germanique, c'est dans le ventre que la nature a placé la raison et le but de l'existence. La fonction intestinale est pour lui le primus movens de toute activité vitale, le centre d'élection de toute jouissance. » Après avoir parlé de la « puanteur spécifique » des Allemands, l'auteur met en lumière leur « pédantisme, servilisme, orgueil, grossièreté, ivrognerie, la colère agressive » et réclame « à l'égard des individus de race allemande, l'organisation préventive et durable d'un certain nombre de mesures d'exclusion et d'élimination. » (…)

Berillon, Dr. Edgar, La Psychologie de la race allemande, Docteur Edgar Berillon, « La Psychologie de la race allemande d'après les caractères objectifs et spécifiques », conférence du

4 février 1917, Association française pour l'avancement des sciences, Masson, 1917

De même un autre passage

« La haine entre les races blanche et noire, qui se manifeste avec tant d'intensité aux Etats-Unis, a pour principale cause l'odeur que les Américains reprochent aux nègres (...). On s'explique qu'à notre époque les populations d'Alsace-Lorraine se soient montrées si réfractaires à l'assimilation germanique. C'est qu'une question d'odeur de race divise profondément la race indigène de la race des envahisseurs. L'odeur de la race allemande a toujours produit les impressions les plus désagréables sur la fonction olfactive de nos compatriotes d'Alsace- Lorraine. (...) Les critères physiologiques, l'hypertoxicité des excrétions, la voracité, la polychésie et l'odeur s'ajoutent aux critères psychologiques : pédantisme, mimétisme parasitaire, servilisme, fétichisme, rituélisme et colère agressive. Ces dispositions mentales se rattachent toutes à l'insuffisance du pouvoir de contrôle cérébral. Elles témoignent d'une infériorité très accentuée dans le domaine psychologique aussi bien que dans le domaine moral. De ces caractères objectifs, si les uns sont susceptibles de provoquer le sentiment de la répulsion et du dégoût, il en est d'autres qui doivent également inspirer la défiance. Ils justifient, à l'égard des individus de la race allemande, l'organisation préventive et durable d'un certain nombre de mesures d'exclusion et d'élimination »

Source : Docteur Edgar BERILLON, « La Psychologie de la race allemande d'après les caractères objectifs et spécifiques », conférence du 4 février 1917, Association française pour l'avancement des sciences, Masson, 1917, pp. 121, p.140.

La peur du Noir

« Ces gens, originaires de contrées où la guerre revêt encore aujourd'hui un caractère particulièrement cruel, ont apporté les mœurs de leur pays en Europe et, sous les yeux du haut commandement des armées anglo-françaises, se livrent à des actes de cruauté qui violent non seulement les lois reconnues de la guerre, mais qui défient en outre celles de la morale et de l'humanité (...). Les auxiliaires de couleur ont l'habitude sauvage de se faire des trophées de guerre avec des têtes et des doigts coupés de soldats allemands et de porter autour du cou des colliers d'oreilles coupées. Sur le champ de bataille, ils se glissent avec une perfidie sournoise auprès des soldats blessés allemands pour leur crever les yeux, leur dilacérer le visage à coup de couteaux et leur crever la gorge. Les Hindous accomplissent leurs forfaits avec un poignard aiguisé (...). Des Turcos, quoique blessés eux-mêmes, rampent sur les champs de bataille et assassinent avec une sauvagerie bestiale les blessés allemands sans défense. On à peine à comprendre que les commandants français, bien que connaissant parfaitement les habitudes barbares et cruelles des nègres sénégalais, aient pu confier à ces hommes l'escorte de prisonniers allemands blessés et se rendre ainsi coupable de crimes d'assassinats (...). Mais le sentiment moral de tout homme civilisé se révolte devant la conduite des autorités militaires françaises, assez dénuées de pudeur pour placer la garde de ces gens dépourvus de culture et sacrifier à leur brutale passion des femmes qui ont eu le malheur de se trouver en France au début de la guerre ».

Source : Extrait d'un mémoire allemand "La violation du droit des gens de la part de l'Angleterre et de la France par l'emploi de troupes de couleur sur le théâtre de la guerre en Europe", publié dans le Bulletin International du CICR, janvier 1916, pp. 85-87.

Science et Guerre totale (1917 et après-guerre)

« Quel intérêt les Allemands ont-ils donc à « organiser » d'une façon aussi méthodique le Mal, pour le simple plaisir, odieusement satanique de faire le mal ? Hypothèse inadmissible. Faut-il supposer une sorte de folie collective qui aurait frappé d'un seul coup une grande nation aussi civilisée que l'Allemagne, aussi sûre qu'elle l'était de la Victoire triomphale ? (...) Le docteur Christmas croit avoir trouvé l'épouvantable cause : il dissèque la secrète pensée, la raison abominable ; il y voit la manifestation des efforts sataniques d'une Race impie, race maudite, qui s'acharne à la destruction totale et définitive d'une autre Race, la nôtre. Ainsi toutes les fautes contre l'Hygiène, l'encombrement homicide, la pourriture, la vermine, le froid, la faim elle-même et les supplices infligés aux malades et aux blessés, toute cette fange aurait été réglée, voulue, distribuée, par ordre, aux vaincus ? (...) la Tuberculose pulmonaire, ce Mal suprême, puisqu'il est la fin inéluctable de la « misère psychologique », de l'alimentation insuffisante et de toute souffrance physique ou morale prolongée, la tuberculose aurait été « cultivée » de la sorte, par leurs bourreaux, sur nos prisonniers français ! Et cela dans le seul but de nous les renvoyer « porteurs de germes de mort », une fois la paix signée ? ».

Source : LETULLE Maurice, préface du docteur de CHRISTMAS, Le traitement des prisonniers français en Allemagne, Paris, 1917, pp. 3-5

Indignation

« Allez les voir, les plaines ravagées de notre frontière orientale. Elles vous diront ce qu'a pu y accomplir une monstruosité de sauvagerie, la foi des accords internationaux monstrueusement violés, que dis-je ? Les droits élémentaires de l'humanité foulés aux pieds par des créatures à faces humaines, avec l'approbation éhontée d'une science qui n'est pas la science et d'une philosophie qui n'est pas la philosophie. Elles vous diront qu'une si prodigieuse convulsion de barbarie n'appelle pas moins qu'une révolution de l'humanité, pour une guérison définitive, par un développement de force supérieure capable d'imposer non plus la domination du fer pour le fer, qui n'est qu'une atrocité déshonorante, mais par le fer au service du droit, la souveraineté du droit qui est la civilisation. »

Source : Georges CLEMENCEAU, intervention dans une réunion du Comité franco-britannique, 1916,

◆

C'est un peu euphorique que je me rendis chez l'aumônier qui m'accueillit sans plus d'allant ; je lui montrais ma découverte, j'essayais de le convaincre du trésor qui était en notre possession ; mais lui imperturbable demeurait serein !

Il me dit alors :

Pierre,

Je comprends votre enthousiasme que je ne puis partager ; non pas pour vous contrarier, mais parce que le sujet qui nous préoccupe est d'une telle gravité que nous ne devons pas nous présenter ainsi devant notre colonel.

Si vous le permettez, veuillez me le confier. Je l'étudierai, puis je prierai Dieu qu'il éclaire ma pensée et qu'il nous guide dans cette affaire fort complexe et dangereuse pour votre ami.

De votre côté, priez également le Seigneur et demandez-lui toute l'aide qu'il peut nous apporter.

Je le quittais désemparé. Pour une douche, elle était glaciale !

Ma mésange manifesta sa présence par son cri : « teechu-teechu-teechu »

Elle m'invitait elle aussi à la réflexion !

Ce qu'elle confirma par un nouveau « teechu-teechu-teechu »

♦

43 - L'aviation une arme nouvelle

◆

C'est, je m'en souviens, le passage à basse altitude de plusieurs avions français qui me ramena sur terre. C'était spectaculaire de les voir évoluer dans les airs, nous avions déjà assisté à des combats aériens. Pourtant l'aviation n'en était qu'à ses débuts, mais les aviateurs disposaient maintenant du tir de mitrailleuse à travers l'hélice. Ces avions monoplaces étaient sans cockpit fermé, ils étaient légers et fragiles, tandis que ceux des allemands étaient plus puissants et plus modernes : des biplans bimoteurs Fokker. Que de chemin parcouru par ces chevaliers du ciel depuis le 5 octobre 1914, tout près de Reims lorsque le premier combat aérien fut remporté par le pilote Joseph Frantz et son mécanicien Louis Quenault sur un Voisin contre un Aviatik allemand piloté par l'Oberleutnant von Zagen.

◆

Il fallut attendre 1917 pour la mise au point du tir synchronisé à travers l'hélice par le sergent Robert Alkan et Roland Garros. Par la suite, les duels aériens se multiplièrent. Si les premiers combats furent très rares et dangereux (fusils embarqués, qui nécessitaient une dextérité extrême), le développement des mitrailleuses synchronisées (faisant suite aux hélices blindées sur le passage des balles, invention de l'aviateur français Roland

Garros, accélérèrent le nombre de batailles. Contrairement à l'horreur des tranchées (boue, bombardements constants…) la guerre aérienne était considérée comme une « guerre propre » (si tant est que cela soit possible). Dans les représentations des pilotes comme des civils et de l'infanterie, qui suivaient avec assiduité la guerre du ciel, l'aviation possédait un côté noble, chevaleresque (Guynemer refusa d'abattre Ernst Udet car sa mitrailleuse s'était enrayée). Il y avait une grande compétition entre les « As » tant au sein d'un camp qu'entre ennemis.

L'aviation prenait de plus en plus d'importance, notamment pour des missions d'observation, de réglage d'artillerie, de photographie et naturellement de destruction d'objectifs assignés.

◆

44 - Le général Pétain entra dans l'histoire en 1916.

♦

La guerre de 14-18 donna souvent l'image de généraux envoyant à la mort des milliers d'hommes pour la reconquête de positions minimes et désuètes, et cela, pour servir leur gloire personnelle. Ce fut en effet une réalité.
Cependant, le général Pétain n'était pas de ceux là. Il avait réellement une grande considération pour ses hommes, et du début à la fin de son commandement, tout en sachant les événements incroyables et les difficultés énormes qu'il dût surmonter, il essaya toujours dans la mesure du possible, de ménager les combattants de Verdun. Nous lui en fûmes reconnaissants.

Ce mois d'avril 1916 resta gravé dans ma mémoire, parce que c'est le mois de ma naissance et plus j'approchais du jour J (le 27), je ne pensais pas y arriver tellement étaient violents les bombardements sur nos positions ; celles tenues par notre régiment : le 62ème, et le 116ème. Le 17 avril, dès l'aube les tirs s'ajustaient sur nous vers 7h du matin, la situation était tragique. A 10 h les allemands lancèrent une offensive puissante et s'emparèrent des 1^{ère}s lignes du 62ème et du 116ème malgré une défense acharnée. Ils étaient maîtres des positions de la carrière d'Haudraumont et des tranchées Derrien, Morchée et Rivalain. Dans la nuit notre colonel contre attaqua en envoyant un bataillon assisté celui du 328ème R.I afin de dégager le plateau nord du ravin de la Dame. Cette attaque ne parvint pas à passer. Le surlendemain, c'est-à-dire le 20 avril, les bombardements allemands recommencèrent sur tout notre secteur et s'intensifia jusqu'à 18 h, nous n'eûmes qu'une petite demi-heure de répit avant de voir fondre l'ennemi sur la tranchée Morchée vaillamment défendue qui repoussa à la grenade l'ennemi jusque vers nos positions perdues le 17 avril. Pendant ce combat pour la cote 295 du Mort-Homme (rive gauche), nous avions rétabli une situation tragique et nous avions capturé de nombreux prisonniers. Notre artillerie pilonna le fort de Douaumont en préparation d'une attaque du fort prévue le 22. Le soir, nous fûmes relevés avec les autres régiments composant la 22ème D.I par les régiments de la 28ème D.I. Nous étions tous très éprouvés.

Enfin un peu de répit bien mérité croyez-moi.

Nous l'avions bien mérité car pendant 22 jours consécutifs nous occupâmes un secteur qui n'avait pas ou peu de tranchées, aux abris inexistants, au sol particulièrement difficile à travailler, où des tirs de harcèlements rendaient souvent impossible les ravitaillements. De plus sous des bombardements très violents, nous subissions quotidiennement de sévères pertes. Malgré ces conditions extrêmes, nous nous accrochions au terrain, faisant payer cher nos petits replis.

Le 62ème, comme tant d'autres régiments se sacrifièrent, et prirent une part glorieuse dans la défense de Verdun, "la ville inviolée".

Du 24 avril 1916 au 30 mars 1917, ce fut une
période de mouvements et de coups de main

Le 24 avril, le régiment cantonna à Trouville et
Nançois-le-Petit. Le 26, il s'embarqua à Ligny et se
rendit dans la région de Fère-en-Tardenois, où il
resta jusqu'au 14 mai. C'est là que je fêtais mon
anniversaire, le 34ème, mais il fut triste parce que
incertain de mon avenir comme celui de ma
famille ! Quel avenir avions-nous ?

De mai à septembre 1916

Le 15 mai, le régiment fit mouvement, et le 16 il
releva, dans le secteur d'Hermonville (nord-ouest
de Reims), le 238ème R.I. Le régiment resta dans ce
secteur jusqu'au 7 septembre, il exécuta pendant
cette période de nombreux coups de main qui lui
procura des prisonniers. Dans la nuit du 7 au 8
septembre le régiment fut relevé par le 415ème R.I.,
il cantonna à Courcelles-Sapicourt et, quelques
jours après, il arriva à Gland (région de Château-
Thierry), où il resta jusqu'au 30 septembre1916.

Le 3 octobre 1916, le régiment qui était au repos
dans les environs de Château-Thierry, quitta cette
région pour se rendre dans celle de Saint-Dizier.Le
13 octobre, le colonel de Courcy fut désigné pour
prendre le commandement d'un groupe de
bataillons d'instruction. Il fut remplacé au
commandement par le lieutenant-colonel
Dubuisson.Le 23 octobre le régiment se porta, par
étapes, dans la région de Condé-en-Barrois. Le 31
octobre, nous fûmes embarqués en autos pour
Verdun.

Novembre 1916

Dans la nuit du 1er au 2 novembre, le régiment relèva le 299ème dans le secteur de Tavannes.

- Le 2ème bataillon en 1ère ligne dans le secteur de la Horne, sud du fort de Vaux.
- Le 1er bataillon en réserve de brigade, à la sortie du tunnel de Tavannes.
- Le 3ème bataillon resta à Haudainville en réserve de division.

Dans la nuit du 3 au 4, les 2ème et 1er bataillons, en formations accolées, se portèrent en avant pour atteindre une nouvelle ligne marquée par la piste partant du fort de Vaux. A 21$^{h.}$30, les deux bataillons atteignaient leur objectif et commençaient immédiatement l'organisation de la position. Le 1er bataillon était à l'est du fort de Vaux. Dans la nuit du 5 au 6, le 3ème bataillon qui était en réserve de la D.I. relèva un bataillon du 93ème R. I. dans le secteur de la Batterie et du village de Damloup.

Les bataillons exécutaient leur mouvement, les 5 et 6 novembre par un temps pluvieux et froid, sous un violent bombardement qui nous causa des pertes sérieuses.

De novembre 1916 à février 1917

Malgré ces conditions défectueuses, et le harcèlement continuel de l'artillerie ennemie, le régiment réussissait à remettre en état le terrain qui avait été complètement bouleversé.

Le général commandant la division nous félicita pour l'organisation rapide que nous avions créer dans un terrain difficile et dans des conditions particulièrement dures.

Le régiment resta dans le secteur de Vaux-Damloup jusqu'au 18 janvier. 1917. Le 20 janvier, nous embarquâmes en chemin de fer en gare de Dugny-sur-Meuse et nous débarquâmes le 21 à Demauge-aux-Eaux (Meuse) et à la Neuville-Saint-Joire. Le 29, nous embarquions à nouveau pour rejoindre la région de Meaux, où nous restâmes jusqu'au 25 février. Pendant cette période, nous fûmes formés à l'instruction de la guerre de mouvement.

Du 25 au 28 février 1917, nous regagnâmes par étapes la région de Fismes et nous fûmes employés à la construction d'un vaste hôpital d'évacuation à Saint-Gilles, au montage de baraques Adrian[36] et à des travaux de terrassement pour l'établissement de lignes de chemin de fer à Courlandon. Les unités y furent alors employées jusqu'au 18 mars. Le 19 mars, nous faisions mouvement pour relever le 28 mars dans le secteur de Vregny le 355ème R.I au nord et au nord-est de Bucy-le-Long. Les bataillons occupèrent les zones stratégiques autour de Chivres et dés le 30 mars 1917 à 19h, le

---

[36] Adrian- Nom de l'intendant, inventeur du casque en tôle d'acier de couleur bleutée et de la baraque qui était une construction provisoire en bois et métal destinée au cantonnement et servait d'entrepôt.

2°bataillon participa à une attaque en liaison avec le 19ème R.I afin de s'emparer du bois de Quincy, des organisations ennemies de la Trombe et d'un blockhaus. L'attaque réussit à faire une avance de 300 mètres et à pénétrer dans le bois de Quincy. Après une préparation d'artillerie, la 5ème compagnie se porta sur le château de Quincy et l'emporta brillamment malgré une farouche résistance. L'adjudant Cardon, qui s'était déjà plusieurs fois signalé par son courage et son mépris absolu du danger, se distingua à nouveau. Il était parti reconnaître le secteur d'attaque de sa section, lorsqu'il tomba sur un poste de mitrailleurs ennemis: les Allemands l'appelèrent et lui firent signe de se rendre; Cardon froidement les ajusta avec son revolver et les tua. Il rentra avec sa reconnaissance rapportant d'utiles renseignements pour l'attaque. Le 1er bataillon lui, s'emparait, malgré une sérieuse résistance, des villages de Vauvenay et de Nanteuil-la Fosse. Le bilan de ces deux opérations était une progression de plus de 2 kilomètres, la capture de prisonniers et de plusieurs lance-bombes.

Le 31 mars 1917, le 3° bataillon qui occupait le secteur de Chivres fut attaqué par un détachement commandé par un officier allemand qui fut tué pendant l'assaut ; un ancien dessinateur fut capturé qui donna de très précieux renseignements.

◆

45 - L'Amérique entrait enfin en guerre

◆

Les rares renseignements qui nous parvenaient sur les agissements des fameux U-Boote (ou Untersee boot) nous révélaient qu'ils étaient de redoutables machines de guerre. Ils étaient depuis septembre 1914, rapides, indétectables et surtout ne faisaient pas de difference entre navires civils et militaires. Un peu plus tard, les Anglais et les Français comprirent que cette guerre serait longue et couteuse pour leur économie ; ils décidèrent d'entreprendre un blocus maritime de l'Allemagne et l'Autriche. La flotte britannique, consciente de sa supériorité saisissa les navires des pays neutres à destination de l'Allemagne. Celle-ci riposta en proclamant la guerre sous-marine contre les navires de commerce ennemis. Elle disposait de 25 sous-marins U-Boat. L'amiral Alfred von Tirpitz, toutefois donna l'ordre de neutraliser seulement que les navires qui entreraient dans les eaux territoriales britanniques, afin de ne pas risquer de provoquer l'entrée en guerre des pays neutres et surtout des Etats-Unis d'Amérique.

Le 7 mai 1915, le paquebot britannique Lusitania en provenance de New York fut coulé par un sous-marin allemand. Le paquebot sombra avec une surprenante rapidité, en un quart d'heure à peine, sans laisser à l'équipage le temps de mettre toutes les chaloupes à l'eau. Sur ses 1959 passagers, 1198 disparurent dans le naufrage. Parmi eux 128

Américains. L'émotion fut immense outre-Atlantique...

Nous savons aujourd'hui que le commandant du sous-marin avait déjà attaqué plusieurs cargos. Ce jour là, il n'avait qu'une torpille de faible puissance qu'il lança, mais il fut surpris par une seconde explosion qui fut beaucoup plus violente (c'est ce qu'il écrivit dans son journal de bord, ce qui sera confirmé par des survivants du paquebot).

Sitôt après le naufrage, le président américain Woodrow Wilson agita la mort de nombreux concitoyens dans le naufrage du *Lusitania* pour menacer l'Allemagne et exiger réparation.

Le gouvernement de Berlin, embarrassé, sanctionna le capitaine du sous-marin incriminé et décida le 27 août 1915 de suspendre la guerre sous-marine. Trop tard. L'opinion publique américaine, qui était précédemment neutraliste, compte tenu de ce que les États-Unis comptaient des citoyens originaires de tous les pays d'Europe, commença à pencher en faveur d'un engagement militaire contre les Puissances centrales, aux côtés de l'Entente franco-anglo-russe. Les Allemands arguèrent de la légitimité de leur action en affirmant haut et fort que le paquebot transportait des munitions. Cela expliquait la double explosion et le naufrage très rapide du navire. Cela justifiait aussi qu'il fut attaqué dans le droit de la guerre. Mais les Anglais le nièrent farouchement et il fallut attendre 1972 pour que les archives démontrent leur mauvaise foi.

Il est établi aujourd'hui que le *Lusitania* convoyait des munitions en contrebande, dont cinquante tonnes d'obus et de grandes quantités de poudres et explosifs divers. Il était au surplus armé de douze canons. Les munitions avaient été vraisemblablement embarquées à l'insu des gouvernements anglais et américain, sans doute par des agents des services secrets qui ont agi par excès de zèle en pensant qu'aucun sous-marin n'oserait attaquer un navire transportant des passagers civils. Seize mois plus tard, alors que le conflit européen s'éternisait, les Allemands, mis en difficulté, décidèrent de relancer la guerre sous-marine et cette fois choisirent d'attaquer les navires à destination des îles britanniques où qu'ils se trouvèrent et quel que soit leur pavillon.

Le gouvernement des États-Unis attisa le ressentiment de ses concitoyens à l'égard de l'Allemagne avec un slogan quelque peu usurpé : *«Remember the Lusiania»* !

Les Etats-Unis entaient en guerre en avril 1917.

◆

46 - Capitaine Palaric

◆

Capitaine Palaric

Monsieur L'Abbé,

Allons chez moi, nous serons plus à l'aise pour discuter.

Capitaine Palaric, je vous présente Paul Hazard[37] qui appartient au groupe des Talas qui m'a donné votre signalement et qui souhaite vous entretenir.

Bonjour soldat Pouillic,

Comment connaissez-vous mon identité ?

Qu'importe, l'important est que nous vous ayons trouvé. Nous allons devoir vous « débriefer »[38]. Nous allons quitter la cure pour un endroit particulier ; nous vous demandons d'accepter ce bandeau.

---

[37] Élève catholique de l'Ecole normale supérieure de la rue d'Ulm : les « Talas » sont ceux qui » vont à la » messe. Le « groupe tala » est présidé conjointement par les « princes (ou princesses) tala », au nombre de cinq environ.

[38] Réunion de travail au cours de laquelle sont recueillies des informations

Vous comprenez n'est-ce-pas !

Bien entendu.

◆

Mathurin Pouillic

Est-ce bien votre identité ?

Oui.

Vous êtes passé à l'ennemi.

Non, je suis prisonnier et j'ai été contraint, pour sauver deux camarades de mort certaine, d'accepter, sans discussion possible d'espionner pour l'Allemagne.

C'est bien ce que nous disons, vous êtes passé à l'ennemi. Il est nécessaire que nous vous interrogions pour connaître les intentions de l'ennemi ; vous comprendrez que nous notions vos réponses et qu'elles serviront à votre procès pour usurpation d'identité, trahison et espionnage pour le compte d'une puissance étrangère en zone de conflits.

Je ne me considère pas traitre, mais comme prisonnier qui fut dans l'obligation d'effectuer en tant que tel, un travail qui aurait pu être dans une ferme ou une mine de sel. Cette identité, le Commandant du camp me l'a imposée. Malheureusement pour moi, un médecin allemand a décelé des aptitudes que les services d'espionnage allemands recherchaient. De plus, ils ont gardé en otages au camp de prisonniers de Düsseldorf, mes camarades André Vaillant et Joseph Evano. Ma disparition les condamne immédiatement !...

Vous n'avez pas encore disparu, vous n'êtes que dissimulé.

Ne jouons pas sur les mots, je suis doublement prisonnier (Français et espion)

Votre position, en effet n'est pas confortable ; aussi, en profitons-nous pour reprendre l'avantage sur les espions allemands qui se servent de vous. Veuillez nous décrire le plus exactement possible votre emploi du temps depuis votre départ de Düsseldorf.

Volontiers, je ne demande pas mieux que de coopérer et de retrouver mon honneur, puisque je ne peux plus sauver mes deux camarades !...

Nous vous écoutons :

Comme vous le savez :

Au cours de l'assaut de la Butte de Tahure, une forte explosion nous a, mes amis et moi, blessés légèrement et projetés dans une profonde excavation. Nous ne pouvions pas en sortir et c'est alors qu'une patrouille allemande nous fit prisonniers et nous transféra au camp de Düsseldorf. Quelques jours plus tard, un médecin, le docteur Schragmüller nous ausculta et nous interrogea. Nous ne savions pas que c'était un dépistage d'agents secrets.

C'est ainsi que je fus sélectionné !...

Je m'en serais bien passé, aujourd'hui, je serais avec mes deux amis, certes prisonniers de guerre, protégés par la Convention de Genève. Alors que maintenant, je suis toujours prisonnier, mais passible de la peine de mort. A Düsseldorf, je fus conduit à l'usine d'Henkel sous l'identité du capitaine Palaric Emilien, qui appartenait, comme moi au 62° R.I, mais qui fut tué au front à Maissin (Belgique). Je fus accueilli par un dénommé Karl qui m'attribua le titre d'Agent n° 27 et qui me fit, pendant une matinée entière surveiller des locaux de cette entreprise. Le but était de juger mes capacités à observer, mémoriser et rendre compte sans prise de notes

Ma mission première fut un test d'adaptation et d'appréciation de mes qualités, en observant dans la discrétion la plus totale, une des usines les plus performantes de la Grande Allemagne : Henkel. Celle-ci produit, selon l'agent n° 5, notamment des technologies adhésives qui intéressent tous les belligérants. Il voulait connaître qui étaient ces belligérants, la fréquence de leur visite et quelles applications les intéressaient ?

Nous quittâmes l'usine Henkel pour nous rendre au bureau de l'agent n° 5 qui m'invita à déjeuner dans une salle à manger particulière. Puis, à l'issue du repas, il me demanda de prendre en filature une jeune femme qui sortait d'un immeuble ; ce que je fis, sans me faire remarquer, je pense ; puisque je fus déclaré apte après cette période d'essai.

Le moins que l'on puisse dire : c'est que vous êtes coopérant !...

Quelle attitude devais-je employer alors ?

Résister depuis le début.

L'idée ne m'en est pas venu ; le contexte de l'assaut de Tahure, puis du camp de prisonniers et la menace sérieuse du commandant sur la vie de mes camarades furent déstabilisants, croyez-moi.

Reprenez.

Il m'informa ensuite qu'il me confiait une mission d'une extrême importance qui consistait à observer ce qui se passait à l'Office de guerre pour les matières premières située à Ludwigshafen. Je lui montrais mon étonnement ; contre toute attente, il déclara : vous avez bien entendu.

◆

Cette affectation à l'office de guerre avait pour fonction de me former à l'importance de la guerre chimique. L'azote et les nitrates sont deux éléments qui sont indispensables pour mener une guerre chimique. Il me déclara qu'ils élaboraient et mettaient au point :

- Des irritants lacrymogènes :
  bromacétone, bromométhyléthylcétone
  …

- Des suffocants : chlore, chloroformiate de méthyl chloré ou trichloré, disphogène, afin de déloger un adversaire retranché dans des positions inexpugnables.

Les travaux sont bien avancés, me disait il, mais nous craignons des fuites, nous avons des doutes sur certaines personnes que nous vous chargeons de surveiller.

Je pense vous avoir tout dit, votre interception condamne cette mission et mes deux camarades prisonniers. J'ajouterai que selon tous les échanges que j'ai pu intercepter et comprendre : il semblerait que le plus préoccupant fut la pénurie de nitrates qui rendait la production d'explosifs vulnérable, en raison du blocus.

L'Allemagne ne disposait plus des nitrates du Chili, si bien qu'avec les faibles stocks existants, les experts reconnaissaient la nécessité de mettre fin à la guerre au printemps 1915, faute de munitions, si aucune solution n'était trouvée d'ici là.

J'apprenais que Rathenau chargeait alors un chimiste allemand de renom, Fritz Haber, de diriger la section Chimie du nouvel office, avec priorité absolue pour la recherche des nitrates. Haber était arrivé à Berlin en 1911 pour diriger un organisme semi-public, crée par le Kaiser, dont le but était de drainer des fonds privés vers la recherche. Il fut ainsi amené à rencontrer de nombreuses personnalités, à commencer par l'Empereur, et à exercer une influence parfois décisive sur les événements scientifiques de son pays. Il eut ainsi un rôle à jouer dans la venue d'Albert Einstein en Allemagne, qui devint rapidement un de ses amis.

Rapidement, Haber s'entoura de nombreuses personnalités et notabilités, dont plusieurs prix Nobel. Dans les premiers jours du fonctionnement de la section chimie du nouvel office, l'accueil des officiers du Ministère aux chimistes fut glacial. Mais les évènements militaires des dernières semaines du mois de septembre 1914, avec la défaite des armées allemandes face aux Français sur la Marne, l'enlisement de la guerre de mouvement et l'effondrement des espoirs portés par le plan Schlieffen changèrent la donne. Rathenau, soutenu par Haber, réussit à faire convoquer Carl Bosch au Ministère.

Arrivé en catastrophe, ce dernier finit par convaincre les militaires les plus obtus de la nécessité de mettre fin à la guerre si aucun substitut aux nitrates chilien n'était trouvé rapidement. La technique Bosch-Haber, sous condition d'être transformée, autoriserait la synthèse d'acide nitrique composée, employée pour fabriquer des explosifs. Mais une telle entreprise nécessitait des efforts gigantesques. Les espoirs en la victoire engloutis par la ruine du Plan Schlieffen renaissaient en partie dans l'espérance de la réussite du programme Bosch pour l'acide nitrique.

Bosch obtint du gouvernement tout ce dont il avait besoin : le retour de tous les spécialistes mobilisés au front, la mise à disposition de tous les matériaux nécessaires à la construction de la nouvelle usine d'Oppau, subvention gouvernementale à la hauteur du projet.

La guerre des chimistes commençait

Pour modifier son procédé, Fritz Haber fit démobiliser les chimistes qui avaient été appelés sous les drapeaux, et mit en place une équipe travaillant jour et nuit. Le développement industriel de la transformation de l'ammoniac en acide nitrique n'était pas une mince affaire, et devint la priorité absolue pour le ministère de la guerre, comme pour l'Allemagne. En effet, pour employer l'ammoniaque produit à l'usine d'Oppau, il fallait le transformer en acide azotique et appliquer la technique à une réalisation industrielle. Bosch avait réalisé de façon expérimentale et en laboratoire, la réaction nécessaire à la production de poudres et d'explosifs ; mais pour aboutir à une production de masse, l'effort à accomplir était sans précédant.

Les recherches se poursuivirent sans interruption, vingt-quatre heures sur vingt-quatre, mobilisant les efforts de toute l'industrie chimique et de tous les chercheurs. Les mois s'écoulant, la question de l'azote devint une question de vie ou de mort pour l'Allemagne. Plus que jamais, la rupture du front nécessaire à la reprise de la mobilité des armées s'imposait. Au début de l'année 1915, les stocks de nitrates étant quasiment épuisés et les travaux de Bosch n'étant pas encore terminés, les militaires semblaient prêts à tout pour brusquer la situation sur le front. Nul doute que cette situation influença pour beaucoup les décisions qui furent prises en ce début de 1915. La production de nitrates synthétiques ne fut résolue qu'au mois de mai

1915 ; grâce aux ingénieurs de la BASF et à l'avancée des travaux de synthèse d'avant-guerre, l'usine d'Oppau fut opérationnelle à cette date, et une deuxième usine fut créée. La production des deux usines permit alors à l'Allemagne de disposer d'acide nitrique et d'explosifs en quantité suffisante pour mener la guerre. Les chimistes allemands, grâce à une innovation technique, venaient d'empêcher leur pays de perdre la guerre. Carl Bosch fut présenté comme un héros national. L'Etat major semblait, plus que jamais, disposé à entendre ses chimistes lui proposer des solutions à ses problèmes.

La guerre chimique se poursuivait.

♦

Soldat Mathurin Pouillic

Nous allons vous transférer aux autorités militaires compétentes qui décideront de la suite à donner à votre coopération avec l'ennemi en temps de guerre.

♦

47 - Les services secrets français à Hazebrouck

◆

(Abbé Lemire et Lieutenant Paul Hazard)

◆

Nous avons la confirmation que le docteur Schragmüller recrute des prisonniers étrangers d'une certaine formation intellectuelle et/ou technique dans les camps de prisonniers et en accord avec le commandant de ces camps. Ils les obligent à trahir leur pays en gardant un ou plusieurs prisonniers en otage.

Nous avons démasqué fort heureusement un français mais comment opèrerons-nous pour démasquer d'autres malheureux prisonniers étrangers contraints comme le cas de Pouillic à agir contre son gré.

Cette femme le docteur Schragmüller est redoutable d'intelligence, d'ingéniosité et de persuasion pour faire admettre des « déserteurs étrangers dans des lieux aussi stratégiques que l'Office des matières premières.

Nous devons alerter nos camarades du 2ème bureau pour les mettre en garde sur d'éventuelles affectations dans nos sites industriels. La surveillance des personnels d'une certaine intelligence doit être renforcée.

Nous ne serons jamais assez méfiants tant que cette femme exercera son métier de médecin dans les camps de concentration ; toutefois, nous devrions prendre exemple sur ces méthodes de recrutement !

◆

48 - Convocation chez le colonel

◆

Monsieur l'aumônier, soldat le Marrec

Vous avez appelé mon attention sur le cas du soldat Pouillic Mathurin qui sera traduit prochainement devant le conseil de guerre pour plusieurs chefs d'accusation :

- usurpation d'identité, trahison et espionnage pour le compte d'une puissance étrangère en zone de conflits.

J'ai entendu vos explications lors de notre premier entretien qui m'avaient convaincu de votre bonne foi, mais les chefs d'accusation sont d'une telle gravité que j'ai peu d'espoir en la déposition du capitaine Grout de Beaufort aussi élogieuse soit-elle, concernant ce soldat lorsqu'il était en fonction d'instituteur dans votre commune.

Je me demande même, s'il doit témoigner ; son passé d'instituteur d'école publique peut le desservir, notamment pour ses idées politiques !

Mon colonel,

Permettez-moi tout d'abord de vous remercier de nous informer et de nous associer à votre réflexion. Le soldat Pierre le Marrec et moi-même, avons appris ces chefs d'accusation qui nous déstabilisent dans notre système de défense. Cependant, nous avons la quasi certitude que les évènements qui l'accusent sont d'une telle forfaiture que les renseignements qui sont en notre possession les rendent improbables. Nous vous les soumettons.

Nous employons le terme de forfaiture sciemment pour vous démontrer que nous mesurons la gravité de la situation. D'autres soldats qui furent fusillés pour l'exemple n'avaient pas commis un tel crime. Nous pensons que le carnet de notes qui est en notre possession et que m'a remis le soldat le Marrec contient des éléments de réflexion, des notes relevées ci et là dans des revues et journaux de l'époque. Nous espérons qu'ils vous éclaireront sur la personnalité du soldat Pouillic.

Pour ce qui me concerne, je les ai lus et relus avec une attention soutenue. Les choix, donc le tri des renseignements ont été particulièrement difficiles. Nous voulions être objectifs le soldat le Marrec et moi. Aussi, avons-nous sélectionné quelques articles qui, nous semble-t'il, donnent du sens à son éthique, son sens du devoir, son amour de la patrie…

Nous pensons que si le soldat Pouillic écrivait ces notes dans les différentes circonstances de la guerre à laquelle il avait toujours participé avec bravoure, comme l'ensemble du régiment que vous avez l'honneur de commander ; il n'est pas possible qu'un tel homme changea brusquement ainsi de posture. Nous ne connaissons pas le dossier d'accusation, mais sur la consistance de ce carnet et sur la manière habituelle de servir du soldat Pouillic, mon Colonel, il doit-être défendu avec tous les arguments en votre possession et nous vous prions de bien vouloir demander que le capitaine Grout de Beaufort témoigne en sa faveur.

Nous mesurons que l'honneur du régiment et son drapeau sont un enjeu pour vous, mais il en est un autre tout aussi important c'est celui d'un homme qui occupe dans le civil une fonction d'éducation et celui d'une famille qui est actuellement, selon nos sources dans le désespoir le plus complet.

Nous savons que le général Pétain a une grande considération pour ses hommes. Le soldat Pouillic est l'un d'eux ainsi que ses frères d'armes du régiment qui ont contribué aux grandes heures de son histoire.

Nous souhaitons que le système de défense prenne en considération ce précieux carnet de notes qui est celui d'un soldat au front, philosophe, qui recherchait la vérité historique et qui coopérait pour la transmettre aux historiens.

Mon colonel,

Nous vous remercions du temps que vous nous avez consacré et nous ne doutons que dans le secret de votre bureau, vous ne trouviez pas les mots qui sauveront le soldat Pouillic et notre régiment du déshonneur qui plane sur nous tous.

♦

49 - La lettre de Marie-Anne

◆

Cher Pierre,

Nous avons bien reçu ta lettre nous informant que l'aumônier et toi, êtiez intervenus auprès du colonel commandant le 62ème régiment. Madame Pouillic vous en est très reconnaissante et me charge de te dire qu'elle lui écrira une lettre dans ce sens. Je crois qu'elle associera d'autres personnalités de la commune et des communes avoisinantes qui veulent témoigner en sa faveur.

Nous avons reçu par l'intermédiaire de la Croix Rouge des informations relatives au camp de prisonniers de Düsseldorf. Je te communique ce qui me semble être intéressant pour sa défense.

Depuis la disparition de monsieur Pouillic à l'issue de leur visite médicale avec le médecin qui était une femme, André et Joseph furent mutés à la cuisine. C'était un poste intéressant parce qu'il était « protégé » des aléas climatiques, mais comme tu t'en doutes la nourriture est à portée de mains, ce qui n'est pas le cas pour les autres prisonniers.

Voilà quelques temps, pour des raisons que l'informateur de la Croix-Rouge ignore, l'attitude du commandant de ce camp a changé brutalement. Joseph et André ont été mutés de la cuisine et sont les boucs-émissaires de ce commandant. Ils pensent que c'est à cause de monsieur Pouillic !

Les travaux pénibles leur sont attribués, des sanctions leur sont infligées pour des broutilles, ils ont l'interdiction de se rendre à la messe…Sans compter les punitions corporelles ,dont celle du poteau qui symbolise la punition type : le prisonnier est attaché à un poteau, un arbre, ou contre un mur, les mains dans le dos, et doit rester dans cette position qui l'empêche de bouger pendant un certain temps, sans boire ni manger. Plusieurs variantes en sont inventées, comme celle où le prisonnier est surélevé par des briques le temps de l'attacher ; cela fait, les briques sont alors retirées, rendant la punition encore plus douloureuse.

La Croix-Rouge est bien intervenue pour dénoncer ces exactions, mais qu'en est-il ?

Pour démontrer leur supériorité les allemands humilient les prisonniers en les faisant défiler devant la population qui manifeste leur haine collectivement.

L'action de la Croix Rouge atténue leurs difficiles conditions de vie et la population a pris conscience que les leurs pourraient subir le même traitement.

André Vaillant a reçu par l'intermédiaire de l'aumônier des nouvelles de sa famille et en remerciement fut autorisé à participer comme servant de messe. Quant à Joseph, les colis qui lui parviennent sont éventrés et mélangés volontairement !...La censure est quotidienne, fort heureusement un réseau d'informateurs alimente les informations de la Croix Rouge.

Je pense que tu pourrais montrer cette lettre au colonel qui, avec les renseignements dont il dispose, comprendrait mieux que nous, le revirement soudain du commandant du camp de Düsseldorf.

Nos enfants s'ennuient de toi, la santé de Louis s'améliore grâce aux bons soins du docteur et à la gentillesse de ta sœur. Quant à tes parents, ils me sont d'une grande utilité morale, car ton absence est pesante et nous nous remontons le moral du mieux que nous pouvons.

Je te transmets les amitiés de nos voisins.

Nous t'embrassons tous bien fort.

♦

♦

Avril 1917

Dés le 1er jour du mois le 2ème bataillon réussissait à repousser une forte attaque ennemie. Notre régiment resta cantonné dans le secteur de Vregny jusqu'au 5 avril, puis par étapes, nous regagnâmes Lhuys en passant par Belleu du 17 au 27 avril en direction du Chemin des Dames. Ensuite, nous relevâmes dans le secteur, au sud d'Ailles le régiment colonial du maroc. Nous savions que lorsque des régiments coloniaux étaient engagés que les attaques seraient particulièrement difficiles. Nos doutes se confirmèrent rapidement en certitude dés le mois de mai 1917, le 62ème occupa le secteur d'Ailles avec ses 1er et 3ème bataillons en 1ère ligne et le 2ème en soutien.Le 5 mai, les trois bataillons du régiment attaquèrent le village d'Ailles en liaison avec le 19ème R.I. à droite et le 65ème R.I. à gauche :

A 5 h.15, tout le régiment se porta à l'attaque d'un seul élan. Il réussissait à progresser jusqu'à la tranchée d'Essen capturant une centaine de prisonniers et plusieurs mitrailleuses; mais il se heurtait à une défense opiniâtre d'un adversaire décidé et que notre préparation d'artillerie n'avait pas suffisamment éprouvé. La 9ème compagnie qui était à gauche du régiment, en liaison avec le 65ème R. I., était arrêtée, après avoir atteint la 1ère ligne allemande, par des feux extrêmement violents de mitrailleuses.

Le 19ème R.I. ne pouvait plus progresser. Les troupes ennemies qui étaient en réserve, sortaient des cavernes du Dragon et de Mai et contre-attaquaient violemment les deux flancs du régiment. Un violent combat s'engageait avec nos unités. Celles-ci résistèrent énergiquement, mais, manquant de munitions, elle furent obligées de se replier sur leur parallèle de départ.

Dans cette attaque, le régiment subissait des pertes très sévères (40 officiers et 900 hommes environ). Dès le début de l'action, Le capitaine Le Duc, commandant la 11ème compagnie, fut mortellement frappé d'une balle au cœur et tombait en s'écriant: "Pour la France !". Le sous-lieutenant Lebeuse, de la 3ème compagnie, fut tué par l'explosion d'une caisse de grenades au moment, où, déjà blessé, on l'emportait. Il était parti à l'assaut "la pipe aux lèvres". Le capitaine Palaric, commandant la 2ème compagnie, fut tué dans les tranchées prises à l'ennemi au moment où, avec une poignée d'hommes, et bien que menacé sur ses flancs, il tenait tête à l'adversaire. Il expira en disant à ceux qui l'entouraient: "Dites à ma mère que je meurs pour la France !".

Des hommes, des gradés tombés au cours du combat firent preuve d'un sang-froid et d'un courage extraordinaires. Le sergent fourrier Couraut se fit remarquer par son audace et sa bravoure. A 3 reprises, sous un violent bombardement et un feu nourri de mitrailleuses, il porta à son commandant de compagnie les ordres du chef de bataillon. La dernière fois, sa compagnie étant débordée par l'ennemi, il s'ouvrit un passage à coups de revolver, pour rapporter le compte rendu à son commandant. Le soldat Pierre le Marrec, bien que blessé sérieusement, dans un corps à corps, demeura prés de son adversaire pour l'assister pendant son agonie. Le sergent Marcelli, qui fut blessé au cours de l'attaque, ne voulut pas rester aux mains des Allemands, il rejoignit nos tranchées au prix d'efforts surhumains après être resté 2 jours et 2 nuits dans les tranchées allemandes.

Quelques instants avant l'attaque, un soldat de la 3ème compagnie se rasa dans la tranchée de départ. Le 6 mai, le sergent Lebras, de la 2ème compagnie, tua un chien de liaison ennemi qui était porteur d'un ordre du général allemand et dans lequel il félicitait ses troupes pour leur belle résistance. Dans cet ordre, le général reconnaissait le beau courage des troupes bretonnes. Le 7 mai, le régiment était relevé par le 118ème R.I. Il se portait en 2ème ligne dans les creutes de Champagne. Dans la nuit du 14 au 15, les 2ème et 3ème bataillons remontèrent en ligne où ils relèvèrent le 22ème R. I. Ces bataillons furent relevés à leur tour, dans la nuit du 17 au 18 mai, par le 52ème R.I.

De juin à août 1917

Le 62ème quitta le secteur du Chemin-des-Dames; il se rendit par étapes, dans la Somme, les bataillons faisant mouvement isolément. Le régiment resta au repos jusqu'au 23 juin dans la région de Montdidier, où il reçut un renfort de 800 hommes. Le régiment ainsi recomposé perfectionna son instruction et s'entraîna à la guerre de mouvement.

Du 24 au 27 juin, le régiment gagna, par étapes, le secteur de Fresnoy-Poutruel (nord-ouest de Saint-Quentin). Dans ce secteur, il eut deux bataillons en 1ère ligne et un en réserve. Il occupa ce secteur jusqu'au 11 août. Le 12, le régiment fut relevé et se rendit, par étapes, jusqu'à Hargnicourt où il s'embarqua le 25 pour Versailles. Il débarqua le 27 et cantonna dans la région de Dampierre (vallée de Chevreuse).

Septembre 1917

Le 11 septembre, le régiment embarqua en chemin de fer à Trappes et débarqua les 13 et 14 à Longpont et Vierty, près de Soissons. Il se porta ensuite dans la direction du fort de la Malmaison. Dans la nuit du 17 au 18 septembre, il monta en ligne où il exécuta des travaux offensifs en vue de l'attaque prochaine, travaux rendus pénibles par suite du mauvais temps et du bombardement continuel. Le 28 septembre, le régiment fut relevé et alla cantonner à Charentigny, où il y demeura jusqu'au 6 octobre.

Octobre 1917

Le 7, il remonta aux creutes du Projecteur où il séjourna jusqu'au 10 octobre.

Du 11 au 21 octobre, il occupa les premières lignes devant les carrières de Boherry (nord-ouest de Jouy) et devant le fort de la Malmaison. Il exécuta dans ce secteur de nombreux coups de main qui lui procurèrent des prisonniers. Le 21, il fut relevé par des régiments de la 38ème division (8ème tirailleurs, 4ème mixte et régiment colonial du Maroc) montés en secteur pour l'attaque du 23 octobre. Le régiment se porta en réserve dans les creutes de Saint-Jean et Gallieni, au sud de Sermoise.

Pendant cette période, le chef d'escadron de Sesmaisons, adjoint au colonel, ainsi que le lieutenant porte-drapeau Esnaud furent tués.

Novembre 1917

Le 5 novembre, le 62ème fit mouvement et alla camper dans un ravin entre Braye et Vuillery. Le 7 novembre, le régiment monta en secteur dans la forêt de Pinon, à l'est et à l'ouest du village de Pinon. Après 15 jours passés dans ce secteur où il subit de violents bombardements, surtout à obus toxiques, le 62ème fut relevé et envoyé au repos à Septmont et Noyant près de Soissons. L'instruction de la troupe fut poussée de façon intensive. Au cours de ce repos, le général Pétain décora les drapeaux des 19ème, 62ème, 118ème R.I. pour les opérations de Tahure le 25 septembre 1915.

Décembre 1917

Le 12 décembre, le régiment reçut l'ordre de départ. Il dut quitter momentanément la division pour faire partie du 2ème corps de cavalerie qui occupait le secteur de la forêt de Coucy.

Le 14 décembre, le régiment quitta ses cantonnements; il défila dans Soissons passé en revue par le général de division Capdepont et se rendit à Bagneux. Le régiment fit mouvement sur Sinceny où s'installa le P.C. du lieutenant-colonel Dubuisson. Le 62ème releva en secteur le 215ème R.I.

Le 16 décembre, dans la nuit, le 2ème bataillon monta en ligne dans le secteur de Barizis. Le 17 décembre, dans l'après-midi, le 3ème bataillon relèva à Épinoy (basse forêt de Coucy). Le 1er fut placé en réserve: 1ère compagnie à Sinceny, 2 autres compagnies dans les carrières de Bernagousse, la compagnie de mitrailleuses sur les buttes de Rouy.

Le régiment resta 31 jours en ligne.

Janvier 1918

Le 16 janvier, le régiment fut relevé par des cavaliers du 5ème chasseurs à cheval. Il fut envoyé du côté de Laffaux où, en prévision d'une attaque allemande, il exécuta des travaux sur la 2ème position dans la région de Laffaux - Aizy - Jouy. Le 1er bataillon fut à Selles-sur-Aisne; le 2ème bataillon étant à Nanteuil-la-Fosse et le 3ème bataillon à Vauxrezis.

Le lieutenant-colonel installa son poste au P.C. Lorette près de Vailly.

Février 1918

Le 30 janvier, le 3ème bataillon, qui fut alerté, quitta Vauxrezis et cantonna le soir à Juvigny. Le 31, il se rendit a Landricourt et, le 3 février, il releva des unités du 363ème R.I. Entre temps, le 1er et le 2ème bataillons rejoignaient le 3ème.

Le régiment était regroupé. Le dispositif fut le suivant: un bataillon à Courval; un bataillon en soutien aux creutes de Jumencourt; un bataillon en réserve au Paradis eu à Crécy-au-mont.

Mars 1918

Le 12 mars, le régiment fut relevé par le 403ème R.I. La D.I. alla au repos dans les environs de Paris, le régiment gagna cette région par étapes, sauf le 1er bataillon, qui rejoignit la Courneuve par voie ferrée, où il fut employé au déblaiement de l'usine de grenades qui avait sauté. Le 3ème bataillon cantonna à Montfermeil-Le Raincy. Le 2ème et l'E. M. s'installèrent à Livry-Gargan.

◆

51 - Lettre à mon père

♦

Papa,

Je t'écris de mon lit d'hôpital. Je suis soigné pour une blessure au bras gauche qui fort heureusement est sans gravité . Elle fut causée par la baïonnette d'un allemand que j'ai déviée au moment où, moi-même j'enfonçais la mienne dans le corps de ce pauvre homme... Il était certes mon ennemi, mais il était avant tout un homme comme toi et moi. Un père de famille avec trois enfants comme moi...

Papa, j'ai honte de moi. L'acte que j'ai effectué est un acte criminel que j'aurais pu éviter.. .Je voudrais me confesser mais ma demande n'a pas encore été honorée par la visite d'un prêtre.

Je souffre terriblement non pas de ma blessure physique mais moralement.

J'ai commis un péché mortel, j'ai besoin du pardon de Dieu.

Papa, je t'en supplie, prie pour moi... N'en parle pas à maman, ni à Marie-Anne, elles souffriraient. Je sais que je te cause une peine immense...Un péché mortel, toi qui n'a cessé de nous enseigner le bien !

Comment en suis-je arrivé là ?

Je ne le sais pas moi-même… Pour me trouver des excuses, je te dirai que j'ai appliqué les lois de la guerre, ou encore les consignes de nos chefs… Certes tout cela est vrai, mais il n'en demeure pas moins que Dieu nous laisse le choix…

Pourquoi ai-je pris le mauvais choix ?

J'ai besoin de t'en parler, tu es un homme avec tes forces et tes faiblesses !

Tu sais que je ne suis pas batailleur ni querelleur. Certes je suis de par mon métier, un homme qui cherche par tous les moyens de persuasion à obtenir gain de cause. Mais un corps à corps ne nous donne pas le temps de réfléchir !

Et pourtant, pendant un éclair de temps !

J'ai une petite voix qui m'a suggéré

« Tues le »

C'était le diable ! Tout a été trop vite… je le sais maintenant.

J'ai alors commis le quart de tour qui provoque l'hémorragie…Je me souviens qu'à ce moment précis, une autre voix me rappela le commandement divin : « Tu ne tueras point ».

Je suis en état de péché mortel depuis ce 5 mai 1917.

J'ai essayé malgré ma blessure, de soulager l'agonie de ce pauvre soldat.

Je lui demandais pardon, lui aussi me pardonnait. Nous pleurions l'un et l'autre, nous fûmes les « jouets du diable » . Nous priâmes tout le temps qui lui resta à vivre. J'espère qu'il fut pardonné lorsqu'il rejoignit le Père !

Je ne cesse de penser à sa famille ; son épouse est veuve avec trois orphelins. Si cela avait été le contraire… Je leur demande pardon… Cette guerre nous a détruit physiquement et moralement. Ces blessures sont inguerrissables . Il ne faut plus de guerre et que celle-ci se termine et que tous les peuples vivent dans la paix !

Papa, prie Dieu encore plus fort…

◆

52 - Le Conseil de guerre

◆

Monsieur l'aumônier,

Je viens d'être informé que le conseil de guerre a siégé le 27 avril 1917 en séance pléinière . Le soldat Pouillic a reçu l'appui de personnalités de la société civile et d'officiers dont celle du capitaine Grout de Beaufort, voisin du prévenu.

Les griefs retenus étaient d'une extrême séverité et ne pouvaient pas être passée sous silence.

J'ai reçu les dépositions des officiers et des civils qui ont pris sa défense ; je ne suis pas avocat et je ne peux de ce fait vous donner une tendance de ce que sera la décision le concernant.

Examinez ces documents ; peut-être serez-vous plus optimiste que je ne le suis !

◆

Soldat Pouillic Mathurin

Vous êtes traduit devant le Conseil de Guerre pour usurpation d'identité, trahison et espionnage pour le compte d'une puissance étrangère en zone de conflits. Lecture est donnée du procès-verbal qui consigne les faits que vous avez reconnus et signés, ainsi que vos arguments de défense.

Soldat Pouillic – Avez-vous des remarques concernant ce procès-verbal

Non, mon Général

La Défense

Mon Général, je demande que Monsieur l'abbé Lemire qui fut témoin de son arrestation et de son interrogation vienne témoigner.

Mon Général, Messieurs les Officiers supérieurs,

Je n'ai pas vos compétences pour porter un jugement de valeur sur cet acte d'accusation. Cependant, je mesure la gravité de la situation du Soldat Pouillic. Selon ma foi, l'objectivité du mal et du Bien ; notre volonté ne les crée pas, nos intérêts ou nos caprices ne les modifient pas et ne les font pas cesser d'être. Ils nous dominent, et nous sommes leurs sujets. Nous n'avons d'autre choix que de servir le Bien ou de nous révolter contre lui.

Cette assertion prononcée, permettez-moi de la développer.

Le mal nous entoure et le Mauvais nous guette. Donc, nous ne devons nous laisser surprendre, encore faut-il être en capacité de toutes ses facultés physiques et intellectuelles pour cette vigilance. La période combattante qu'a vécue le soldat Pouillic et ses deux camarades n'était pas un « fleuve tranquille « !... Nous savons quelle

305

épreuve fut Maissin ; je n'oublie pas tous les théâtres d'opérations qu'ils ont vécus depuis le 3 août 1914. Le Régiment auquel il appartient s'est toujours couvert de gloires ; les chefs comme les soldats ont toujours honoré le Drapeau. Ce Régiment a été cité à L'ordre de l'Armée, ce qui témoigne la reconnaissance des faits d'armes par le Haut Commandement.

M'accordez-vous, mon Général de commenter le dossier personnel du soldat Pouillic

Je vous en prie, Monsieur L'Abbé.

Avant son incorporation, le soldat Pouillic exerçait la profession d'instituteur dans un petite commune du Morbihan, c'était un « Hussard de la République » ; j'en parle d'autant plus facilement que dans cette région de Bretagne, la langue qu'ils parlent est celle des vrais chrétiens et des vrais Bretons, celle du fameux slogan :

« Feiz ha breizh zo breur ha c'hoar »

« Foi et Bretagne sont frère et sœur »

La majorité « Bloc des gauches » était dominé par un puissant courant anticlérical. Émile Combes, dans une circulaire de 1902, réprimait le « dialecte. Bien que je fusse opposé à Monsieur Combes, j'ai soutenu la loi de séparation de 1905.

C'est là que le mot « Hussard de la République » prend toute sa valeur.

Le soldat Pouillic est un pur produit et je lui rends hommage pour ses valeurs républicaines qu'il a toujours défendues et inculquées à tous ses élèves. Il lui a fallu beaucoup d'énergie, de compréhension, d'abnégation pour convaincre des parents qui, en raison de leurs convictions religieuses n'adhéraient pas au projet républicain de faire apprendre le Français, par obéissance à l'Evêque et à la foi qui était la leur.

C'est une culture ancestrale qu'une circulaire ministérielle ne peut effacer si facilement.

Le Breton est un homme de caractère, il est brave, fidèle en amitié et nous avons tous à l'esprit que le régiment breton du soldat Pouillic a pour devise :

Nec pluribus impar

Armor fonce à mort
Si vous le permettez, mon Général, autoriseriez-vous le Lieutenant Paul Hazard à apporter son récit des évènements ?

Nous vous écoutons Lieutenant.

Mon Général,

Monsieur l'Abbé a parlé avec éloquence de l'objectivité du mal et du Bien, il a également valorisé ce soldat en l'imageant à un « Hussard de la République » En réalité c'est Charles Péguy qui popularisa le terme dans « L'Argent » en 1913. Ce surnom fut donné aux instituteurs de la III° République qui représentaient une certaine autorité morale et intellectuelle, en référence aux terribles hussards hongrois, et à l'efficacité et au dévouement de ces derniers. C'est surtout en ma qualité d'officier au 2ème Bureau des services de renseignements français et avec l'autorisation de mon chef le Commandant Ladoux, que j'apporte des révélations faites par le soldat Pouillic qui revêtent une importance capitale pour la suite des évènements opérationnels que vous êtes en mesure les uns et les autres d'apprécier à leur juste valeur :

L'azote et les nitrates sont deux éléments qui sont indispensables pour mener une guerre chimique. La fabrication des irritants lacrymogènes : bromacétone, bromométhyléthylcétone, ainsi que des suffocants : chlore, chloroformiate de méthyl chloré ou trichloré, disphogène offre à l'armée la possibilité de déloger un adversaire retranché dans des positions inexpugnables.

C'est ce à quoi s'emploie l'usine d'Oppau !...

Le développement industriel de la transformation de l'ammoniac en acide nitrique n'était pas une mince affaire, et devint la priorité absolue pour le ministère de la guerre, comme pour l'Allemagne. En effet, pour employer l'ammoniaque produit à l'usine d'Oppau, il fallait le transformer en acide azotique et appliquer la technique à une réalisation industrielle. Bosch avait réalisé de façon expérimentale et en laboratoire, la réaction nécessaire à la production de poudres et d'explosifs ; mais pour aboutir à une production de masse, l'effort à accomplir était sans précédant. Les recherches se poursuivirent sans interruption, vingt-quatre heures sur vingt-quatre, mobilisant les efforts de toute l'industrie chimique et de tous les chercheurs. Les mois s'écoulant, la question de l'azote devint une question de vie ou de mort pour l'Allemagne. Plus que jamais, la rupture du front nécessaire à la reprise de la mobilité des armées s'imposait. Au début de l'année 1915, les stocks de nitrates étant quasiment épuisés et les travaux de Bosch n'étant pas encore terminés, les militaires semblaient prêts à tout pour brusquer la situation sur le front. Nul doute que cette situation influença pour beaucoup les décisions qui furent prises en ce début de 1915. La production de nitrates synthétiques ne fut résolue qu'au mois de mai 1915 ; grâce aux ingénieurs de la BASF et à l'avancée des travaux de synthèse d'avant-guerre, l'usine d'Oppau était opérationnelle à cette date, et une deuxième usine fut créée. La production des deux usines permit alors à l'Allemagne de disposer d'acide nitrique et d'explosifs en quantité suffisante pour continuer la guerre. Les chimistes allemands, grâce à une innovation technique, venaient d'empêcher leur pays de perdre la guerre. La guerre chimique commençait.

Cette information vitale fut immédiatement transmise au G.Q.G qui prit alors les dispositions que vous connaissez.

Si vous le permettez, mon Général, acceptez-vous d'entendre le Capitaine Grout de Beaufort.

Capitaine, nous vous écoutons

Mon général, Messieurs les Officiers supérieurs.

J'ai obtenu l'autorisation de mes supérieurs de venir témoigner en faveur du soldat Pouillic Mathurin. Je le connais personnellement depuis de nombreuses années, nous habitons le même village[39] et nous avions avant la déclaration de la Guerre des rapports de bon voisinage.

Dans l'exercice de ses fonctions d'instituteur, le soldat Pouillic enseignait aux enfants les valeurs patriotiques, je cite pour témoigner ce chant du départ qu'il apprenait aux élèves :

« La République nous appelle ;
Sachons vaincre ou sachons périr :
Un Français doit vivre pour elle ;
Pour elle un Français doit mourir. »

Je ne voudrais pas revenir dans mon village, et ne plus entendre à nouveau le « Hussard » Pouillic et ses élèves entonner cet air martial.

Je vous remercie de votre attention.
♦

Le Conseil se retira pour délibérer.

---

[39] Château de Kerascouët en Inguiniel (Morbihan), à quelques km de Saint-Yves en Bubry.

Monsieur l'Aumônier, je ne suis pas spécialiste du droit et je n'ai jamais participé de prés ou de loin à une telle délibération. Je voudrais que nous « interprétions » le rôle de certains membres du Conseil de guerre afin que nous imaginions ce qu'ils débattaient.

Aussi, allons-nous, nous exercer à délibérer et selon le code justice militaire, si nous sommes à égalité, la voix du Président sera prépondérante. Naturellement de par mes fonctions d'officier supérieur, j'assumerai cette présidence.

Délibérons :

A vous - Monsieur l'aumônier :

J'ai lu avec un certain intérêt la déposition du capitaine Grout de Beaufort qui se positionne plus en civil qu'en militaire ; j'aurais aimé qu'il parlât comme un soldat, j'entends par là qu'il développât l'esprit de camaraderie qui existe entre les frères d'armes. Mon colonel, je sais par la rumeur qu'un chef est apprécié d'abord pour ses valeurs militaires de stratège et de tactique, mais les hommes qui souffrent en « silence » de l'exécution de certains ordres , obéissent certes, parce que le règlement le prévoit, mais aussi par crainte des articles du code de justice militaire, surtout en temps de guerre. L'esprit du soldat Pouillic fut, me semble t'il d'obéir aux ordres du commandant de ce camp. Il n'avait pas d'autre alternative. Il devait sauver la vie de ses deux camarades prisonniers comme lui. Il connaissait, j'en suis convaincu, les conditions de vie rigoureuses de ce camp et il prenait aussi le risque d'être pris et jugé comme traître et donc puni de la peine de mort. Ce n'était certainement pas par enthousiasme qu'il s'exécutât !

Il m'est difficile de me mettre à sa place pour des raisons ecclésiastiques qui ont été développées par l'abbé Lemire lorsqu'il parlait du mal qui nous entoure et du Mauvais qui nous guette. Le Mauvais étant une force supérieure à un être humain normal qui, hélas, était en position de faiblesse par rapport à un individu libre de ses actes et de ses pensées. Je pense que l'abbé Lemire faisait allusion au diable.

Qui parmi nous n'a pas pêché ?

Certes ce pêché est gravissime, c'est un péché mortel !

Je suis un « prêtre-soldat » qui vécut sur le champ de batailles des scènes d'horreur, qui assista des hommes de toutes conditions sociales à mourir ou à endurer les douleurs de leurs blessures ou celles de l'âme ! Je pense que si j'avais été à la place du soldat Pouillic, j'aurais agi de la même façon parce que sa seule alternative était la mort assurée pour eux trois. Alors qu'en agissant ainsi, il offrait la vie avec l'espoir pour les uns et les autres, de s'évader et peut-être envisagea –t'il pour lui de se constituer prisonnier en se rendant dés que possible en zone française.

♦

Monsieur l'aumônier,

Je prends la parole pour justifier la position du capitaine Grout de Beaufort. Pour cela remémorons-nous le carnet de notes que nous avions trouvé. Il était, si j'ai bonne mémoire, rempli de notes philosophiques qui exaltaient le sens du devoir, le patriotisme et rendaient abjectes celles qui étaient contraires à l'honneur militaire.

Je me souviens vous avoir suggéré de ne pas transmettre ce carnet en raison de ses idées politiques, vous m'aviez alors rétorqué que ce n'était pas possible qu'un homme empreint d'une telle philosophie puisse devenir traître ! Le soldat le Marrec qui était présent témoignait élogieusement en sa faveur et nous assurait que le capitaine Grout de Beaufort le portait aussi en grande estime, ainsi que beaucoup de notables de sa commune. D'ailleurs nous avons reçu des lettres de soutien ; toutes sans exception, suppliaient les membres du Conseil de guerre de bien vouloir admettre qu'il n'avait pas pu agir de son plein gré, mais que c'était certainement pour une raison inconnue, mais contraignante que nous ignorons, qu'il passa à l'acte.

Des témoignages de la Croix Rouge nous démontrent toutes les exactions commises dans ces camps d'extermination ; ce qui accrédite notre exposé.

Aussi, en mon âme et conscience et compte tenu de la manière de servir de ce soldat et de sa citoyenneté, je voterai, sans hésitation aucune, sa relaxe, non pas pour lui sauver la vie, mais pour sauver son honneur et celui du Conseil de guerre qui, à mon avis, fera jurisprudence si sa décision est :

Non coupable.

Mon colonel, si vous le permettez, vos arguments sont solides et forts convaincants, j'espère que les membres auront les mêmes raisonnements et qu'à une forte majorité ils voteront comme nous venons de délibérer.

Monsieur l'aumônier, nous prierons Notre Seigneur pour qu'Il éclaire les membres du Conseil de guerre.

♦

53 - Hôpital de Soissons

◆

Bonjour Pierre

J e suis content de vous trouver en vie et en si bonnes mains.

Bonjour mon Père,

Votre visite me fait plaisir mais m'inquiète ; venez-vous pour m'administrer les derniers sacrements ?

Bien sur que non Pierre, c'est une visite de courtoisie. Racontez-moi votre admission dans cet hôpital.

Je fus ramassé dans le secteur d'Ailles le 5 mai 1917 après ce terrible assaut qui fut catastrophique en pertes humaines pour notre régiment. Hospitalisé à Soissons depuis cette date, les soins qui me sont prodigués sont de qualité. Cependant je suis hanté par la scène que j'ai vécue dans ce combat au corps à corps…

En effet, j'ai eu des échos qui laissent de très mauvais souvenirs dans notre régiment. Ce fut une journée de bataille d'une extrême violence…

Mon Père, Pour moi, c'est l'enfer depuis…Je n'arrive plus à dormir, je ne peux oublier le regard du soldat que j'ai tué. Vous savez que je suis chrétien, fidèle aux offices et que j'essaie de respecter les commandements de l'Eglise. Ce jour est maudit, j'ai détruit une famille allemande de trois enfants comme la mienne. Je suis encore tout bouleversé de la conversation que nous avons eue tous les deux. Malgré la difficulté de la langue et les douleurs que nous ressentions lui et moi Nous regrettions notre acte l'un et l'autre. Je savais pertinemment que sa blessure était mortelle. La baïonnette française est redoutable, ce n'est pas une lame comme celle des allemands et des anglais. C'est un pique cruciforme et très pointue qui provoque une hémorragie interne lorsque nous la retirons en faisant un quart de tour.

Je savais que ce quart de tour signait sa mort et je l'ai fait… Ses yeux me suppliaient pourtant, je pleurais des larmes en abondance. Est-ce la doctrine qui nous a été inculquée qui a guidé mon geste ? :

"Seul le mouvement en avant porté jusqu'au corps à corps est décisif et irrésistible".

Hélas, c'était irréparable ; il ne me restait plus qu'à l'aider à prier, en attendant que les secours arrivent. Son agonie fut trop longue…Mes regrets, ma demande du pardon, étaient inutiles. Aujourd'hui encore, je regrette ce quart de tour de trop...

Pierre, je comprends votre désarroi, je sais qu'il a commencé dés lors vous avez reçu l'ordre : «baïonnette au canon». Je sais aussi que le commandement ne l'a pas ordonné de gaieté de cœur. Croyez-moi, les officiers qui prennent cette décision connaissent aussi les risques mortels et vivent actuellement comme vous les angoisses qui sont les vôtres. Je viens en prêtre vous apporter le pardon de Dieu. Lui seul connaît la droiture de chacun de nous ; pour ce qui me concerne, je pense être juste dans le jugement que je porte sur vous. Je mesure le chagrin qui est le vôtre et ma prière sera insistante pour que Dieu vous pardonne. Il est si bon que je vous prie de croire en son Amour.

Merci mon Père, vos paroles apaisent mon esprit tourmenté, mais il l'est encore pour mon ami Mathurin Pouillic ; je crains pour sa vie, pour l'honneur de son nom, celui de sa famille.

Pierre, j'étais venu pour deux affaires vous concernant ; votre blessure physique et morale, mais aussi pour vous donner des nouvelles du Conseil de guerre. Il s'est tenu le 27 avril, le jour de votre anniversaire, comme notre régiment était en constantes opérations depuis le 1er avril, notre colonel n'était pas informé de sa décision.

Maintenant, elle est connue. Soyez rassuré il a été acquitté.

Il a été fort bien défendu par des officiers du 2ème bureau et par un prêtre qui officie également dans les services secrets, ainsi que par le capitaine Grout de beaufort, votre voisin de Kerascouët.

Mathurin Pouillic est revenu parmi nous et fut salué par tous ses camarades. Son honneur est sauf, ainsi que celui du régiment et de notre drapeau qui demeure sans tâche. Hélas, nous n'avons pas de nouvelles pour vos deux amis restés prisonniers. Il semblerait que la Croix Rouge intervienne en leur faveur.

Il ne vous reste plus qu'à vous remettre et continuer à prier Dieu qu'Il vous protège et vous pardonne. Je ne doute pas. Ayez confiance.

Je dois me rendre auprès d'autres soldats pour les réconforter et leur apporter le soutien de Dieu.

Merci mon Père.

◆

54 - La grande offensive allemande du 21 mars 1918

♦

Lorsque les Allemands déclenchèrent, le 21 mars 1918, leur grande offensive contre l'armée anglaise pour la séparer de l'armée française et la rejeter à la mer. La 22ème D.I., qui venait d'être relevée dans le secteur de Luvigny, n'était au repos que depuis le 19 mars seulement, soit deux jours…Attaquée par des forces très supérieures en nombre disposant d'une très puissante artillerie, la droite anglaise fléchit sous la furieuse poussée de l'ennemi et se retira dans la direction du nord-ouest, laissant à notre aile gauche un large trou qui ouvrait aux divisions allemandes la route de Paris.

Ce trou, il fallut le boucher le plus rapidement possible et endiguer le torrent humain qui semblait vouloir tout submerger.

Les régiments de la division furent aussitôt alertés, et, dans la nuit du 22 au 23 mars, embarqués en autos. Les 1er et 2ème bataillons du 62ème débarquèrent près de Grugny, au nord de Roye. Le 3ème près d'Ognolles (Somme).

Le 19ème R. I. recevait aussitôt la mission de se porter à l'attaque de Nesles, le 62ème R.I. devant l'appuyer et le couvrir sur sa droite. La 7ème compagnie était chargée de cette dernière mission.

Nos fantassins se portèrent bravement en avant et réussissirent à progresser jusqu'à 200 m. environ du château d'Erly, mais là ils furent arrêtés dans leur marche par des feux nourris et très meurtriers des mitrailleuses ennemies. L'attaque n'ayant pu réussir complètement, l'ordre fut alors donné au 62ème R.I. (1er et 2ème bataillons) de se porter sur la position Crémery - cote 82- Sept-Fours et de l'organiser défensivement.

Le 19ème R.I. vint occuper Retonvillers. Une liaison très précaire fut établie à gauche avec quelques éléments anglais.

Le 26 mars, vers 5 h. les Allemands déclenchèrent un bombardement d'une grande violence sur nos nouvelles positions qu'ils attaquèrent ensuite furieusement. Nos soldats se battirent héroïquement. Le village de Crémery fut défendu opiniâtrement. Le sous-lieutenant Lyonnet, de la 6ème compagnie, debout sur une tranchée, exhorta ses hommes à la résistance, et, lorsqu'un de ses fusiliers mitrailleurs fut blessé, il prit lui-même le fusil de ce dernier et tira, appuyé contre un arbre, jusqu'à ce que les vagues ennemies arrivèrent à moins de 30 m. de lui.

Le sergent Couriaut, de la 2ème compagnie de mitrailleuses, fit preuve d'un sang-froid remarquable, tenant sous son feu des colonnes ennemies, il retarda leur progression, permettant ainsi le repli en bon ordre d'un bataillon. Trois fois gravement blessé à son poste de combat les 26 et 27 mars, il reçut pour sa belle conduite la médaille militaire.

Le terrain fut âprement défendu, mais la liaison avec les Anglais ayant été perdue, l'ennemi s'infiltra à nôtre gauche. Menacés d'être tournés par des forces très sérieuses, les 1er et 2ème bataillons du régiment recurent l'ordre de se replier sur la cote 93 (nord est de Roye).

Ces deux bataillons exécutèrent leur mouvement en combattant furieusement et, par leur attitude énergique, ils réussirent à ralentir la marche en avant d'un ennemi très supérieur et déjà fortement grisé par le succès des premiers jours. Les 1er et 2ème bataillons gagnèrent Roye qu'ils mirent aussitôt en état de défense. Le 1er bataillon tenait les lisières nord et est du village, à cheval sur les routes de Roiglise et de Carrepui, la 2ème compagnie à gauche, en liaison avec le 2ème bataillon, la 1ère compagnie à droite, appuyée à l'Avre, en liaison avec le 19ème R.I., la 3ème au centre. Le 2ème bataillon était à cheval sur la route nationale. Vers midi, les Allemands, qui avaient pu atteindre les vieilles tranchées de Carrepui, déclenchèrent une très forte attaque sur le village. Dès que les fractions ennemies furent en vue, nos 1er et 2ème bataillons ouvrirent sur elles un feu terrible de mitrailleuses et de mousqueterie qui causa de lourdes pertes dans les rangs adverses. Les Allemands furent arrêtés net devant Roye, mais l'arrivée de nombreux renforts leur permit de lancer plusieurs assauts successifs contre notre position. Nos héroïques soldats les repoussèrent tous sans se laisser entamer. Cependant, vers 14 h. l'ennemi, dont les forces affluaient toujours sur le champ de bataille, réussissait à déborder Roye par l'ouest. A ce moment, ne disposant plus d'aucune troupe pour arrêter ces nouvelles forces adverses qui venaient d'entrer en action, pour éviter d'être enveloppés, nos deux bataillons furent obligés de se replier. Ils exécutèrent leur mouvement en bon ordre, ne cédant le terrain que pied à pied.

Un soldat de la 1ère compagnie, fusilier mitrailleur à la 1ère section, capturé ce jour-là avec quelques camarades, a certifié depuis au sous-lieutenant Le Roux qu'un officier allemand avait dit en excellent français, quelques instants après leur capture :

"Vous êtes de bons soldats, vous m'avez tué beaucoup d'hommes".

En gagnant l'arrière des lignes ennemies, nos quelques prisonniers se rendirent compte que de nombreux cadavres allemands gisaient devant le front de leur bataillon et qu'un nombre non moins grand de blessés attendaient que leurs brancardiers viennent les ramasser.

Dans la nuit, vers 22 h. le régiment reçut l'ordre de se porter sur Dancourt, en suivant la voie ferrée, et d'organiser la position face à l'est. Bien qu'harassés par deux grands jours de combats, nous nous mîmes courageusement au travail dès que nous atteignîmes la position que nous devions défendre.

Le 27 mars, vers 8 h. après avoir bombardé très violemment nos positions organisées pendant la nuit, les Allemands, attaquèrent en force Daucourt. Nous combattîmes courageusement, mais, menacés à nouveau d'être enveloppés, nos deux bataillons qui subissaient de grosses pertes et qui n'avaient pu être ravitaillés en munitions, furent obligés de battre en retraite. Malgré la grande supériorité numérique de l'ennemi, malgré la fatigue, malgré les privations, malgré le manque de munitions, nous tenions tête à l'ennemi, en nous repliant en bon ordre, par bonds successifs, ne cédant que pied à pied le terrain, et chaque bataillon protégeant le mouvement de l'autre par ses feux. Ce repli s'exécuta avec la grande route Roye-Montdidier comme axe.

Le 28 mars, dans l'après-midi, nos deux bataillons qui reçutent l'ordre, de se retirer sur Royaucourt et Menevillers. Le ravitaillement en munitions et une nouvelle organisation, nous nous dirigeâmes le 29 mars sur Cuvilly et Mortemer où nous relevâmes les troupes qui occupaient ce secteur.

Le 30 mars, au matin, au moment où nous entrâmes dans ce dernier village, des groupes de tirailleurs et de zouaves de la division marocaine, refoulés de Boulogne-la-Grasse, y arrivaient en même temps. Ces derniers nous apprirent que les Allemands avançaient en force et que la situation était très compromise. Le village de Rollot et les bois environnants étaient déjà tombés entre leurs mains.

Le lieutenant-colonel Dubuisson, qui commandait le régiment, donna aussitôt l'ordre de se porter en avant pour prendre le contact de l'ennemi et tenir à tout prix Mortemer. Nous avions conscience de l'importance de la mission qui nous était dévolue. Aussi était-ce avec la ferme volonté d'arrêter l'ennemi que les 1er et 2ème bataillons gagnèrent rapidement la sortie nord du village. Sans perdre un instant, ils mirent aussitôt en état de défense cette localité; mais les Allemands ne leur laissèrent pas le temps d'achever leur travail, ils lancèrent une furieuse attaque pour s'emparer du village. Nos bataillons, faisant tête à l'orage, se défendirent héroïquement et infligèrent à l'ennemi de lourdes pertes.

Cette première attaque échoua complètement. Mais les Allemands voulaient Mortemer à tout prix. Alors, sans souci des pertes, ils lancèrent sept attaques successives contre le village. Tous leurs efforts, tous leurs énormes sacrifices en vies humaines restèrent vains. Malgré leur extrême fatigue, malgré les dures privations, malgré le manque de munitions, fidèles à notre héroïque passé et à nos traditions, nous résistâmes à l'avalanche ennemie en nous battant avec la dernière énergie. Dans ces heures critiques, chefs et soldats se rendaient compte qu'ils défendaient le cœur de la France. Pendant 18 heures, presque; sans munitions, sans vivres, nous repoussâmes huit assauts furieux, menés par des troupes sans cesse renforcées et grisées par leurs récents succès. Mortemer resta entre leurs mains et, le 31 mars, les 2 bataillons pouvaient, non sans quelque fierté, passer à ceux venus pour les relever la position où toutes les vagues ennemies, pendant près d'un grand jour, étaient venues se briser devant notre héroïque résistance.

Les éléments restant des deux bataillons se rendirent à Lataule, puis à Moyenneville. A peine installés au cantonnement, ils furent à nouveau alertés et dirigés sur la ferme de la Garenne et les bois environnants. Là, ils s'établirent, au bivouac, en réserve du 28ème corps de cavalerie.

Quant au 3ème bataillon, qui fut alerté en même temps que les 1er et 2ème, il débarqua, le 24 mars, près d'Ognolles (Somme) et fut alors placé sous les ordres du lieutenant-colonel commandant le 118ème R. I. Il se rendit à Moyencourt, pour y relever les Anglais, et organisa la défense du village. Dans l'après-midi, les Allemands attaquèrent très violemment Moyencourt; les défenseurs résistèrent très énergiquement pendant plus de deux heures, faisant subir de fortes pertes à l'ennemi, mais ce dernier, sans cesse renforcé, chercha à envelopper le village. Le 3ème bataillon, pour éviter d'être encerclé, fut obligé de battre en retraite, il se replia sur le carrefour au nord d'Ognolles (2 km., sud-ouest de Moyencourt), gardant le contact de l'adversaire et s'efforçant de retarder son avance. A 2 h. du matin, il se replia sur Solente qu'il organisa défensivement. Très violemment attaqué dans l'après-midi, il fut obligé, sous la poussée ennemie, de se retirer sur Tilloloy où il occupa les anciennes tranchées françaises au nord du village. Le 27 mars, à 5 h. l'ennemi déclencha un très violent bombardement sur les tranchées et sur Tilloloy puis, il lança une puissante attaque en cherchant à déborder la localité.

Malgré ses lourdes pertes, le bataillon résista énergiquement, mais, menacé d'être enveloppé il fut obligé de se replier. Il se retira sur Bus et sur les bois à l'ouest en disputant âprement le terrain à l'ennemi. Sur ces dernières positions, il résista encore pendant plus de 4 heures à toutes les attaques allemandes, les cavaliers nous ravitaillèrent en munitions.

Le 28 mars, vers 3 h. le 3ème bataillon passa en réserve, mais son repos fut de courte durée, a 19 h. les éléments restant du bataillon prirent part à la contre-attaque exécutée par les tirailleurs. Nous reprimes 3 km de terrain en profondeur. Le 29 mars, au petit jour, le 3ème bataillon se replia et s'installa à la ferme de la Villette (nord-ouest de Rollot) qu'il mit en état de défense, ainsi que la voie ferrée. La position fut très violemment bombardée, le bataillon subissait encore des pertes sérieuses, le chef de bataillon, le capitaine, l'adjudant-major et plusieurs officiers furent blessés. Dans la nuit, le bataillon fut relevé et se rendit à Mortemer.Le 30 mars, dans la journée, il participa à l'héroïque défense du village avec les 1er et 2ème bataillons.

◆

Avril 1918

Le 1er avril, le régiment fut relevé.

Après ces durs combats soutenus sans trêve ni repos, contre un ennemi très supérieur en nombre et très puissamment outillé, le 62ème R.I. fut cité, pour son héroïque conduite dans ces glorieuses journées, à l'ordre du 2ème corps de cavalerie avec le motif suivant:

"Le Général commandant le 2ème corps de cavalerie cita à l'ordre du corps de cavalerie le 62ème R.I.

Chargé sous la conduite de son chef, le lieutenant-colonel Dubuisson, de retarder l'avance d'un ennemi sans cesse renforcé, a rempli héroïquement la mission qui lui avait été confiée en livrant des combats acharnés où il a su contenir l'ennemi sur un front constamment élargi. A mené la lutte avec une ténacité et une bravoure dignes de son passé et de ses traditions.

« Troupe d'élite qui s'est dépensée sans compter et qui au milieu de ses épreuves, a gardé intacts son sentiment du devoir, son énergie opiniâtre et sa foi robuste dans le succès ».

Signé: ROBILLOT."

◆

Le 2 et le 3 avril, le 62ème cantonna à Waque-Moulin. Le 4 avril, le régiment fit mouvement sur Bitry (Oise) où il se réorganisa. Il y demeura jusqu'au 10 avril. Le 10 avril, le régiment fut embarqué en camions-autos, il se rendit à Dhuisel où il arriva le 11. Du 11 au 17 avril, les unités du régiment furent remises à l'instruction.Le 17 avril, le régiment reçut l'ordre d'aller relever dans le secteur du Chemin-des-Dames. Le 18 avril, le régiment relèva, dans le secteur d'Ailles, le 404ème R.I.

Le secteur s'étendait sur un front de 5 kilomètres d'Ailles inclus à Tourteron exclu. Les 1er et 2ème bataillons étaient en 1ère ligne. Le 1er bataillon (commandant Verjux), à gauche, occupait l'éperon à l'est du village de Tourteron et la cuvette de Gerny, soit, à vol d'oiseau, un front de 1.600 m et, de plus de 3 km, si l'on suit la ligne de résistance en bordure du plateau, et une profondeur de plus de 1.200 m. Six sections des 1ère et 3ème compagnies furent réparties en G. C., au bas des pentes, adossées à un à pic, sans communication possible avec le plateau par le plus faible bombardement. Six autres sections furent placées sur le plateau même en G.C., mais à des intervalles et à des distances telles qu'il leur était à peu près impossible de se porter un mutuel appui en cas d'attaque sérieuse. Les mitrailleuses étaient placées, partie au bas des pentes, partie sur le plateau. Le terrain, très bouleversé, diminuait sensiblement leur champ de tir. L'action des pièces du plateau, sur les pentes, fut à peu prés nulle. La liaison avec les bataillons voisins (IIème, 62ème est, à gauche, 19ème R.I.) se fit, au bas des pentes, sur la ligne de résistance. Sur le plateau la faiblesse des effectifs était telle qu'il n'y fallait point songer.

En arrière des cuvettes, c'était le vide.

Le 2ème bataillon, capitaine Rolland, occupait, depuis 15 jours, le centre de résistance est du village d'Ailles inclus au ravin de Cerny à l'ouest. La parallèle de résistance (située au bas des pentes) était tenue par deux compagnies: la 6ème à droite qui avait un front de 1.000 m, tenait le perron est du ravin de la Bovelle. La 5ème, à gauche, qui gardait un front de 1.800 mètres, occupait l'éperon ouest de ce même ravin.

Aucune garnison ne tenait le ravin de la Bovelle.

La 7ème compagnie (réserve) occupait la parallèle de doublement à vue très limitée (elle avait un front de plus de 2 kilomètres). Douze mitrailleuses étaient réparties au bas des pentes. Six autres étaient placées dans la parallèle de doublement. Le terrain était d'un chaotique sans nom depuis les bombardements du printemps 1917. Le 3ème bataillon (commandant Arnould) était en réserve à Pragnan et aux creutes d'Œilly. Le P.C. du lieutenant-colonel était situé aux creutes marocaines, sur un éperon situé entre les ravins de Moulin et de Troyon.

Mai 1918

Du 18 avril au 26 mai, les bataillons se relevaient par périodes de 15 jours en 1ère ligne, et 8 jours en réserve. Le secteur était calme. L'aviation ennemie était peu active. L'artillerie adverse ne tirait presque pas. Toutes les reconnaissances envoyées ne signalaient rien d'anormal. La nuit, cependant, un bruit de voitures, de trains indiquait une circulation intense qui, pendant les premiers jours, pouvait faire croire à des relèves. Ces bruits anormaux étaient signalés chaque jour par le service de renseignements du régiment.

Dans la nuit du 25 au 26 mai, la 2ème compagnie, sous les ordres du capitaine Poulain, exécuta une reconnaissance dans la direction de Chanouilles. Cette reconnaissance, après avoir franchi l'Ailette, se heurta, au sud du village, à un très fort groupe ennemi qui exécutait des travaux en avant de ces lignes. Cette reconnaissance engagea le combat, car, il fallait à tout prix des prisonniers pour nous renseigner sur les intentions de l'ennemi.

Le sergent Chalmery, de la section du sous-lieutenant Gasdoue, se distingua entre tous. Malgré l'extrême vigilance des Allemands qui était à la veille d'exécuter leur attaque du Chemin-des-Dames, il réussissait à terrasser seul et à ramener dans nos lignes un Allemand dont la capture fournit au haut commandement des renseignements essentiels. Par ce prisonnier, nous apprenions que les Allemands, dans la nuit du 26 au 27 mai, attaqueraient nos positions après un trommélfeuer des tirs de minen et d'obus à gaz.

Dans l'après-midi du 26, les sous-lieutenants Palud (1ère compagnie) et Hebel (3ème compagnie) parcoururent les rives de l'Ailette sans trouver trace de pont. A ce moment les troupes furent alertées et l'ordre fut donné de redoubler de vigilance. Les bataillons de 1ère ligne furent ravitaillés en munitions par les territoriaux. Notre artillerie exécuta de 21 h. à 23 h. des tirs de contre-préparation; tout était calme du côté allemand.

L'interrogatoire de soldats allemands capturés révéla que dans la nuit suivante, une préparation d'artillerie commencerait à 1 h du matin et déclencherait une nouvelle offensive qui se déploierait vers le Chemin des Dames. Le renseignement fut confirmé par l'attaque de 30 divisions du groupe d'armée du Kronprinz dés 3h30 le 27 mai 1918.

◆

55 - Le Chemin des Dames

◆

L e secteur du Chemin des Dames était défendu par 8 divisions françaises et 3 divisions anglaises. L'effet fut immédiat ; les troupes françaises durent reculer et abandonner le Chemin des Dames.

Les allemands n'étaient alors qu'à 60 km de Paris.

50.000 Français et 600 canons furent pris. Fort heureusement, l'arrivée des troupes américaines renforça Clémenceau qui affrontait les députés socialistes. Ils exigeaient le départ de Foch et de Pétain. Clémenceau, dans un dernier sursaut apostropha les députés qui condamnaient tel ou tel chef militaire.

« Ceux qui sont tombés ne sont pas tombés en vain, parce qu'ils ont grandi l'histoire française ».

Il restait aux vivants à parachever l'œuvre magnifique des morts. Il savait que depuis cette année 1918, la situation de l'Empire allemand était critique sur les plans militaire et économique. Soumise à un blocus, l'Allemagne connaissait une grave inflation, qui entraînait des situations de misère et de pénurie. De plus, l'entrée en guerre des États-Unis aggravait singulièrement le contexte militaire ; le mécontentement était général au sein des troupes de l'Armée impériale allemande.

La grève générale des ouvriers allemands qui avait commencé le 28 janvier exigeait :

- « la conclusion rapide d'une paix sans annexion,
- pour la levée de l'état de siège (en place depuis le début de la guerre),
- pour la libération des prisonniers politiques, et
- pour la démocratisation des institutions. » Commencée dans l'agglomération de Berlin où 180 000 travailleurs arrêtèrent le travail à l'instigation de certains syndicalistes révolutionnaires comme Richard Müller. La grève s'étendit rapidement à d'autres villes allemandes telles que Bochum, Cologne, Hambourg et Kiel. L'Empire allemand évita de justesse une situation catastrophique par l'élection au comité de grève de membres du SPD qui obtinrent la fin de la grève le 4 février. L'enjeu était de taille car cette grève représentait une grave menace pour son potentiel militaire. Un grand nombre de grévistes furent incorporés d'office dans l'armée, ce qui n'arrêta pas le mécontentement qui s'étendit à la classe ouvrière et aux soldats.
La réaction de Friedrich Ebert fut de s'entendre avec les partis bourgeois et d'imposer les revendications sociales-démocrates par la voie réformiste. Il constitua un gouvernement de coalition, évitant ainsi une situation révolutionnaire qui aurait pu déraper vers la guerre civile. Débarrassées du front de l'est à la suite du traité de Brest-Litovsk, les divisions de l'armée allemande furent rapidement transférées vers l'ouest par chemin de fer. Erich Ludendorff, chef suprême de l'armée allemande programma plusieurs offensives lors des mois de mars

(Picardie), mai (Aisne) et juillet (Champagne). Elles ne furent finalement pas concluantes, et la situation allemande sur le front occidental se dégrada de jour en jour à partir du mois d'août 1918. En effet, l'armée alliée, renforcée notamment par un corps expéditionnaire américain, contre-attaqua et obligea les Allemands à battre en retraite. L'arrivée des troupes américaines et la supériorité militaire des alliés mirent en péril l'empire allemand, Erich Ludendorff et Paul Von Hindenburg (alors chef du grand état-major allemand) ne se faisait plus d'illusions :

La défaite se profilait à grands pas.

Le 27 mai, à 4 h. du matin, lorsque l'attaque allemande se produisit, sur le Chemin-des-Dames, elle trouva les unités du 62ème R.I., en état d'alerte, prêtes au combat depuis plus de six heures et, malgré les lourdes pertes qu'elles avaient déjà subies, elles gardaient une volonté farouche de défendre le terrain pied à pied. Depuis le 26 mai, à 19 h. toutes les troupes de garde occupaient les emplacements de combat. Le 3ème bataillon réservé se porta de Pargnan à Madagascar. Pendant la nuit, le régiment mit en œuvre tous les moyens dont il disposait pour faire échec à l'attaque annoncée. Cette dure veillée, en attendant le choc allemand, fut pleine de tranquillité, chacun ayant conscience que tout le possible avait été fait.

Les Allemands gardaient sur tout le front un tel calme que les bataillons de 1ère ligne crurent que l'attaque annoncée n'aurait pas lieu: les patrouilles d'infanterie qui avaient été poussées en avant du front, dès la tombée de la nuit, ne signalaient aucun mouvement anormal, aucun bruit inquiétant.

L'artillerie ennemie ne répondait qu'assez faiblement à nos tirs de contre-préparation ou à nos tirs de harcèlement déclenchés depuis 21 h.

Aucune représailles sur les positions d'infanterie.

Le 27 mai, à une heure du matin, les Allemands déclenchèrent soudainement leur préparation d'artillerie. Ce tir, d'une violence inouïe, exécuté par obus de tous calibres, toxiques et autres, dura jusqu'à 3 h.50; heure de l'attaque. Tout le terrain était battu et un épais nuage rendait l'observation extrêmement difficile. Le bombardement d'artillerie était surtout violent sur les saillants. Quant aux rentrants, ils étaient beaucoup moins battus que les saillants. Les Allemands avaient donc adapté le régime de leur tir de préparation offensive à la nature du terrain et à celle de la défense. Les observatoires, qui étaient spécialement pris à partie, cessèrent de fonctionner presque dès le début du bombardement; il en était de même des liaisons.

Les 1er et 2ème bataillons du régiment qui occupaient un front de 5 km subissaient de très grosses pertes et les demandes de barrage restaient sans résultat, notre artillerie ayant été écrasée sous le feu intense de l'artillerie adverse. L'attaque de l'infanterie se produisit à 3 h. 50. A ce moment, le tir qui avait redoublé de violence sur les premières parallèles, s'allongea sur la ligne de soutien et la ligne des réduits qui n'avaient pas cessé d'être sous le feu depuis 1 h. du matin. A 4 h. l'ennemi se présentait devant nos réseaux avancés et abordait la position par les saillants, qu'il avait violemment bombardés sans s'engager dans les rentrants où les feux convergents pourraient lui causer des pertes sérieuses. L'infanterie allemande était allégée au maximum, elle avançait d'une allure très vive, en certains points pour rattraper son barrage roulant, elle marchait à l'allure du pas accéléré. L'attaque fut précédée d'un double barrage; celui sur lequel elle collait, l'était par obus de 77 et de 105, l'autre, plus éloigné, était exécuté avec des obus de gros calibres, 150 et 210. L'ennemi employait aussi des obus fumigènes pour masquer la marche de son infanterie. A 4h. les Allemands ne rencontraient plus que la résistance sporadique de groupes isolés, que le bombardement avait épargnés et dont certains firent preuve d'une opiniâtreté énergique. La vallée était emplie d'une épaisse fumée, qui se dissipa un peu lorsque l'artillerie allemande allongea son tir. Les premiers assaillants ne se discernaient guère avant le moment même, où ils arrivaient sur nos groupes de combat avancés. Un peu plus tard, les occupants voyaient distinctement les masses ennemies qui descendaint des hauteurs de la Bave, du plateau de Bièvre, de celles de Lierval, c'étaient de profondes colonnes par quatre qui semblaient interminables. Pendant 3 h. et demie, les saillants furent écrasés par un feu d'une intensité inouïe. Quelques hommes seulement tinrent encore dans les saillants d'Ailles, de la Bovelle et de Courtecon. Lorsque les Allemands arrivèrent devant le saillant de Courtecon, on entendit à peine quelques coups de fusil. C'était par les saillants que l'ennemi montait sur le plateau, derrière son barrage roulant; il utilisait à merveille les chemins creux et les escarpements qui s'offraient à son infiltration. Le saillant d'Ailles; tenu par la 6ème compagnie, fit feu sur toutes ses faces, l'ennemi par la Tuilerie et la route de Chermezy, se heurtait aux lignes du 2ème bataillon; il fut arrêté net par nos feux, il reflua sous les couverts et dans les fourrés. Les assaillants abordaient plus facilement la pointe de la Bovelle tenue par la 5ème compagnie. Les défenseurs survivants étaient plus rares, à peine quelques coups de feu se firent entendre devant ces éperons que l'ennemi semblait avoir abordé par les flancs. Dans le secteur du régiment, l'ennemi avait suivi deux directions principales, l'une marquée par le chemin Chanouilles-Troyon, l'autre de Courtecon à l'éperon de Beaulne et Chivy. Tandis que des unités se déployaient dans le sens latéral, d'autres unités avaient certainement pour mission de pousser rapidement jusqu'au-dessus du ravin de Troyon et à l'extrémité de l'éperon de Beaulne et Chivy, de façon à commander de bonne heure les ravins sud et la vallée de l'Aisne. A 4 h.10, les Allemands arrivaient par le saillant de Courtecon, à gauche du 62ème.

L'envahissement du plateau de Courtecon se fit par le village de Courtecon en direction de Cerny. Les assaillants avaient utilisé les chemins creux et les escarpements de Courtecon pour prendre pied sur le plateau. Sur Ailles, tenu par les 6ème et 7ème compagnies, l'ennemi renouvela ses assauts; les défenseurs fortement réduits, étaient obligés de céder sous le nombre. Il semble difficile de se faire une idée exacte de la résistance que les Allemands eurent à vaincre dans les C.R. du 62ème, surtout dans le C.R Est, tenu par la 6ème compagnie. Presque personne n'était revenu du champ de bataille où le choc avait été particulièrement violent et l'assaut mené à outrance. De ce côté, le flot allemand grossissait toujours, il réussissait à faire une forte morsure au sud d'Ailles. Du monument d'Hurtebise on voyait le fourmillement des vareuses grises qui, à partir de la pointe d'Ailles, se répandait vers le sud et vers le Dragon. L'éperon de la Bovelle, tenu par la 5ème compagnie, était tombé; les rares occupants de la tranchée de l'Arc s'apercevaient que l'ennemi, en petites colonnes, ayant escaladé les pentes de la Ferme, se déployait, puis se répandait sur le plateau. Le P.C. Léon, 2ème bataillon, tomba vers 5 h. 45, dépassé vers le sud par le flux des ennemis qui, venant du côté d'Ailles et du côté de Cerny, atteignit le Chemin-des-Dames. Cependant, à cette heure on entendait encore quelques-unes de nos mitrailleuses de première ligne. A 6 h. les Allemands dépassaient la crête du Chemin-des-Dames et s'avancaient, en grand nombre, vers la ligne de changement de pente sud. La ligne des réduits et la position intermédiaire ayant été presque complètement détruites, le flot allemand ne rencontrait sur ces lignes qu'une faible résistance, il se répandait sur le plateau de Paissy. Le 26 mai, le 3ème bataillon du 62ème qui était en réserve à Pragnan et aux creutes d'Œilly fut alerté, le 26 au soir, pour aller occuper les creutes de Madagascar au flanc de Bourg-et-Comin. A partir de 1 h. du matin, les Allemands dirigeaient sur la sortie de ces creutes un violent tir d'interdiction par obus explosifs et toxiques. Dans la matinée, le 3ème bataillon déployait ses compagnies aux entrées des creutes et sur le plateau. Celles-ci ouvrirent le feu sur l'ennemi qui avait pris pied sur la montagne de Bourg-et-Comin. Mais bientôt, le dernier bastion, au nord de l'Aisne,allait être tourné et envahi; déjà les Allemands l'abordaient par l'ouest. Le commandant du bataillon envoya l'ordre de repli en direction de Bourg-et-Comin. La 11ème compagnie assura le repli, d'autres groupes tinrent tête et tirèrent de toutes leurs armes. Le dévouement de ces braves permit le mouvement de retraite, il se fit par l'ouest, par le ravin du moulin, où le bataillon laissa la moitié de son effectif, car l'ennemi tenait ce ravin sous son feu. Cette belle défense de la montagne de Bourg-et-Comin permit à nos convois de passer l'Aisne. Les trains du 19ème R.I., sans elle, tombaient aux mains de l'ennemi. A 9 h. les Allemands poussaient en force vers l'Aisne. C'était des colonnes compactes et cependant très souples, très hardies dans leur mouvement. Elles étaient certaines d'obtenir l'avantage sur nos groupes qui résistaient ou se repliaient, sous le feu des avions allemands volant très bas qui les mitraillaient. Du côté de Beaurieux, cette avance avait été très rapide, de même à l'ouest, les Allemands s'étaient avancés de très bonne heure sur le plateau formant bastion entre le ravin d'Ostel et le ravin de Brage-en-Lannois. A 8 h. ils étaient à peu près à hauteur de la ferme de Soupir. Entre ces deux branches de tenailles, sous la forte poussée qui avait crevé le front du 62ème et du 19ème, se repliaient quelques groupes qui brûlaient leurs dernières cartouches. De puissants tirs d'interdiction battaient les routes de la vallée et les ponts de l'Aisne. L'avance des troupes ennemies avait, à ce moment, l'allure d'une ruée en bel ordonnancement. A 10 h. quelques groupes du 62ème disputaient à Œuilly le passage des ponts. C'étaient des hommes exténués, dont les cartouchières étaient presque vides. Jusque vers 11 h.30, ces éléments restèrent sur l'Aisne. Vers midi, ils se replièrent sur Barbonval jusqu'à ce que leur parvienne, dans l'après-midi, l'ordre de regroupement. Les éléments restant du régiment se dirigeaient alors sur Tannières, que les Allemands enlèvèrent, le 28 mai, à 8 heures du matin, puis sur Villemoyenne et sur Mezy, le 29, où ils assuraient la défense du pont sur la Marne.

Pendant cette dure journée du 27 mai, le régiment, par sa remarquable attitude, avait rempli entièrement, simplement et héroïquement la mission de sacrifice qui lui avait été confiée. Le lieutenant-colonel Dubuisson, qui fut fait prisonnier apprenait, d'un officier allemand, que les objectifs de l'ennemi étaient pour la journée du 27:

- 9 h. l'Aisne.
- 16 h. Nesles, près Fère-en-Tardenois.

Les attaques des 21 mars et 27 mai avaient été préparées, pendant de longs mois, dans les camps d'instruction par des troupes dont avaient été éliminés les éléments trop jeunes ou trop vieux.

Les bruits de tacots ou de trains sur voie étroite, que le service de renseignements régimentaire signalait depuis un mois, étaient produits par d'énormes chariots automobiles, dont les roues métalliques, très larges et hautes, produisaient, par le choc sur le sol, un bruit analogue à celui de wagons sur les intersections de rails. Ils transportaient 4 canons de 105 (2 sur la plate-forme du chariot et 2 traînés derrière).

L'ennemi connaissait parfaitement notre organisation (le commandant Verjux, fait prisonnier, vit sur le plan directeur notre faiblesse. Il transporta ses munitions en moins de 20 jours. En quatre jours, 7.000 pièces avaient été concentrées pour l'attaque. Dans le bois de Neuville seul, il y avait 24 batteries.

L'ennemi avait attaqué sur le front des 3 régiments de la 22ème D.I. avec cinq divisions.

Le 30 mai, à 15 h. un ordre de la division prescrivait aux fractions regroupées du 62ème d'aller prendre position à Cresanay. Ces fractions y restèrent en réserve jusqu'au 2 juin.

Juin 1918

Le 3 juin, le régiment fut enlevé en autos à Condé-en-Brie et transporté à Marsains. Le 4 juin, il fit mouvement par voie de terre et arriva le 6, à Saron-sur-Aube.

Le lieutenant-colonel Javel prenait le commandement du régiment.

Le 10 juin, le 62ème fut renforcé en cadres et en hommes par le 6ème bataillon du 252ème R.I. Les 14 et 15 juin, le 62ème R.I. s'embarqua en gare de Romilly-sur-Seine et débarqua le 15 et le 16 au Thillot (Vosges), où il cantonna ainsi qu'à Fraysse-sur-Moselle (2ème et 3ème bataillons). Les 17 et 18 juin, les officiers firent des reconnaissances dans le secteur de la Thur (région du ballon de Guebwiller et du Sudel). Du 19 au 21 juin, les bataillons du régiment relevèrent ceux du 97ème R.I. au Grand Ballon et dans la région des Sudel.

Le 2ème bataillon du 139ème R.I.U.S. avec une S.M.U.S. fut rattaché au 62ème.

Le 24 juin, un de nos postes mixtes fit connaître que le réseau de fil de fer ennemi était traversé par un courant à haute tension; un soldat américain avait été électrocuté en abordant le réseau.

Juillet - août 1918

Les 1er et 2 août, les 1er et 3ème bataillons furent relevés par le 118ème; ils partirent se reposer à Wesserling-Husseren. Dans la nuit du 13 au 14, le 1er bataillon relèva, dans le quartier Collardelle, le 2ème bataillon qui se rendait au repos à Wesserling-Husseren. Dans la nuit du 26 au 27 août, le 2ème bataillon relèva dans le quartier des Dames, un bataillon du 19ème R.I.

Le régiment resta en Alsace jusqu'au 27 août 1918. Dans ce secteur, il exécuta de nombreuses patrouilles et ces nouveaux éléments retrouvèrent tout l'allant et le mordant que leurs aînés avaient montré en maints combats et tout récemment en mars 1918 dans la Somme pendant la grande offensive allemande où ils firent subir à l'ennemi de très lourdes pertes surtout à Mortemer.

Septembre 1918

Le 3 septembre, le 62ème, qui avait été embarqué à Mortzwiller, débarquait à Blesmes et allait cantonner à Thierlemont-Faremont-Orconte. Du 5 au 18 sept. le régiment exécuta des exercices et manœuvres en vue de la grande offensive qui devait commencer à la fin septembre. Du 19 au 24 septembre, le régiment gagna par étapes, exécutées de nuit, son secteur d'attaque. Le 25 septembre, le régiment était sur ses parallèles de départ, à l'ouest de la butte de Souain, attendant l'heure de l'attaque.

◆

Le 15 juillet 1918 marqua le dernier stade de la grande offensive allemande commencée au printemps, contre nos alliés, à Saint-Quentin. Ecrasée en Champagne, le 15 juillet, l'armée allemande vit son "offensive de paix" échouer et elle fut obligée de passer à la défensive.

Notre glorieuse contre-offensive commencait le 18 juillet ne s'arrêtera plus avant que l'ennemi n'ait déposé les armes. L'état moral du soldat allemand faiblissait de jour en jour, la confiance en ses chefs diminuait, il n'éprouvait plus le même désir de vaincre. D'individuelles, les défaillances devenaient collectives et de plus en plus fréquentes. Si le haut commandement allemand se rendait parfaitement compte de cette situation lamentable, les nôtres ne l'ignoraient pas. Aussi, fut-il demandé à nos soldats un effort prodigieux et constant qui rejetta l'armée allemande sur la rive droite de la Meuse, et l'obligea, le 11 novembre, à demander l'armistice pour sortir d'une situation sans issue.

Notre IVème armée, qui avait arrêté net l'attaque ennemie du 15 juillet, prit à son tour l'offensive. Les lignes allemandes, que nous n'avions pu forcer en septembre 1915, furent brisées, malgré toute la valeur défensive et la résistance énergique d'un adversaire qui luttait désespérément pour ne pas laisser enfoncer son centre avant le repli complet de ses ailes. Il tentait également de sauver la plus grande partie des nombreux approvisionnements de toutes sortes qu'il avait accumulés dans cette région.

La 22ème D.I., dont les régiments venaient d'être exercés à la guerre de mouvement, aux environs de Vitry-le-Francois, quittait ses cantonnements, dans la nuit du 18 au 19 septembre, et, par des marches de nuit, gagnait la région de Suippes, puis celle de Souain, où elle devait prendre part à l'offensive d'ensemble exécutée par la IVème armée avec des moyens puissants et dont le but était de rompre le front ennemi, puis de passer à une exploitation aussi rapide que possible du succès. Dans la nuit du 24 au 25, le 62ème (1er et 2ème bataillons) quitta le camp de Nantivet, où il était arrivé à la pointe du jour, pour gagner son secteur d'attaque, au nord-est de Souain. Vers 20 h. lorsque les bataillons commençaient leur mouvement, les aviateurs allemands bombardaient le camp de Nantivet et la gare de Suippes. L'artillerie lourde allemande ouvrait aussi le feu sur cette dernière localité. Les 1er et 2ème bataillons quittèrent rapidement cette zone dangereuse, pour se porter, à travers champs, dans le secteur qui leur avait été assigné.

Le 3° bataillon était déjà, depuis la nuit précédente, sur ses positions.

♦

Le terrain à conquérir avait une largeur de
2 km sur une profondeur de 9 à 12 km.

Il se présentait, tout d'abord, sous l'aspect d'un
glacis assez raide, formée par les pentes sud de la
butte de Souain et de la cote 185 - ferme Navarin.
Une fois cette crête franchie, le terrain s'abaissait
vers le nord, en cuvette légèrement ondulée en son
milieu, de l'est à l'ouest, par la route et la voie
ferrée de Chaleranges à Saint-Souplet et la rivière
de la Py, pour se relier ensuite aux crêtes du Blanc-
Mont, et aux crêtes 210 et 206, par une série
d'ondulations boisées.

Les zones de combats :

-   1 La zone de combats dite "avancée",
    au sud de la ligne générale vallée de La
    Py, englobait la presque totalité de
    l'artillerie ennemie;
-   La zone de combats arrière était au nord
    de la vallée de la Py.

La zone de combat avancée comprenait trois
lignes principales de résistance:

-   Ligne d'arrêt de la zone avancée;
-   Ligne de grand combat;
-   Ligne des réserves.

La ligne de grand combat comprenait une série de tranchées profondes protégées par un épais réseau. Dans la zone de combat arrière, plusieurs lignes de tranchées s'échelonnaient sur les pentes et à contre-pente des crêtes au nord de la Py, flanquées par le village de Somme-Py, couvertes par la rivière et de bons réseaux. Cette ligne constituait aussi un obstacle très sérieux. De nombreux abris étaient disséminés sur les contre-pentes. En face de nous, la 200ème D.I., encadrée à droite par la 3ème division de la Garde, tenait les positions ci-dessus.

Les Allemands connaissaient l'imminence de notre attaque de grand style. En prévision, ils avaient amené, dans la région de Machault, au moins deux divisions d'intervention (15ème et 7ème).

L'artillerie de secteur avait été renforcée. Le général commandant la 200ème D.I. avait indiqué nettement à ses troupes qu'elles devaient maintenir, à tout prix la première ligne de résistance principale. Il fallait, disait-il dans son ordre :

« faire entrer dans le cœur et le sang des hommes la ferme volonté de maintenir cette ligne, même devant l'attaque d'un ennemi supérieur en nombre ».

Le 23 septembre, le général commandant la 20ème brigade prescrivait en outre que l'organisation de la 1ère ligne de résistance principale serait poussée avec la dernière énergie et exécutée sous la surveillance d'officiers qui dirigeraient continuellement le travail.

La 22ème D.I devait enfoncer les solides positions tenues par des troupes ennemies qui devaient résister coûte que coûte et les enlever.

◆

57 - Vaincre ou périr

◆

C e furent le 62ème régiment de droite de la division, encadré, à gauche, par le 19ème R.I. et, à droite, par le 409ème R.I. (de la 167ème D.I.) qui recurent la mission d'enlever, sur un front d'attaque de 800 m, les très fortes positions allemandes, puissamment organisées, comprenant:

- Une ligne d'arrêt d'avant-poste (ancienne position française);
- Une ligne de grand combat constituée par la Butte de Souain et la croupe qui la prolongeait à l'ouest. Cette position, comprenant plusieurs lignes de tranchées, était la ligne principale de résistance que l'ennemi devait maintenir à tout prix;
- Une bretelle, qui courait parallèlement à la voie ferrée, et constituée par une tranchée non continue, mais profonde et couverte par plusieurs réseaux;
- Une zone de combat arrière constituée par plusieurs lignes de tranchées (tranchées de Mecklembourg, tranchée des Prussiens, tranchée Von Fleck, tranchée d'Essen), s'échelonnant sur les pentes et à contre-pente des crêtes au nord de la Py, flanquée par le village de Somme-Py, couverte par la rivière et de très bons réseaux.

L'attaque devait se faire en deux phases:

- 1ère phase: Enlèvement des objectifs au sud de la Py.
- 2ème phase: Enlèvement des objectifs au nord de la Py.

Dans la nuit du 25 au 26, les bataillons gagnèrent leurs emplacements de départ.

A 23h.30, notre artillerie déclenchait soudainement son tir de préparation; en quelques secondes tout le front de la IVème armée; fut complètement embrasé; on ne s'entendait plus à quelques pas de distance. Des artilleurs allemands, faits prisonniers, avouèrent que la préparation française avait été exécutée avec beaucoup de vigueur et de précision.

Le 26 septembre, le régiment se porta à l'attaque d'un seul élan, ses bataillons échelonnés en profondeur dans l'ordre suivant:

- Bataillon de tête: bataillon Maffre (3ème).
- Bataillon de 2ème ligne: bataillon Roux (2ème).
- Bataillon de 3ème ligne: bataillon Rouis (1er) en réserve d'I.D.

Malgré un brouillard très épais qui rendait l'orientation extrêmement difficile, le bataillon de tête s'empara de la ligne d'arrêt des avant-postes. Là, l'ennemi s'était terré pendant notre préparation d'artillerie et avait de ce fait peu souffert, il nous opposa une vigoureuse résistance. Les défenseurs de la butte de Souain prennaient d'enfilade les éléments des compagnies de 1ère ligne. Malgré ces feux de flanc, le bataillon de tête progressait sensiblement, facilitant ainsi la tâche du bataillon du 409ème qui avait comme objectif là butte de Souain. Pendant cette journée, nous enlevâmes la ligne de crête marquée par la butte; nous capturions environ 120 prisonniers dont 10 officiers et nous nous emparions d'une trentaine de mitrailleuses, de fusils antitanks, de quelques minen légers et d'une quantité considérable de caisses de cartouches pour mitrailleuses.

Dans la soirée, l'ordre suivant de la division parvint au régiment:

« Le principal obstacle à la progression est, actuellement, l'occupation par l'ennemi de l'éperon boisé du Grand-Bois et du bois P.8., d'où partent de nombreux tirs de mitrailleuses enfilant les ravins de Sachsen Grund et du Kluck Grund. »

La 22ème D.I. devait poursuivre son attaque de manière à atteindre l'objectif éventuel qui lui avait été assigné:

Chemin Ste-Marie-à-Py à Somme-Py.

Conformément à ces ordres, l'attaque fut reprise le 27 dès le matin.

Le bataillon Roux (2ème) qui était en 2ème ligne, entra en action; après une lutte opiniâtre, contre un ennemi bien décidé à se défendre et appuyé par de nombreuses mitrailleuses et minen.

Il enlèva les dernières tranchées de la ligne de grand combat et le Grand Bois.

Le 409ème put alors progresser sur la butte de Souain et s'en emparer.

Au cours de cette opération, nous capturâmes encore plus de 40 prisonniers dont 2 officiers. Nous nous emparâmes, en outre, d'une dizaine de mitrailleuses, de nombreux matériels, d'une grande quantité d'obus, de grenades, cartouches et d'une pièce de 77 abandonnée par l'ennemi. Dans l'après-midi, les 2ème et 3ème bataillons, aidés par une section de chars d'assaut, cherchaient à progresser, à la grenade, dans la tranchée de Stuttgart. La progression était rendue très difficile par le grand nombre de mitrailleuses et de minen légers en position dans la tranchée. L'ennemi tenait en force sur ce point et nos grenadiers eurent fort à faire pour le déloger; mais rien n'arrêta leur élan. Le soldat Cinzele, un magnifique nègre Martiniquais, était parmi les plus ardents de ces combattants qui tenaient la tête de notre avance. Il mèna un vigoureux combat à la grenade pour s'emparer du blockhaus situé sur la route au sud de Somme-Py. On l'envoya chercher des grenadiers en renfort pour remplacer plusieurs hommes hors de combat. En partant, il eut la cuisse droite traversée par une balle; sa blessure saignait abondamment, mais il ralentissait à peine sa course. Après un parcours de plus de 100 m, il arriva à la section de réserve et s'effondra épuisé devant le chef de cette section à qui il dit:

"Adjudant, moi y en a bien blessé, mais toi, envoie vite grenadiers ".

Après un très dur combat, la tranchée fut enfin enlevée et la 7ème compagnie parvint même à nettoyer, vers l'ouest, 200 mètres de cette tranchée de Stuttgart, dans le secteur du 19ème R.I., lui facilitant ainsi la possession de cet objectif. Notre avance permit également au 409ème R.I. d'utiliser le boyau du Château et de passer par la tranchée de Stuttgart pour aller nettoyer et occuper, à son tour, son objectif: la tranchée de Cassel. Nous prîmes, au cours de cette progression, environ 60 prisonniers, dont un officier; nous nous emparâmes de 6 mitrailleuses lourdes, de 13 mitrailleuses légères et de 7 minen. A 16 h. le bataillon Rouis (1e), dépassant les bataillons de 1ère ligne, progressa sans arrêt sous le feu extrêmement violent de l'artillerie et des mitrailleuses ennemies, jusqu'à la route de Somme-Py-Tahure. A partir de cet endroit, il mèna de très durs combats à la grenade dans les boyaux, enlevant un à un les groupes ennemis qui opposaient une sérieuse résistance et arriva à une centaine de mètres au sud de la voie ferrée : Somme-Py - Challerange. Dans la soirée le commandant de ce bataillon rendit compte qu'un fort groupe allemand, appuyé par de nombreuses mitrailleuses, qui tenait le passage en dessous de la voie ferrée le gênerait très sérieusement le lendemain dans sa marche en avant. Il forma alors le projet de l'enlever le 28 avant la pointe du jour pour s'ouvrir la porte au delà de cette voie ferrée. Le 28 septembre, vers 5h.30, après une vive et rapide lutte les éléments allemands furent enlevés comme il avait été prévu. Ce hardi coup de main fit tomber entre nos mains 2 officiers, 30 hommes et 8 mitrailleuses. Les Allemands capturés étaient tous ahuris de la rapidité de l'attaque, et l'un des officiers pris déclara immédiatement que l'infanterie française s'était portée à l'assaut avec beaucoup d'habileté et de décision.

Devant ce succès, le commandant du bataillon, croyant pouvoir avancer avant l'heure prévue pour l'attaque (7h.30), demanda à progresser par l'envoi de plusieurs fusées. Satisfaction lui fut aussitôt donnée. Ce bataillon, sans l'appui de l'artillerie, traversa les marécages de la Py et franchissa, après les avoir cisaillées, les défenses accessoires qui bordaient cette rivière; il enlèva la tranchée de Mecklembourg et la tranchée des Prussiens, fortement occupées, s'empara d'une batterie de 77, du commandant de la batterie, de 10 servants et d'une quarantaine d'autres prisonniers ainsi que d'une vingtaine de mitrailleuses.Pendant que le bataillon Rouis progressait au nord de la voie ferrée Somme-Py - Challerange, les bataillons de 2ème ligne avancaient sous un tir d'artillerie extrêmement violent, réglé par avions. Sous ce feu intense d'artillerie lourde, qui dura plus d'une heure, les pertes subies par ces bataillons, dans le boyau du Château et aux alentours du château, furent très sévères. A ce moment, le P.C. du lieutenant-colonel commandant le 62ème R.I. fut installé au passage en dessous de la voie ferrée; les éléments de tête du 403ème R.I. atteignirent seulement cette voie et ceux du 19ème R.I. les lisières sud de Somme-Py. Malgré cette position très en flèche, les fractions du bataillon (2ème compagnie), entraînées par leur ardeur, poussèrent jusqu'au Kaiser-Treu où elles prirent une batterie de 105 qu'elles ne purent conserver. Vers 9h.30, une contre-attaque ennemie ramènait du Kaiser-Treu nos reconnaissances sur la tranchée d'Essen et réussissait même à pénétrer, en certains points, dans cette tranchée, nous refoulant sur la tranchée des Prussiens en même temps que l'ennemi, qui tenait la tranchée des Prussiens dans le secteur du 409ème R.I. et du 19ème R I., repoussait nos flancs sur l'objectif éventuel. Une contre-attaque immédiate, exécutée par notre compagnie de 1ère ligne, nous rendit la tranchée des Prussiens intégralement dans notre secteur.A 14h. l'ennemi exécuta une 2ème contre-attaque qui lui permit de prendre à nouveau pied dans la tranchée des Prussiens. Nos troupes contre-attaquèrent aussitôt et rejettèrent les Allemands au nord de cette tranchée. L'ennemi laissa sur le terrain 1 officier, 1 sous-officier et une vingtaine d'hommes. .

Enfin, à 19 h. l'ennemi déclencha une 3ème contre-attaque qui fut repoussée par nos feux.

Le 28 septembre, dans la soirée, le général Spire, commandant la 22ème D.I., adressa au général Braquet, commandant l'I.D., la lettre suivante:

" Je vous prie de faire parvenir mes félicitations au lieutenant-colonel Javel. Son régiment a fourni, depuis le début, un effort superbe. C'est grâce à lui que nous pouvons progresser. Il faut l'aider par tous les moyens."

Le 29 septembre, à 4 h. du matin, une tentative de notre part fut faite pour nous rendre maîtres de la tranchée d'Essen. Nous réussissions à progresser par une attaque de boyaux et de tranchées à la grenade, mais nos efforts ne pouvaient être poursuivis bien longtemps, le 409ème R, I. à notre droite n'ayant pas reçu l'ordre d'attaquer et le 19ème R.I. à notre gauche n'ayant pu aller au-delà de la tranchée des Prussiens, qui ne lui appartenait qu'en partie, du reste, dans son secteur. Nous ramenions deux prisonniers, nos grenadiers avaient tué six Allemands.

Pendant ces quatre journées de durs combats, l'ennemi avait opposé une résistance acharnée sur la croupe à l'ouest de la butte de Souain, dans la tranchée de Stuttgart, à la voie ferrée de Somme-Py, sur sa 2ème position, au nord de la Py, ne cédant le terrain que pied à pied, le 62ème réalisait une avance de près de 8 km. Il avait fait en outre 302 prisonniers dont 10 officiers (chiffre inférieur au nombre réel, certains d'entre eux ayant été renvoyés en arrière sans passer par l'officier de renseignements), s'était emparé d'une centaine de mitrailleuses, de 6 canons de 77, d'une vingtaine de minen, dont 4 de gros calibré, et d'une grande quantité de munitions et d'obus. Pendant le cours de ces combats, de nombreux gradés et soldats firent preuve d'un courage et d'une bravoure dignes d'éloges.

Le soldat Douguet se distingua particulièrement. Le 28 septembre, lors d'une contre-attaque allemande, il se porta résolument en avant, entraînant ses camarades, puis, par un combat acharné à la grenade, reprenait le terrain momentanément perdu et sur lequel une batterie de 77 était installée.

Le lieutenant Chazette contribua aussi grandement, par son énergie, à la conservation du terrain conquis. Ses munitions étant épuisées, il n'hésita pas à charger à la baïonnette un ennemi nombreux et abondamment pourvu de grenades.

Le sergent Chorel, de la 2ème compagnie, se porta, à la tête de sa demi-section, sous une pluie de balles de mitrailleuses, à l'assaut d'un élément de tranchée ennemie, s'en empara, tuant ou capturant tous les défenseurs.

Le soldat Glouet, de la 7ème compagnie, dont le caporal avait été tué au cours d'un combat à la grenade, prit le commandement de ses camarades, continua la lutte et réussissait à s'emparer d'un fortin garni de mitrailleuses.

Le sergent Paulet, de la 10ème compagnie, dont le chef de section avait été blessé, prit le commandement de son unité, reprit la marche en avant, attaqua et réduisit un nid de mitrailleuses, enfin il captura 50 Allemands et 6 pièces.

Le sergent Guilhem, de la 3ème compagnie, véritable entraîneur d'hommes, toujours à la 1ère place, s'empara, le 27 septembre, après une lutte acharnée à la grenade, d'un fortin ennemi où il fit 20 prisonniers dont un officier.

Le clairon Jule, de la 5ème compagnie, d'une bravoure exemplaire, entra le premier dans une tranchée allemande, blessa plusieurs adversaires qui voulaient lui barrer la route et, au moment où un groupe voisin battait en retraite, monta sur le parapet et mit hors de combat un officier ennemi qui s'avançait sur lui.

Le sergent Syphal, de la 11ème compagnie, se lança sous une pluie de balles à l'assaut d'une mitrailleuse ennemie qui arrêtait l'avance de sa compagnie, la réduisit au silence, par un vigoureux combat à la grenade, et mit en fuite les servants.

Le soldat de 1ère classe Lollier, de la 11ème compagnie, déjà 4 fois cité à l'ordre, se fit admirer de tous le 26 septembre. Voyant sa section arrêtée par les feux nourris de mitrailleuses ennemies, il se porta seul en avant sous une grêle de balles, fixa la garnison par le feu de son fusil-mitrailleur, permettant ainsi à un groupe de grenadiers de s'emparer du nid de résistance et, à sa section, de continuer la marche en avant.

Pendant cette période, les pertes du régiment furent les suivantes:

- Officiers: tués, 4, blessés, 12; évacués, malades et gazés, 2; en tout, 18,
- Troupe: tués, 75; blessés, 288; disparus, 96; évacués, malades et gazés, 29; en tout, 488.

Les trois bataillons du régiment furent relevés les 29 et 30 septembre par le 265ème R.I. Le 62ème se porta en 2ème ligne où il bivouaqua sur ses emplacements de départ du 26 septembre.

Le régiment, qui avait fourni depuis le début un effort superbe, fut félicité par le général commandant la division. Du 30 septembre au 2 octobre, le régiment se reconstituait et se préparait à reprendre bientôt le combat. Il était une force de soutien aux :

Attaques du Grand bois de Somme-Py, du Blanc-Mont et de Saint-Etienne-à-Arnes.

Octobre 1918

Dans la nuit du 2 au 3 octobre, la 22ème D.I., rassemblée au sud de Piémont, recevait l'ordre de se porter en soutien de la 21ème D.I., dans la région nord-ouest de Souain. Le 3 octobre, les bataillons du 62ème R.I., échelonnés en profondeur à droite de la D.I. occupaient les ouvrages suivants (à l'ouest de la route: Souain-Somme-Py):

- Bataillon de tête, bataillon Maffre (3ème) tranchée de Göttingen et le Bois tondu.
- Bataillon de 2ème ligne, bataillon Rouis (1er): tranchée Karlsruhe et Saintas.
- Bataillon de queue, bataillon Roux (2ème): tranchée de Schwerin.

Dans la nuit du 3 au 4, il recevait l'ordre de se porter sur Somme-Py, puis d'attaquer, face à l'ouest, à 9 h. 50, le grand bois de Somme-Py et de progresser ensuite, face au nord, avec, comme objectif final, la route de Saint-Etienne. Cette manœuvre était particulièrement difficile à réaliser :

Les allemands occupaient très solidement le Blanc-Mont, ils couvraient un terrain parsemé de défenses accessoires de toutes sortes. Leur artillerie était vigilante et leurs mitrailleuses invisibles. Quant à nous, nous devions exécuter un changement de direction au milieu de bois très touffus.

Nous nous montrâmes dignes des journées précédentes. Le 4 octobre, à 9h.50, le bataillon Maffre (3ème), prenant pour base de départ le boyau de Passau et encadré par la 2ème D.I.U.S. à droite, par le 118ème R.I. à gauche, se portait à l'attaque de la partie ouest du grand bois. Sa progression était rendue extrêmement difficile par la présence de nombreux nids de mitrailleuses dissimulés dans les bois épais ainsi que par de sérieux réseaux de fil de fer absolument intacts. La lutte fut chaude car l'adversaire se défendait courageusement; néanmoins, après un combat de plus de 3 h. le bataillon parvint à gagner la lisière ouest du grand bois et à s'emparer, au cours de son avance, de 2 pièces de 77. A 16h.10, ce bataillon exécuta, sous la protection de ses sections de mitrailleuses, une conversion face au nord - nord-ouest pour se placer face à son 2ème objectif (la route de Saint-Etienne à Saint-Pierre). L'exécution de ce mouvement fut rendue fort difficile par les feux très nourris de mitrailleuses, partant de nombreux îlots de résistance installés sur le Blanc-Mont et par une grande activité des minen, aggravé par un violent bombardement d'obus de tous calibres. Malgré les difficultés de toutes sortes auxquelles il eut à faire face, le bataillon engagea un violent combat qui lui permit de progresser, malgré la ténacité de l'ennemi. Il s'empara de 4 pièces de 105, d'une trentaine de mitrailleuses et captura une cinquantaine de prisonniers. A ce moment, le bataillon, qui aurait dû avoir à sa droite et à sa hauteur la 9ème D.I.U.S., cherchait vainement la liaison avec le régiment de gauche de cette unité. Pour éviter d'être trop découvert sur son flanc droit, il fut obligé de s'arrêter à hauteur du parc du génie. D'ailleurs de nombreux groupes de combat ennemis tenaient encore le Blanc-Mont et il fallait les réduire avant d'avancer, pour éviter la désagréable surprise des coups de feu dans le dos. Le bataillon Rouis, qui, depuis le début de l'attaque, marchait derrière le bataillon Maffre, fut alors engagé; il procèda aussi, de son côté, à la réduction des îlots de résistance du Blanc-Mont. Il captura, vers 23 h : 69 prisonniers, dont 2 officiers, 1 aspirant, et s'empara de 14 mitrailleuses.

L'adjudant Canevet, de la 1ère compagnie, se fit particulièrement remarquer pendant le cours de cette opération de nettoyage:

"Chargé de maintenir la liaison entre deux éléments de son bataillon, il n'hésita pas, pour mener a bien sa mission, d'attaquer, avec un sergent et six hommes, un fort détachement ennemi; il réussit à lui capturer 50 prisonniers, dont 2 officiers et 14 mitrailleuses ".

Le bataillon Roux, qui était resté, jusqu'à ce moment, en réserve de D.I., fut mis à la disposition du lieutenant-colonel commandant le régiment. Ce bataillon se porta à la gauche du bataillon Maffre, de façon à combler le vide qui s'était produit, en fin de journée, entre le régiment et le 118ème R.I. à notre gauche.

Il passa la nuit dans la tranchée de Saint-Pierre.

Le 5 octobre, à 6 h.15, les bataillons Roux et Maffre (2ème et 3ème) continuaient leur marche en avant. Les dernières résistances rencontrées étaient réduites. Une dizaine de prisonniers furent capturés ainsi qu'un matériel considérable (mitrailleuses, minen, fusils contre tanks, obus, cartouches et un important dépôt de matériel du génie). A 9 h. le bataillon Maffre arriva en bordure du chemin de terre (est-ouest) situé à 200 m. environ sud-ouest de Saint-Etienne à Arnes. A 9h.45, il reçevait l'ordre d'étendre sa droite, autant qu'il le fallait, pour réaliser la liaison avec les Américains, dont les éléments de tête étaient, d'après des renseignements inexacts fournis par la D.I.U.S., parvenus à hauteur et à l'est de Saint-Etienne. N'apercevant, ni dans le village, ni à l'est de ce dernier, les éléments américains annoncés, le commandant du 3ème bataillon lança, dans la partie ouest de la localité, ses éléments avancés; mais ceux-ci, furent pris à partie, au moment où ils allaient aborder Saint-Etienne, par des feux nourris de mitrailleuses et furent soumis, en outre, à un sérieux bombardement de l'artillerie ennemie. Ils se replièrent jusqu'à la voie ferrée de 0,60m, d'où ils étaient précédemment établis.

- Le bataillon Roux s'installa, à partir de 9 h. sur la rive sud de l'Arnes, à l'ouest du village.Les mitrailleuses situées dans le cimetière, et surtout dans les abris bétonnés au sud-est du cimetière, ainsi que celles qui couronnaient les crêtes au nord et au nord-est du village, balayaient, sans arrêt, le grand glacis occupé par les bataillons. L'artillerie

ennemie était aussi très active. Nous subissions des pertes très sensibles.
- Le bataillon Rouis, qui s'était porté à hauteur de la cote 142 (2 km. sud-ouest de Saint-Etienne), se trouva, lui aussi, exposé aux tirs continus de l'artillerie adverse. Saint-Etienne était donc toujours aux mains des Allemands et, tant qu'il y resterait, aucune liaison ne serait possible avec nos alliés.

Bien que cet important village ne fut pas dans notre zone d'action, nous l'attaquâmes et nous le prîmes, car il nous interdisait, par ses feux de flanc, toute progression en avant.

Le 6 octobre, à la pointe du jour, le bataillon Maffre attaqua Saint-Etienne. Il réussissait à occuper les issues nord et nord-ouest, y fit une dizaine de prisonniers et captura plusieurs mitrailleuses. Au cours de la matinée, le bataillon Roux, qui était à notre gauche, poussa des patrouilles en avant de son front pour rechercher la liaison avec les unités du bataillon Maffre qui avaient pénétré dans Saint-Etienne. Ces patrouilles se heurtèrent à l'ennemi, l'attaquèrent, le repoussèrent et lui firent 23 prisonniers, dont 3 sous-officiers. Vers 15 h. 30, l'artillerie adverse ouvrait violemment le feu sur la partie du village que nous occupions et, vers 16 h. l'infanterie ennemie, s'infiltrant par le nord et par le nord- est de Saint-Etienne, réussissait à rejeter nos éléments qui s'y trouvaient.

Le commandant Roux, s'apercevant de ce repli, fit exécuter, avec ses éléments disponibles, une contre-attaque pour reprendre le village. Cette contre-attaque, menée avec rapidité et entrain, réussit parfaitement. L'ennemi laissa entre nos mains: 37 prisonniers, 5 mitrailleuses lourdes et 6 mitrailleuses légères. Quelques instants après, les éléments du bataillon Maffre réoccupaient, de leur côté, Saint-Etienne.

Le bataillon Rouis, qui devait attaquer, dans la journée, en direction du moulin d'Emery et qui avait déjà gagné, sous un feu intense de mitrailleuses, sa base de départ, reprit, dans la soirée, son emplacement primitif en réserve, l'ordre qui prescrivait cette attaque ayant été annulé.

Ce bataillon était chargé de l'organisation d'une ligne de soutien.

Le 7 octobre, à 5 h. 30, à la faveur d'un brouillard très épais et après un très violent bombardement, par artillerie lourde et par obus toxiques, qui s'étendait sur tout le front du régiment, l'ennemi attaqua le village avec 4 compagnies des 16ème, 4ème et 24ème chasseurs en 1ère ligne, un bataillon en soutien et un bataillon en réserve. Nous réussissions à arrêter cette attaque face au nord, mais, par suite du vide de près d'un kilomètre qui existait entre notre droite et la gauche de la 2ème D.I.U.S., l'ennemi parvint à envelopper le village par l'est et par le sud-est et à l'occuper, mais il ne put en déboucher, les mitrailleuses de la 2ème C.M. (capitaine Soubeyrand) l'arrêtant net, par les feux de ses pièces, à la sortie ouest et lui causant de grosses pertes.

Les fractions du bataillon Maffre, qui avaient été soumises à un très violent bombardement, et qui avaient été attaquées par un ennemi fort supérieur en nombre, furent obligées de se replier dans les tranchées au sud de Saint-Etienne.

Deux petits groupes cependant tenaient tête énergiquement à l'ennemi :

- Celui du sergent Franquin qui, avec 5 hommes, dont les soldats Mullie, Guimier et Martin, ayant reçu l'ordre de garder une issue du village, se défendait héroïquement pendant près de 2 heures, refusant de se rendre, alors que le village avait été repris par l'adversaire.
- Ce fut le soldat Bellemin, de la 3ème compagnie de mitrailleuses, qui, à la tête de quelques hommes, organisa la résistance dans le réduit, s'y défendit avec la dernière énergie, refusant de se rendre, bien qu'entouré d'ennemis.

Ces deux petits groupes facilitèrent, par leur belle attitude énergique et tenace, la reprise du village par nos unités. A 7 h.30, après une vive et rapide préparation d'artillerie, une partie du bataillon Roux, sous les ordres du capitaine Saint-Mleux, de concert avec les éléments qui restaient encore du bataillon Maffre, contre-attaquèrent pour reprendre Saint-Etienne. Nos soldats, se jetèrent résolument dans le lit boueux de la rivière, où ils enfoncèrent jusqu'à la ceinture, contoutournèrent le village par le nord et l'enveloppèrent par l'est et le sud-est. Par un énergique combat à la grenade ils réduisirent tous les îlots de résistance, fouillèrent les caves et engagèrent un violent combat de rues qui se poursuivit pendant plus de 2 h. Notre détachement de contre-attaque fit 14 prisonniers dont 3 officiers, captura 13 mitrailleuses et s'empara d'une pièce de 105, d'armes, de munitions et d'un très important matériel.

Le dossier complet de la kommandantur, trouvé dans un local près de l'église, fut envoyé au commandement.

Pendant le cours de ces combats de nombreux gradés et hommes se distinguèrent particulièrement, faisant preuve d'une bravoure exemplaire et d'une grande ténacité. Tels:

- Le soldat Surivet, de la 3ème C.M., qui, au cours du violent bombardement du 6 octobre, n'hésita pas à monter dans le clocher du village, en pleine vue de l'ennemi, pour assurer la liaison optique avec le poste de commandement du régiment.

- L e sergent Verdier, de la 7ème compagnie, qui, pendant le combat de rues dans Saint-Étienne, le 7 octobre, se lança à l'attaque d'une mitrailleuse en pleine action, tua de sa propre main le tireur et permit ainsi à son groupe d'avancer.

- Le soldat grenadier V.-B. Dupouy, de la 7ème compagnie, qui, voyant le groupe dont il faisait partie, arrêté par le feu de mitrailleuses, s'avança seul jusqu'à bonne portée de son tromblon V.-B., ouvrit avec le plus grand calme, le feu sur l'ennemi et, par son audace et la précision de son tir, permit à son groupe de capturer 17 prisonniers et 2 mitrailleuses lourdes.

- Le lieutenant Susini, commandant la 11ème compagnie, qui, à la tête d'une section dont il avait demandé de prendre le commandement, se jeta un des premiers dans le ruisseau boueux de l'Arne, puis par un vigoureux combat à la grenade, il reprit une partie du village, capturant 20 prisonniers et 7 mitrailleuses.
- Le sous-lieutenant Mourier qui, en tête de sa section, contre-attaqua avec une fougue et un mordant irrésistibles, capturant 93 prisonniers et 12 mitrailleuses et, bien que blessé, ne voulut pas abandonner le combat.
- Le sous-lieutenant Dufour, qui mena personnellement une vive attaque à la grenade, captura plusieurs prisonniers, des mitrailleuses et un minenwerfer.

Notre brillante contre-attaque nous permit de reprendre tout le village de Saint-Etienne. Le commandement de la garnison fut alors confié au capitaine Saint-Mleux. Les Allemands ne tenaient plus que le cimetière et leurs positions bétonnées au sud-est de ce dernier. Au cours de l'après-midi, l'ennemi tenta, à plusieurs reprises de déboucher du cimetière et de ses tranchées au sud-est. Mais il fut repoussé chaque fois par le feu de nos mitrailleuses. Vers 16 h. nos observateurs signalèrent d'importants rassemblements ennemis dans les bois situés à 2 km à l'est et au nord-est de Saint-Etienne.

Le commandant Hayotte, commandant provisoirement le régiment, fit aussitôt exécuter sur ces rassemblements, un violent tir d'artillerie lourde et de campagne qui fit avorter la nouvelle contre-attaque que l'ennemi préparait pour la soirée. D'après les renseignements fournis par les prisonniers faits les jours suivants, cette contre-attaque devait s'exécuter à la tombée de la nuit; elle devait être menée par un régiment appuyé par une douzaine de tanks.

Dans l'après-midi, le bataillon Rouis renforça, avec une compagnie et une section, les unités de 1ère ligne très éprouvées par les combats acharnés qu'elles avaient livrés et soutenus. Ce mouvement, que ces unités furent obligés d'effectuer en plein jour, sur un terrain constamment battu, fut extrêmement difficile. Le commandant de la compagnie fut blessé grièvement dès le début, mais les sections réussissèrent cependant, sans de trop grandes pertes, à gagner leurs emplacements.

Le 8 octobre, au cours de l'attaque déclenchée à 5 h. 50 par la 7e D.I. en liaison avec les unités de la D.I.U.S., une compagnie du 6ème régiment américain de marine arrivait dans Saint-Etienne, sous la direction du capitaine Saint-Mleu, aidée de plusieurs de nos gradés, elle réussissait à réduire l'îlot de résistance du cimetière et des ouvrages au sud-est, où elle fit 200 prisonniers, capturait des mitrailleuses et un important matériel. Cette opération effectuée, le détachement du 62ème qui occupait Saint-Etienne-à-Arnes passait le village aux Américains et rejoignait, vers 15 h.30, le régiment. Celui-ci, qui avait été dépassé par le 102ème R.I. (7ème D.I.), occupa alors les positions de 2ème ligne dans les bois situés au nord-ouest du carrefour du parc du génie.

En résumé, dans la période du 4 au 8 octobre, le régiment effectua, dans des conditions très difficiles, une progression de 5 km. dans un terrain boisé rempli de défenses accessoires. Elles étaient composées de nombreux chevaux de frise et de réseaux de barbelés. Nos hommes avaient déjà pris part aux durs combats du 26 au 30 septembre sous les tirs de jour comme de nuit de mitrailleuses et de tirs d'artillerie parfaitement réglés.

Il s'était rendu maître, au prix de grands efforts, des fortes résistances du Blanc-Mont; par des combats acharnés, il conquit trois fois et réussit à conserver le village de Saint-Etienne-à Arnes en infligeant à l'ennemi des pertes considérables. Il captura 223 prisonniers, non compris les 200 prisonniers faits en commun avec les Américains à Saint-Etienne-à-Arnes; s'empara d'une centaine de mitrailleuses, de 7 pièces d'artillerie, dont 5 de 105, d'un important parc du génie et de matériel de toutes sortes.

Par l'occupation du village de Saint-Etienne, maintenu à tout prix, le 62ème R.I avait grandement aidé au succès des opérations entreprises, le 8 octobre, par la 7ème DI. et les Américains.

Les pertes du régiment pendant cette période furent les suivantes:

- Officiers: blessés, 7; évacués, malades ou gazés, 4; en tout, 11.
- Troupe: tués, 36; blessés : 180; évacués, malades et gazés, 77; disparus, 143; en tout, 436.

Si nos pertes étaint sérieuses, celles de l'ennemi étaient lourdes.

Sur un prisonnier fait quelques jours après, nous trouvâmes une lettre dans laquelle il était dit:

" Les Français attaquent chaque jour, deux et trois fois, nous avons de lourdes pertes. Quelques compagnies n'ont plus 20 hommes valides."

Sur un autre prisonnier de la même unité on trouva la lettre suivante:

"Nous avons beaucoup de pertes, mais à quoi cela nous sert-il, puisque nous devons rester en ligne jusqu'à ce que la plupart des hommes soient tués ou blessés ?"

A la suite de ces violents combats, le 62ème R.I. fut cité de nouveau à l'ordre de la IVème armée (ordre général N° 1445 du 12 novembre 1918) pour sa brillante conduite, avec le motif suivant:

" Sous le commandement énergique et l'âpre volonté de son chef, le lieutenant-colonel Javel, le 62ème régiment d'infanterie a, le 26 septembre

1918, conquis de haute lutte les pentes ouest de la butte de Souain et, les jours suivants, les tranchées du nord-est de Somme-Py, s'y maintenant en flèche malgré les violentes contre-attaques ennemies. Pendant quatre jours de durs combats, où il a toujours été en avant et où il s'est fait remarquer autant par son ardeur guerrière que par l'intelligente initiative de tous, a progressé de près de 8 kilomètres, pris 5 canons, 7 minen, 40 mitrailleuses et fait plus de 300 prisonniers dont 7 officiers. Jeté de nouveau, quatre jours après, dans la bataille, s'est emparé des organisations du bois de Somme-Py, des pentes ouest du Blanc-Mont, puis de l'importante tête de pont de Saint-Etienne-à-Arnes que l'ennemi, malgré ses contre-attaques répétées, n'a pu lui arracher. A, au cours de cette nouvelle période de cinq jours de lutte sans répit, réalisé une progression de 7 kilomètres, capturé 225 prisonniers, pris plus de 40 mitrailleuses, 7 canons, un parc du génie et un abondant matériel.

signé: GOURAUD."

♦

58 - Le 62ème chasse l'ennemi

♦

Le général commandant la IVème armée fit connaître que l'ennemi était en retraite sur tout le front de l'armée. Il donna l'ordre de continuer la poursuite avec toute la vigueur et l'énergie que comportait la situation.

En conséquence, le 11 octobre, dans la matinée, la 61ème D.I. poursuivait L'ennemi au nord de l'Arnes. Elle avait deux régiments en 1ère ligne, le 219ème à gauche, le 164ème à droite, un régiment en réserve: le 265ème.

La 22ème D.I. recevait l'ordre de s'engager dans le sillage de la 61ème D.I. Elle prenait le dispositif suivant:

- 2 régiments à la même hauteur: 19ème à gauche, 118ème à droite
- 1 régiment en réserve: le 62ème.

A 12 h. 30, le régiment, formé en colonne de bataillon, se mit en mouvement dans l'ordre suivant:

- Bataillon de tête: bataillon Rouis.
- Bataillon du centre: bataillon Roux.
- Bataillon de queue: bataillon Maffre.

Il traversa l'Arnes, entre Saint-Pierre-à-Arnes et Saint-Clément-à-Arnes, suivant à la distance de 1 km. les deux autres régiments de la division. A 18 h.15, la 22ème D.I. reçut l'ordre de dépasser la 61ème D.I.

Le 62ème R.I., en 2ème ligne, commenca son mouvement immédiatement et, dans la nuit du 11 au 12, il dépassa le 265ème Ri. (régiment de réserve de la 61ème). Le 12 octobre, à 5h30, le régiment continua à progresser, ses 3 bataillons étant placés à la même hauteur. Il franchissait la Retourne à Ville-sur-Retourne et s'établissait à la cote 165 au sud du village de Mont-Laurent. Le 13 octobre, dans la matinée, le régiment passa en 2ème ligne. Un bataillon cantonna à Cauroy, les deux autres bataillons bivouaquèrent dans les bois à l'ouest de Cauroy. Le 15 octobre, le régiment se porta, par étapes, dans la région de Trépail où il resta au repos jusqu'au 24 octobre.

Le 25 octobre, la division fit mouvement pour se porter dans la direction de l'Aisne.

Le 62ème gagna, par étapes, la région de: Cauroy-Machault, par Saint-Hilaire-le-Grand et Saint-Souplet. Le déplorable état de nos voies de communication, auquel s'ajoutait le mauvais temps, rendaient la traversée de la région de la Suippes, entre Auberive- Saint-Hilaire et Saint-Souplet, extrêmement difficile, surtout pour les voitures.

La 22ème D.I. reçut l'ordre d'occuper le secteur de Dricourt, au sud de l'Aisne et limité à l'est par Voucq (exclu) et à l'ouest par Attigny (inclus).

Le 28 octobre, le 62ème R.I. relèva, dans le secteur de Saint Vauhourg-Coulomnes, le 141ème R.I.U.S. Le 29, le 2ème bataillon (commandant Roux) relèva, à Attigny, un bataillon du 19ème R.I. qui occupait la localité depuis deux jours seulement. Le 1er bataillon (capitaine Alexandre) qui tenait le secteur de Saint-Vaubourg étendit sa gauche jusqu'aux abords est d'Attigny. Le 3ème bataillon (commandant Maffre) fut placé en réserve à Vaux-Champagne où se trouvait aussi le P.C. du régiment.

A ce moment, le front du régiment s'étendait de la ferme Forest (sud-ouest de la boucle de Rilly-aux-Oies) à la voie de 0m, 60 à l'ouest d'Attigny. Il était bordé au nord par le cours de l'Aisne et le canal constituant un obstacle important, renforcé encore par des inondations et de sérieuses défenses accessoires. Les Allemands avaient, en outre, fait sauter tous les ponts. Toute la plaine entre l'Aisne et la ligne fermée Moscou-Mazagran était complètement visible par les hauteurs de la rive droite tenues par l'ennemi.

Toute circulation de jour était très difficile et attirait le feu de l'ennemi.

Novembre 1918

Le 1er novembre, la 29ème D.I (division de gauche du 14ème C.A.) fut appelée à prendre part à une opération offensive.

Le front qu'elle occupait était divisé en deux parties:

- Une partie active (zone de droite), dans laquelle le 118ème devait attaquer l'ennemi dans la boucle de Rilly-aux-Oies et s'emparer de ce dernier village, puis le rejeter sur la rive droite de l'Aisne.
- Une partie passive, celle du 62ème.

Le régiment devait, pendant la durée de l'opération, tenir l'ennemi par ses feux sous la menace d'une attaque. Les 1er et 2ème bataillons reçurent l'ordre de battre, avec leurs mitrailleuses et les canons de 37, la région au nord de Saint-Lambert, le faubourg du moulin d'Attigny et la partie ouest de la grande boucle de l'Aisne. Le 3ème bataillon se porta, dans la nuit du 31 octobre au 1er novembre, en réserve de D.I. aux environs du Bardo (nord-est de Vaux-Champagne).

L'attaque eut lieu le 1er novembre, à 5 h. 45. Le 118ème enleva le village de Rilly et, à la tombée de la nuit, il était maître de toute la boucle de l'Aisne; l'ennemi était rejeté complètement sur la rive droite de cette rivière.

Le 6 novembre, le régiment, qui occupait toujours le secteur d'Attigny, reçut l'ordre de franchir l'Aisne et le canal et de s'élancer à la poursuite des Allemands qui avaient commencé leur mouvement de retraite. Les ponts d'Attigny avaient été détruits par les Allemands, le 2ème bataillon passa seul l'Aisne en cet endroit sur des passerelles de fortune. Les 1er et 3ème bataillons franchirent la rivière près de Rilly-aux-Oies sur des passerelles jetées par le génie. A 15h. le 3ème bataillon, qui avait été mis à la disposition du colonel Bizard, commandant le 9ème régiment de hussards, pour constituer un groupement léger, prenait la direction de Bouvellemont. L'avant-garde particulière du 62ème (1er bataillon) atteignait le pré Boulet à 16h.15, puis se portait ensuite sur Hurtebise, Guincourt et Le Plain. En fin de journée, le bataillon d'avant-garde (1er bataillon) s'établissait en cantonnement d'alerte dans le village de Le Plain.

En quittant cette région, les Allemands avaient incendié le village de Guincourt. Cette localité était toute en flamme lorsque l'avant-garde y pénètra.

Le 2ème bataillon cantonna à Hurtebise.

La situation des régiments aux ailes du 62ème était la suivante:

- Les 19ème et 118ème R.I. n'avaient pas dépassé sensiblement Tourteron, le 264ème R.I. (61ème D.I.) à notre gauche occupait avec son bataillon de réserve le village d'Ecordal.
- La progression du régiment avait été, pendant la journée du 6, de 11 km à vol d'oiseau.

Dans la matinée, vers 9 h. deux Allemands se rendaient à nos premiers éléments au nord d'Attigny. Le 7 novembre, le 62ème R.I. en avant-garde de la 22ème D.I. quittait ses cantonnements d'alerte de Hurtebise et de Le Plain à 5 h.30. Il se portait à la poursuite de l'ennemi dans la direction de Bouvellemont-Baalons-les-Taillis-Trois-Maisons - La Horgne - Singly Balaive et la Meuse. Le 3ème

bataillon, formant détachement léger avec 2 escadrons du 9ème régiment de hussards, avait passé la nuit, du 6 au 7 novembre, à Bouvellemont. Ce détachement précèdait la colonne. Arrivé à Les Tailles, il fut accueilli par des feux de mitrailleuses provenant de Trois-Maisons et des lisières à l'est de ce hameau; le 3ème bataillon engagea aussitôt l'action. Le 2ème bataillon recevait l'ordre de se porter sur Beauvois et la Horgne pour manœuvrer l'ennemi. Le 1er bataillon était tenu en réserve.

La liaison fut établie à droite avec le 142ème R.I. (163ème D.I.) mais un grand vide existait à notre gauche avec la 61ème D.I. qui, à 12 h.15, avait une patrouille au carrefour (1 km. nord-ouest de Bouvellemont), le gros du régiment (264ème) atteignant Saint-Loup Terrier. A ce moment, les Allemands tenaient la crête Mouton.

L'ennemi résistait toujours devant le front du 62ème, le 1er bataillon reçut l'ordre de s'engager pour le déborder. Devant cette menace, l'adversaire se retira sur La Horgne, Singly, où il opposa, avec ses nombreux nids de mitrailleuses, une très sérieuse résistance. Les trois bataillons du régiment étaient à ce moment engagés.

Malgré plusieurs concentrations de feux sur les lisières de Singly, notre progression rencontra encore une vigoureuse résistance. Vers 15 h. après un tir d'artillerie, des éléments du 2ème bataillon réussirent à chasser l'ennemi du groupe des fermes des Comes et s'y installèrent. Des fractions de ce même bataillon se portèrent sur Terron-lesPoix; 2 compagnies allemandes, fortes d'environ 70 hommes chacune, évacuèrent alors le village.

Vers 17 h. après une nouvelle préparation d'artillerie, le 1er bataillon chercha à déborder Singly par le nord-ouest, pendant que le 2ème bataillon attaquait ce village par le sud, mais notre infanterie était arrêtée dans sa progression par les feux de nombreuses mitrailleuses et d'importantes défenses accessoires. Vers 23 h.30, le 2ème bataillon, qui était engagé au sud de Singly, réussit à s'emparer du village. Dans les combats autour de Singly, le sous-lieutenant Dufour, qui s'était brillamment distingué sur la Py, contribua pour une large part, par son audace et par son courage, à l'enlèvement de cette localité.

Nous trouvâmes dans Singly plus de 2 000 réfugiés civils provenant surtout de l'Argonne, et des régions Saint-Quentin, Bapaume. Malgré leur état de misère extrême, tous ces civils accoururent dans la nuit noire et pluvieuse pour nous acclamer avec enthousiasme et nous manifester la joie qu'ils éprouvaient d'être enfin délivrés du joug allemand. Nous capturâmes à Singly 6 prisonniers, dont 1 aspirant.

Vers 2 h.30, les 1er et 3ème bataillons se portaient en avant, le 3ème bataillon dépassait le 2ème et occupait les lisières des bois d'Elan à l'est de Singly.

A 6 h. le 19ème R.I., qui avait reçu l'ordre de dépasser le 62ème, arrivait à Singly. Le régiment cantonna à Singly et à la ferme des Comes. Le 10 novembre, il reçut l'ordre d'aller se positionner à Charbogne, il s'y rendit dans la soirée.

Le 11 novembre, une communication fut donnée à la troupe du message adressé par le maréchal Foch indiquant que les hostilités s'arrêteraient sur tout le front à partir du 11 novembre 1918 à 11h.

Ce mot armistice n'était pas connu de la plupart d'entre nous. Sa définition donnait :

suspension des hostilités.

Il fut acclamé . Enfin, nous voyions la sortie du tunnel … De si longues années de souffrances pour un résultat négatif, catastrophique. Hélas ce n'était pas la quille encore. Il fallait continuer, donner aux allemands la certitude que s'ils ne signaient pas le traité de paix, l'enfer serait terrible pour eux .

Le 17 novembre, le régiment se portait sur la Meuse qu'il traversa à Sedan le 18.

Du 20 au 23 novembre, le régiment continuait sa marche en avant en traversant la Belgique. Le 24 novembre, il entrait dans le grand-duché de Luxembourg et cantonnait à Arsdorf et ses environs.

Décembre 1918

Le 24 décembre, le 3ème bataillon s'embarquait à Wite (Luxembourg) à destination de la gare de Connantre (France). Le 27 décembre, les 1er et 2ème bataillons se dirigeaient vers la France aux environs de Montmédy.

1919

Le 14 février, ils se portaient dans la région de Longwy. Le 16 février 1919, lorsque l'I.D. 22 disparut pour reconstituer la division à deux brigades (43ème et 44ème), le général Braquet, commandant l'I.D., adressa au lieutenant-colonel l'ordre No 122 suivant:

" Au moment de quitter le 62ème, je lui exprime les regrets profonds que j'éprouve de cette séparation. Dix mois de guerre me lient à ce beau et solide régiment et je n'oublierai jamais les heures vécues ensemble, les dures heures de lutte acharnée par qui fut donnée la Victoire. Et je tiens à le dire: là où était le 62ème, j'étais tranquille; je savais que tout ce qui pouvait être fait serait fait et même davantage.

Je prie le lieutenant-colonel Javel et tout le régiment de croire que je serai toujours très heureux de les retrouver et, si je le puis, de leur être utile. Bonne chance au 62ème. »

Général BRAQUET.

Enfin, le 8 avril, ils quittaient cette région pour revenir dans celle de Montmédy-Carignan.

♦

59 - La hantise des retrouvailles

◆

Le danger n'était plus le bruit des canons,

mais le choc des retrouvailles…

◆

Tous les poilus et leurs familles aspiraient au retour à la vie normale.

Hélas, ce retour n'était pas envisageable tant que la paix n'était pas signée. La France, pour forcer l'Allemagne à la capitulation, conserva ses troupes mobilisées durant toutes les négociations qui n'aboutirent qu'à la signature du traité de Versailles en juin 1919.

◆

A partir de ce 11 novembre, chères lectrices, chers lecteurs, nous étions tous dans un retour imaginaire. Je peux vous assurer que je ne connais pas un poilu sain de corps et d'esprit qui ne fantasmât pas. Il s'était construit patiemment dans l'échange des correspondances entre les couples mariés, fiancés et avec les marraines de guerre. Nous mettions en scène un retour imaginé. Il était pour nous, les poilus, une juste récompense à cette longue absence, à cet impôt physique si lourd…

Il fut, croyez-moi, un refus de mourir.

Quant aux épouses, cette scène fut moins fantasmagorique. Elles découvraient pendant cette longue absence,leur nouveau rôle de chef de famille avec les charges du foyer. Elles ne pouvaient pas, pour des raisons de censure militaire, partager notre expérience du front, ni parler sans retenue de leurs sentiments. Les enfants aussi vivaient un monde irréel. Ils inventaient un père imaginé grâce à des photos, des lettres, des récits ou des exploits du régiment relatés par la presse. Elle valorisait nos actes de défenses héroïques, nos assauts la «baïonnette au canon ». Pour certains d'entre nous, les permissions avaient été le prélude à des retrouvailles qui décelèrent des changements vestimentaires et des jeunes femmes déjà émancipées à la coiffure dite « garçonne ». Elles revendiquaient une certaine indépendance et /ou rejeter toute domination totale ou partielle...

◆

Quant à moi, ma préoccupation était une interrogation sur mes capacités à gérer mes réactions aux stimuli que nous envoie notre environnement. Je redoutais ce retour par des questions qui me venaient à l'esprit :

- Quelles seront les attributions de chacun de nous lors de mon retour ? Il me faudra écouter mes parents, Marie-Anne et les enfants qui auront à cœur de me montrer leurs aptitudes dans les tâches qu'ils s'étaient octroyées ou partagées. Je ne devrais pas porter de jugement de valeur et ne pas jouer les arbitres.

- Quelle sera ma place dans cet univers reconstitué dans le quel mes parents et mon épouse avaient partiellement rempli mes fonctions de chef de famille ?
- Quelle attitude devrais-je adopter envers mes trois enfants qui avaient été éduqués sans l'autorité et l'exemplarité d'un père ?
- Quel sera le bilan financier et économique de l'exploitation agricole ?
- Devrais-je revoir les orientations et dans cette hypothèse comment négocier avec Marie-Anne ces éventuels changements ?
- Quelle attitude paternelle devrais-je adopter sans choquer mes enfants et surtout Marie-Anne et mes parents qui avaient pallié ma longue absence.
- Quels regards rencontrerai-je lorsque mes enfants me verront ?

◆

Je devrais surtout maîtriser les programmes de mon système limbique ; celui qui gère mes émotions (colère ou empathie). Je devrais aussi chasser mes pensées négatives et apprendre à répondre aux questions relatives aux expériences de la guerre que je voulais oublier.

La partie commerciale de ma profession était fondée sur le négoce ; elle était donc sujette à des risques d'agressivité, je devrai donc trouver une méthode pour y échapper ! Je pensais que je choisirai la compassion. D'autres professionnels seront dans le même cas d'école que moi. Aussi, devrais-je aborder la négociation sous l'angle de l'intérêt que je portais aux malheurs et soucis de celles et ceux qui devront demeurer des partenaires économiques ; les irriter serait alors en faire des adversaires !

◆

Ce retour nous obligeait à retrouver, enfouis dans nos mémoires, les souvenirs familiaux.

Notre vécu dans les tranchées et l'isolement des femmes avaient perturbé l'ordre et la nature de notre vie en commun. Les retrouvailles seront du bonheur pour certains et pour beaucoup d'autres ce sera un traumatisme de plus pour ceux qui étaient amputés et meurtris par les affres des combats et des bombardements. Il sera dramatique pour ceux qui, hélas étaient méconnaissables par une hideuse blessure faciale. Imaginez chères lectrices, chers lecteurs, l'enfant qui découvre un tel homme La gène du père qui le rend distant et encombrant dans le cocon familial.

Les retrouvailles étaient fondées sur le bonheur du retour du héros et/ou du désenchantement de la confrontation au changement corporel du père ou du mari.
Les souvenirs des combats hantaient les nuits de ces pauvres camarades qui étaient devenus méconnaissables par une blessure faciale, n'osaient plus soutenir le regard des amis, des frères de combat…
Qu'en serait-il alors de leurs proches ; la hantise du retour les gagnait… Et pourtant ils le souhaitaient tant…
Moi-même, j'étais souvent réveillé en sursaut par un cauchemar ; elles étaient si nombreuses ces

séquences dramatiques que j'appréhendais le coucher…

En attendant le traité de Versailles qui ne fut signé qu'en octobre 1919, nous eûmes tout le temps de penser et d'imaginer ce retour.

Pour ce qui me concernait, je mettais en pratique les enseignements que m'avait apportés le médecin-major pour repérer un circuit cognitif qui s'activait dans mon cerveau. Je me concentrais sur ce que je ressentais au plus profond de moi-même lorsque l'anxiété me gagnait.

Mon cœur se serrait, mon estomac se nouait…

Je me souvenais des paroles du médecin-major qui me disait :

- « Ce sont des réseaux de neurones que vous ne parvenez pa à contrôler et qui prennent le dessus ».
- « Respirez profondément pendant une minute et demie afin que votre réaction émotive et physiologique se dissipe et adressez-vous à votre cerveau sur le même ton qu'à une bande de gamins turbulents. »
- « Si votre cerveau rechigne, agitez votre index comme une mère qui réprimande son enfant ».

J'imposais donc au jardin de mon esprit, un minimum de discipline à ma petite voix intérieure. Je compris alors que c'était à ma conscience de lui enseigner ce qui était acceptable ou non.

Le médecin-major m'avait conseillé vivement de prendre conseil auprès de notre aumônier qui m'aiderait à diriger les travaux de ma conscience. Il fut enchanté de me dispenser ce complément de soins spirituels. Il avait commencé par m'offrir une bible provenant d'une toute nouvelle association créée en 1917 qui avait pour mission de gérer des librairies missionnaires appelées : Dépôt des Saintes Ecritures. Puis, il m'avait invité à lire un Evangile de Matthieu, de Marc, de Luc ou de Jean.

J'étais content d'avoir les Saintes Ecritures pour moi seul ; je les lisais et les relisais. Je m'aperçus alors que mon esprit devenait serein et que la gestion de mes neurones en était facilitée.

La complémentarité des soins médicaux et spirituels fut tel que je me sentais capable de transmettre mon énergie à mes camarades. Je leur donnais des conseils pour acquérir de nouvelles facultés de concentration.

J'avais compris que mon hémisphère gauche influait (en bien ou en mal) sur ma santé physique et que mon cerveau droit me procurait la paix intérieure et créait un sentiment de quiétude.

J'utilisais les récepteurs sensoriels de ma bouche qui me permettaient de distinguer une variété de gouts et de textures. Elles me créaient des sensations procurées par tel ou tel aliment. Je prenais alors plus de plaisir à manger et je communiquais ce plaisir à mon entourage. Je venais de trouver que ce plaisir partagé était un excellent moyen d'évacuer le stress ou l'anxiété pour les autres, comme pour moi-même.

Je me souvenais alors que lorsque, je labourais, mon odorat était sensible à cette bonne odeur de la terre labourée ; je m'exerçais donc à le développer en notant de 1 à 10 sur l'échelle du plaisir comme celle du dégoût.

Je découvrais également deux manières de regarder :

- Mon hémisphère droit s'émerveillait du paysage qui s'offrait à ma vue ;
- Tandis que mon hémisphère gauche se focalisait sur des détails, les essences des arbres, la couleur du ciel, la forme des nuages et les bruits environnementaux (matériels ou animaux).

Je continuais ainsi à découvrir mes sens :

- celui des sons me faisait vibrer ou m'émouvait. J'aimais aussi le silence parce que l'excès de stimuli auditif me fatiguait (les bombardements en étaient la cause et la conséquence)
- Notre peau dispose de récepteurs spécifiques à une multitude de stimuli qui nous alertent sur la chaleur, le froid et la douleur. Je me souvenais des bienfaits que me procuraient :
- les massages,
- Les douches
- Le contact physique avec mon épouse,
- La chaleur du soleil ou le souffle de la brise
  ...

Je découvrais par, l'irruption dans mon environnement d'une mésange charbonnière que mon cerveau droit détectait l'énergie qui m'entourait. Je compris grâce à elle, que j'avais un sixième sens ; celui de l'intuition. Je devinais quelle ambiance régnait dans notre groupe, je me fiais à lui pour classer les individus qui m'étaient sympathiques. J'apprenais à détendre mes muscles qui avaient été contractés par l'intensité des bombardements et pour m'endormir je relâchais ma mâchoire, ce qui déclenchait l'endormissement souhaité.

Je maîtrisais mon hémisphère gauche en le priant de chasser les idées noires, celles qui stressaient, qui nous angoissaient. Pour cela je respirais profondément et répétais des incantations plusieurs fois :

- Je suis protégé de Dieu ;
- J'ai une forme extraordinaire ;
- J'ai confiance en la Providence….

Je récitais le « Soyez dans la joie » de Luc 3,10-18 :

Tu m'étonnes, Seigneur !
Autour de moi,
Je vois parfois des gens tristes,
Des gens en colère
Et aussi des gens malheureux.
Et pourtant je t'entends dire :
« Soyez dans la joie »
Veux-tu donc me dire que la tristesse,
La méchanceté et le malheur
Ne sont pas l'avenir de l'homme ?

Qu'il y a autre chose à vivre : la joie.
Celle que Tu viens nous donner : Ta joie !
Tu le dis : « Soyez dans la joie ».
Je te crois, alors apprends-moi
A partager ma joie.

◆

C'était pour moi un message d'espoir et dans cet univers de violences, mon hémisphère gauche se mettait en veilleuse pour éviter que ma petite voix intérieure me noie dans son océan de mauvaises pensées. J'avais appris en lisant l'Evangile de Luc, qu'il avait été un médecin non juif et qu'il avait été un compagnon de voyage de l'apôtre Paul. Il cherchait surtout dans son ouvrage, à montrer que Jésus était venu pour être le Sauveur de tous les hommes, qu'ils soient juifs ou non. Je m'aperçus rapidement que cette prière calmait mes angoisses et m'aidait à communiquer mon énergie à mes camarades.

◆

♦

Définition :

Convention par laquelle les belligérants suspendent les hostilités. L'armistice est conclu non par des plénipotentiaires civils mais par les chefs militaires suprêmes et n'a donc pas de conséquences sur l'état de guerre ; seules cessent les hostilités, d'où l'utilisation accrue du terme « cessez-le-feu » pour désigner cet accord.

♦

Dés le début du mois d'octobre 1918, le chancelier Maximilien de Bade, fraîchement nommé dut sous la pression de Ludendorff, négocier l'armistice avec les alliés. Guillaume II voulait qu'il obtienne des conditions de paix modérées de la part des alliés. Le président des Etats-Unis se montra extrêmement ferme vis-à-vis de cette requête et précisa qu'il était impossible de négocier la paix avec un gouvernement sous l'emprise de l'armée.
Ludendorff considéra alors cette note diplomatique comme une demande de capitulation militaire qu'il

jugea humiliante et qu'il n'accepta pas. Il ordonna alors dés le lendemain aux armées allemandes de reprendre avec vigueur le combat.

L'amirauté allemande dés le 29 octobre ordonna à la flotte allemande stationnée à Kiel de prendre la mer et d'affronter la Royal Navy. Le 30 octobre, des matelots de plusieurs navires se mutinèrent, le drapeau rouge flotta sur les navires du port de Kiel. Des arrestations se multiplièrent mais qui eurent pour conséquence d'étendre ce mouvement de contestation à toute l'Allemagne, surtout chez les ouvriers.

Des manifestants furent abattus.

La puissance allemande se retrouvait désormais seule face aux forces alliées, entravée dans son accès à la mer, elle n'avait donc plus d'autre choix que de s'engager vers la fin des hostilités.

L'entretien entre Éric Ludendorff, Chef des armées allemandes et l'empereur Guillaume II convint d'une demande d'armistice.

L'Allemagne, au bord du gouffre, capitulait

Ce fut à Matthias Erzberger,[40] Secrétaire d'État impérial, que revint la pénible tâche de la négocier. Il quitta l'Allemagne le 7 novembre 1918 et traversa le front avec pour mission de mener à bien les négociations pour l'armistice. En parallèle, les mouvements de contestation se firent de plus en plus ressentir entre le 7 et le 9 novembre 1918. Les manifestations ouvrières s'accentuaient

---

[40] Matthias Erzberger, homme politique allemand et journaliste, (*20 septembre 1875 à Buttenhausen (dans le royaume de Wurtemberg) - †26 août 1921 à Bade.

particulièrement le 9 novembre à Berlin, où d'immenses masses ouvrières quittèrent leurs usines pour se réunir dans le centre-ville. Maximilien de Bade suggéra à Guillaume II d'abdiquer, mais ce dernier refusa. Face à la gravité de la situation, le chancelier impérial décida d'annoncer l'abdication de Guillaume II (exilé aux Pays-Bas) sans son consentement, de manière à calmer les révolutionnaires. Par la suite, Maximilien de Bade démissionna. Ce fut le social-démocrate Friedrich Ebert qui lui succéda le même jour. La République fut immédiatement proclamée en Allemagne, tandis que les derniers combats se poursuivaient dans la Meuse, avec pour objectifs de montrer la fermeté de la France et de contraindre les Allemands à signer l'armistice

En France, la demande d'un armistice faisait débat.

Le Président de la République Raymond Poincaré et le Général Pétain voulaient :

-    chasser les Allemands de France et de Belgique,
-    envahir l'Allemagne,
-    et signifier à celle-ci l'étendue de sa défaite.

Mais le généralissime des troupes alliées, Ferdinand Foch et le chef du gouvernement, Georges Clémenceau n'estimaient pas l'armée française capable de se battre encore longtemps.

Le président Wilson réclamant avec intransigeance le remboursement de son effort de guerre aux alliés, il fut à l'origine du désastreux traité de Versailles qui, en humiliant l'Allemagne, engendra la montée du national-socialisme et la deuxième guerre mondiale.

En Octobre 1918, le Maréchal Foch, commandant en chef des armées alliées, fut chargé de signifier aux plénipotentiaires allemands de se présenter aux avant-postes français sur la route de Chimay à La Capelle-en Thiérache (Aisne). Dans son train de commandement, le Maréchal Foch, accompagné de la délégation française (L'Amiral Wemyss, le Général Weygand et plusieurs Officiers d'État-major), arrivèrent le 7 novembre à la Clairière de Rethondes. Le 8 novembre à 3 heures 45 du matin, la délégation allemande fut conduite en gare de Tergnier. Un train, spécialement aménagé à son intention, quitta aussitôt Tergnier pour l'épi de tir de Rethondes.

A 9 heures, la délégation allemande fut reçue par le Maréchal Foch qui, après lui avoir fait lire les conditions d'un armistice, demanda une réponse pour le 11 novembre avant 11 heures du matin.

Aucune marge de négociation ne fut laissée à la délégation allemande. Elle se vit imposer livraison de :

- 5000 canons
- 25000 mitrailleuses
- 1700 avions
- la flotte de guerre et les sous-marins ;

L'armée allemande fut sommée d'évacuer sous quinze jours les territoires envahis ainsi que l'Alsace-Lorraine. Dans l'après-midi du 10 novembre, le Maréchal Foch, dans l'attente de la décision des autorités allemandes, se rendit, accompagné par le Général Weygand, à Rethondes pour se recueillir dans la petite Église du village.

L'armistice fut signé le 11 novembre 1918 à 5 heures du matin en présence du maréchal Foch et du général Weygand, côté français. Néanmoins, les hostilités ne cessèrent pas immédiatement sur le théâtre de la Meuse et engendrèrent des pertes inutiles. Les combats prirent fin à 11 heures du matin, mais ce dernier jour de conflit fut marqué par près de 11 000 tués, blessés ou disparus.

Les cloches du village de Rethondes annonçaient au monde entier la fin des hostilités. L'armistice du 11 novembre mit fin à la Première Guerre mondiale. Le maréchal Foch fut également élevé à la dignité de maréchal par la Grande-Bretagne et la Pologne. Il fut élu à l'Académie Française cette même année 1918, et fut promu président du Conseil supérieur de la guerre en 1919. L'armistice du 11 novembre 1918, le plus important, fut précédé par trois autres,

1. Le 29 septembre 1918, fut signé l'armistice de Thessalonique entre la Bulgarie et les Alliés.
2. Le 30 octobre 1918, celui de Moudros entre l'empire ottoman et les Alliés.
3. Le 3 novembre 1918, l'armistice de Villa Giusti, près de Padoue, fut signé entre l'empire austro-hongrois et l'Italie.

61 - Le Traité de Versailles

◆

*La fin des hostilités n'est pas la paix, encore
faut-il la définir et la conclure !*

À l'armistice, « Le Père la Victoire » Président
de la conférence de la Paix, obtint la
restitution de l'Alsace-Lorraine et fut l'artisan
français du Traité de Versailles. Ce traité fut
draconien pour l'Allemagne vaincue, il démantelait
l'empire austro-hongrois.

Le traité de Versailles fut signé le 28 juin 1919,
dans la galerie des Glaces du château de
Versailles. La guerre fut officiellement
terminée. L'Alsace et la Moselle, perdues en 1871,
réintégrèrent la France. Le traité établissait, dans
l'article 231, la responsabilité morale de
l'Allemagne et de ses alliés, jugés seuls
responsables du conflit. D'où les réparations
financières importantes : le montant à payer
s'élevait à 132 milliards de marks-or. Devant le
refus allemand de payer, la France occupa la Ruhr
à partir du 11 janvier 1923, preuve supplémentaire
que la guerre tardait à s'effacer.

Le traité de Versailles fut vécu par les Allemands
comme une condamnation excessivement rude. Le
terme de "Diktat" s'imposait rapidement dans
l'opinion publique. Cette dernière n'avait jamais
vraiment pris conscience de l'ampleur de la défaite,

notamment car les dégâts n'étaient pas visibles sur le territoire allemand.

♦

62 – Les surprises de la Patrie

♦

Nous attendions tant de reconnaissance, que nous fûmes déçus lors de notre retour ; les derniers permissionnaires nous avaient prévenus de ce que le retour nous réserverait… Nous espérions que ce n'était que des ragots…Nous pensions que ces soldats étaient aigris par tant de souffrances accumulées qu'ils mettaient la « barre un peu haute »…

Le changement était passé ; il ne nous avait pas attendus ; nous ne serions jamais les acteurs mais les victimes. Beaucoup de projets tombèrent à l'eau ou presque. Nous pensions être accueillis en héros, nous le fûmes par de belles cérémonies militaires avec orchestration planifiée de discours pompeux…

Pour nous soldats de la Grande Guerre, la surprise fut énorme !

Nous étions vainqueurs par les armes mais vaincus par une nouvelle philosophie…de l'industrialisation. Les temps modernes de Charlie Chaplin ne parurent qu'en 1936, mais je pense que des cinéastes auraient pu le produire immédiatement après la guerre. Il y avait matière à travailler. En écrivant cela, je pense immédiatement à Abel Gance qui aurait pu le réaliser, mais il était fasciné par l'épopée de Napoléon qu'il voulait honorer !

Cette ère nouvelle fondée sur la capacité à produire déshumanisa rapidement les rapports entre les catégories sociales. Ne pensez pas que j'étais hostile à l'évolution de la Société, mais comme la plupart des poilus, nous attendions de la part de la société un temps de « repos », d'adaptation…Le bilan était catastrophique :

Pour ce qui concernait la France, sur les 7.9 millions qui furent mobilisés, 4.100.000 furent tués et 2.800.000 revinrent blessés, dont 300.000 mutilés ou gravement atteints psychiquement. Les classes les plus touchées étaient celles qui dominaient la société d'avant-guerre, c'est-à-dire :

- L'ancienne aristocratie et la bourgeoisie perdirent leurs fils. Fiers d'être officiers et d'accomplir leur devoir en chargeant à la tête de leur unité, la plupart ne revinrent jamais.

- Une grande partie des étudiants et des élèves des grandes écoles furent tués ou contraints d'abandonner leurs études ;

- Les classes les plus riches virent leurs revenus diminués par l'inflation et les prélèvements pour la défense.

- La paysannerie qui fournissa les effectifs les plus importants de l'infanterie fut sévèrement meurtrie ; tandis que la classe sociale la plus épargnée fut celle des ouvriers ; beaucoup furent rappelés du front pour reprendre leur travail dans les usines d'armement (100.000) dès 1914.

- 700.000 veuves et 1.100.000 orphelins.

Comment satisfaire tous les besoins, toutes les demandes, toutes les reconstructions, toutes les réhabilitations !

L'économie n'attendait pas ; les sociétés agraire et artisanale se transformaient en une société commerciale et industrielle ; nous avions déjà pris du retard avant le conflit. Les régions libérées et dévastées devaient renaître (maisons à reconstruire, terres à démilitariser, à déminer, recherches des corps disparus, exhumations et transferts des corps des soldats).

Une nouvelle femme était née celle qui revendiquait une indépendance, qui avait changé la mode vestimentaire, celle qui avait les cheveux coupés courts. Tandis que l'homme était blessé dans sa masculinité, elles ne voulaient pas être des « garde-malades ».

Le déséquilibre démographique, la politique malthusienne, le pouvoir de l'église, étaient des freins au changement de culture.La laïcité,le recrutement d'une nouvelle élite grâce à la mobilité et la volonté des femmes de vouloir vivre leur vie évoluaient lentement.

Les techniques agricoles s'implantèrent difficilement ; elles étaient novatrices : l'assolement triennal avec jachère, le drainage, le marnage et le machinisme agricole.

Pendant que le poilu vivait un autre parcours du combattant pour se réinsérer dans la vie civile, les « profiteurs et les embusqués » s'étaient enrichis pendant leur longue absence ainsi que les femmes qui voulaient conserver leurs emplois dans les administrations, les firmes commerciales et industrielles et qui occupaient des postes à responsabilité.

Les mutilés de la face quant à eux, subissaient des opérations dites » réparatrices » qui n'en étaient qu'expérimentales, mais éprouvantes pour eux. Elles ne donnaient que des résultats souvent décevants. Leur isolement à l'intérieur des hôpitaux spécialisés les ghettoïsaient. Les blessés à la quête d'une pension d'invalidité subissaient les tracas de l'administration. Sur leurs visages et leurs corps meurtris se lisaient toute la misère humaine, d'autant plus que beaucoup durent divorcés.
Au gré des diagnostics et des transferts hospitaliers, les expériences des combattants au psychisme défaillant furent variées. Le sort du soldat jugé hystérique ou idiot fut, faute d'institutions spécialisées, l'entrée en asiles d'aliénés, tandis que les dépressifs, les paralytiques et ses alcooliques furent écartés du modèle héroïque et rapidement oubliés.

Le droit à réparation fut obtenu grâce aux associations de vétérans qui s'organisèrent dés 1917 et n'obtinrent satisfaction qu'en mars 1919.

Cette « victoire » fut l'œuvre conjuguée des associations et des médecins qui profitèrent de cette révision des pensions pour être reconnus comme des experts incontournables. Ce n'était plus au soldat qu'incombait la preuve de son trouble et du lien de la blessure avec la guerre, mais à l'État et aux médecins qui devaient dire si la guerre était directement responsable du trouble ou si la prédisposition du sujet l'emportait sur les facteurs conjoncturels.

Mais la Patrie fut reconnaissante… 36.000 monuments aux morts furent érigés entre 1920 et 1925 ! A qui profitèrent –ils ?

D'abord aux entreprises soumissionnaires, aux décideurs (relance économique…) et enfin au

Devoir de mémoire

Enfin, la tombe du Soldat Inconnu installée sous l'arc de Triomphe de la place de l'Étoile à Paris le 11 novembre 1920, symbolisa celle d'un soldat non identifié (reconnu français), qui représentait tous les soldats tués au cours de la Première Guerre mondiale.

♦

63 - Les retrouvailles

♦

Définition

C'est le fait de retrouver des personnes dont on était séparé.

♦

Cette définition s'adresse bien entendu à toutes personnes vivantes et bien portantes, mais peut-on parler de retrouvailles pour les familles de poilus qui avaient disparus. Elles voulaient retrouver leur corps afin de le ramener et lui donner une sépulture décente pour faire leur deuil. Elles avaient besoin de cette présence pour le recueillement.

Mais cette définition concerne plus particulièrement le poilu qui revenait au pays, qui retrouvait son foyer, ses parents, ses amis, son patrimoine. Tandis que les familles et les amis, lorsqu'ils les découvrirent ; pour beaucoup ce fut un choc psychologique, un traumatisme auquel ils n'étaient pas préparés psychologiquement. Ils étaient pourtant avertis du handicap qui modifiait son allure générale ou qui le défigurait. Mais ils ne comprenaient pas celui qui restait muet, qui se prosternait dans une attitude défensive, celui dont le regard était là-bas, dans les zones de combat.

Mes retrouvailles furent heureusement celles que j'espérais :

Marie-Anne était toujours aussi belle, ses cheveux blonds étaient relevés et tenus sous sa coiffe maintenue par deux brides passées sous le menton et nouées latéralement, ses yeux bleus humides de joie exprimaient le bonheur retrouvé. Elle avait mis un corsage et une jupe en drap fin de laine noire, qu'un velours recouvrait et qui laissait apparaître des broderies de perles. Elle me manifestait ainsi qu'elle n'était pas une autre femme et qu'elle gardait ses vêtements traditionnels. Les enfants habillés en costumes traditionnels me regardaient avec une certaine curiosité, j'avais encore conservé mon uniforme parce que j'avais préféré toucher un peu d'argent pour acheter des vêtements civils. Mes parents étaient aussi endimanchés. L'univers familial que je souhaitais revoir était au complet.

J'étais béni et largement récompensé.

Lorsque je pénétrais dans notre maison, celle-ci était propre, les meubles cirés, une bonne odeur de cuisine et une table dressée pour la circonstance annonçait que nous fêterons ce retour tant attendu.

Ce fut un repas inoubliable, je savourais tous les mets, mettant en action tous les capteurs de ma langue afin que mes neurones enregistrent le plaisir qui m'envahissait. Les enfants m'interrogeaient sur nos batailles menées ; j'avais toutes les peines du monde à les modérer. Ils voulaient tout savoir, de vrais journalistes. J'appris plus tard qu'une compétition héroïque était engagée entre les enfants de poilus…

Pour ce qui me concerne, j'étais revenu sain de corps et d'esprit, malgré les troubles cognitifs qui m'avaient quelque peu perturbé ; j'avais une blessure qui était invisible, sauf pour mes proches qui constatèrent rapidement que je vivais un drame personnel. Je ne pouvais pas en parler à Marie-Anne ; je ne voulais pas qu'elle souffre en même temps que moi. Seul mon père en connaissait l'origine. Nous en avions parlé et c'est d'un commun accord que nous sommes allés à Sainte Anne d'Auray. Je devais tenir ma promesse puisque j'étais vivant, mais je voulais qu'elle intercède en ma faveur afin que j'obtienne le pardon de Dieu pour l'odieux crime que j'avais commis dans un moment de folie…

Connaissez-vous la Scala Sancta ?

C'est l'escalier du palais de Jérusalem que gravit Jésus pour se rendre au prétoire de Ponce Pilate qui ordonna sa crucifixion.

Celle de sainte Anne d'Auray a été construite par les pères Carmes en 1662, selon les plans du père Benjamin de Saint-Pierre de Rome. Elle fut inaugurée par Mgr de Rosmadec évêque de Vannes. En 1870, elle fut démontée pierre par pierre puis remontée au fond du champ de l'Epine.

Mon père qui s'associait à ma douleur psychologique se joignit à moi. Ensemble nous gravîmes à genoux les marches de l'escalier. Mon père était pourtant très fatigué ; il le voulait en souvenir de la Passion du Christ. Nous récitâmes le Rosaire et nous méditâmes sur les mystères de la Passion de Notre Seigneur.

Nos dévotions terminées, je ressentis une paix intérieure ; pendant notre retour, nous gardâmes le silence pendant de nombreux kilomètres. Soudain, j'entendis distinctement malgré le trot du cheval et le bruit des roues, le cri d'une mésange. Mon père malgré sa surdité l'entendit également :

« zik-zik-doo-doo »,

Elle le répétait en nous suivant de son vol ondulant.

Je racontais à mon père les bons moments que j'avais passés avec elle au front, tapi dans la tranchée. Le réconfort qu'elle apportait à certaines de mes interrogations. Je lui fis part que je l'avais surnommée : l'Oiseau de Kerguestenen, en souvenir de la mésange avec qui je partageais avant la mobilisation de purs moments de bonheur.

Au plus profond de moi-même, je lui demandais : suis-je pardonné ?

Zik-zik-doo-doo retentit à nouveau !

J'en parlais à Papa qui fut surpris, sans l'être !

Puis il me dit :

Pierre, je dois t'avouer une conversation que nous avons eue mon père Louis et moi quelque temps avant qu'il nous quitte. Il sentait sa fin venir comme moi, je sens la mienne !

Je crois que le rappel du Seigneur s'annonce par des signes presqu'anodins mais qui, comme aujourd'hui se révèlent importants.

Papa je ne comprends pas ce que tu me racontes. Nous entendons une mésange charbonnière zinzinuler et tu me parles des dernières conversations que tu échangeas avec mon grand père Louis, ainsi que de ta fin prochaine !

Pierre, cette conversation m'est revenue au moment même où cette mésange se manifestait.

Ecoute mon récit :

Mon père Louis m'avait raconté un rêve ; était-il prémonitoire ?

Il était, je m'en souviens convaincu qu'après sa mort, son âme se réfugierait dans le corps d'une mésange charbonnière. Je lui répondis que ce n'était pas possible, l'Eglise affirmait que nous serions des êtres immatériels, donc sans consistance corporelle, mais spirituels.

Papa, je comprends le trouble qui t'anime, je suis moi-même perplexe ! Cet oiseau s'est souvent manifesté en différents endroits des champs de bataille …Chaque apparition résultait d'une forte inquiétude, ou d'une interrogation sur un sujet complexe…Son cri ou son chant répondait et confirmait la réponse que je voulais entendre. Tout à l'heure, papa, j'étais soucieux de l'attention que le Seigneur donnerait pour la prière que nous lui avons adressée en effectuant notre pénitence.

Son chant qu'il répéta nous signifiait-il le pardon de Dieu ?…

Pierre, J'ai eu la même réflexion et chose étrange, son chant m'a immédiatement rappelé la conversation de mon père.

D'ailleurs, que connaissons-nous de l'au-delà ?

Personne n'est revenu nous commenter les voies du Seigneur. Elles sont impénétrables dit-on ! Je connais et j'ai connu des prêtres qui, au moment de partir rejoindre le Créateur s'interrogeaient sur cette immatérialité ! J'ai la conviction que mon père nous protège et qu'il se manifeste à nous, sous l'apparence d'une mésange. Il aimait cet oiseau, il conversait avec elle. Il lui procurait de la nourriture lorsque l'hiver était rigoureux. Je crois que l'âme de mon père se manifeste ainsi ; c'était un saint homme, il ne plaisantait pas lorsqu'il évoquait ce rêve, il en était convaincu.

Je dois te confesser que mon père avant de mourir m'avait beaucoup parlé de cette mésange. L'apparition soudaine de cette mésange charbonnière ne peut pas être une coïncidence ; la pénitence que nous avons offerte était une demande de pardon et nous remercions la grand-mère de Jésus pour sa protection te concernant pendant toute cette guerre meurtrière.

Je pense sincèrement que c'est un signe divin.

Son histoire remontait à la période révolutionnaire.

A cette époque, il n'était pas de bon ton, d'être un aristocrate ou un chrétien, ni d'être contre la conscription militaire. Notre aïeul Louis qui venait juste d'avoir 20 ans et qui attendait impatiemment la naissance de son premier enfant se révolta contre les révolutionnaires. Il était, selon l'histoire familiale, aussi fougueux qu'un cheval pur sang. Il était fort comme un taureau. Il s'adonnait à la lutte bretonne (le gouren)[41]. Personne dans un rayon d'une journée d'un cheval au trot, n'avait pu le faire chuter sur le dos en lui plaquant les deux épaules ensemble avant toute autre partie de son corps. Cette pratique martiale s'appelait lamm. C'est une victoire incontestable qui doit impérativement être obtenue avant le temps de sept minutes pour un adulte. Il est réduit d'une minute selon la catégorie des lutteurs (junior, cadet, minime et benjamin). Les règles furent importées par les immigrés lorsqu'ils arrivèrent massivement en Armorique au IVe siècle. Elles continuèrent d'être appliquées par les nobles et les gens d'armes. Notre aïeul excellait dans cet art. Lorsqu'il remportait le tournoi, il gagnait les aiguillettes, les gants et les pourpoints qui étaient des trophées. Remporter un tournoi était particulièrement difficile ; il fallait être vainqueur de trois combats successifs.

Le lutteur devait être pieds nus, sa tenue était imposée :

- un pantalon mi-long, ou *bragoù*, de couleur noire, dont les jambes s'arrêtaient juste au-dessous du genou pour permettre l'enroulé du mollet appelé *kliked* ;
- une solide chemise, ou *roched* en toile renforcée, à manches courtes et de couleur blanche ;

---

[41] (http://fr.wikipedia.org/wiki/Gouren).

- une ceinture dans un passant garde la *roched* serrée au corps.

◆

Cet aïeul donc s'engagea au côté de Cadoudal, il rejoignit ainsi la chouannerie assez active dans notre département. Il avait 20 ans, un âge irréfléchi ! Il voulait chasser les Républicains et surtout leurs idées révolutionnaires qui restreignaient nos libertés de culte et surtout la conscription qu'il ne voulait pas. C'était contraire à ses idées.

Il entra donc en dissidence, participa à des guets-apens et devint un hors la loi Il est difficile d'échapper à une chasse à l'homme, même dans une région favorable comme la nôtre pour se cacher... Hélas pour lui, la nature humaine est ainsi faite. Les mouchards qui pour des raisons diverses, vendirent la mèche...

Il fut arrêté et fusillé.

Les Républicains chassaient les hors-la loi selon les règles de la chasse. Ils utilisèrent les chiens et formèrent des battues. Il n'avait aucune chance !

Sa femme, notre aïeule fut veuve avant la naissance de leur fils Yves. Cet enfant fut heureusement celui qui perpétua notre lignée. Sans lui, nous ne serions pas là. Ce fut un bon bourgeon qui devint une belle branche de notre généalogie.

Nos descendants devraient lors d'une prochaine naissance de garçon le prénommait Yves[42] !

---

[42] Chose faite en 1960

Revenons à cette mésange charbonnière qui vole parallèlement à notre retour. Je crois qu'elle nous accompagne…C'est troublant à l'idée de penser que mon père se réincarne sous l'apparence d'un oiseau et qu'il vécut à tes côtés dans cette tumultueuse épopée et qu'elle se manifeste justement aujourd'hui pour nous rassurer sur la suite de notre pénitence.

Papa, nous habitons un pays de contes et de légendes. Nous commençons toujours toi et moi, nos récits par :

« Je suis oiseau ».

J'ai le souvenir que grand-père commençait de la même façon. Ce doit être une tradition familiale que nous transmettons de père en fils.

Pierre, depuis quelque temps déjà, je sens l'épuisement énergétique de mon corps physique ; le peu d'activités que tu me laisses par gentillesse ou par compassion est une épreuve !
Je ne peux plus les assumer et cela me rendrait malade si j'insistais…

Je pense que je suis dans une période de transition, c'est-à-dire que je dois me préparer à passer dans l'au-delà.

C'est pour cette raison que je ne dois pas résister aux blocages de mon corps qui m'empêchent d'avancer, je dois trouver les énergies positives qui me propulsent vers cette ascension.
Tu t'étonnes souvent que mes besoins diminuent, que je suis heureux dans des vêtements amples

constitués de fibres naturels ; la mode m'importe peu ; j'ai besoin de silence, je suis heureux dans mon jardin, à surveiller les enfants, à les regarder jouer, à admirer cette nature en perpétuel mouvement, à écouter le chant des oiseaux. Mon esprit vagabonde lorsque les nuages passent. J'imagine alors que je vole. J apprécie les paysages qui s'offrent à mon regard ; il est en perpétuel changement. Les ombres et les lumières modifient l'aspect de tout objet.

Vois-tu Pierre, j'apprends ainsi à me détacher des drames et des jeux de la vie. Je veux être maître de ma destinée, en sortant de cette vie avec grâce, en prenant du recul et à ne pas intervenir inconsciemment.

Il me faut maintenant pardonner à tous ceux qui m'ont offensé et me pardonner toutes mes erreurs. Je dois croire en moi afin que toi et toute ma famille pensent que je suis parfait. Je dois regarder avec des yeux neufs l'émerveillement de la vie éternelle qui m'attend. Pour cela, je dois demeurer serein plutôt que d'être en colère et gentil plutôt qu' haineux.

Je dois avancer dans la foi, l'espoir et la joie ; alors vous n'aurez plus de doute sur mon désir d'accueillir le ciel sur terre.

Pierre, comme mon père, je te le dis, j'ai vécu le même rêve que lui, il se répète depuis quelque temps et je suis heureux lorsque je la vois en rêve cette mésange ! Elle vole par ondulation dans notre jardin, je vois mes petits enfants jouer, courir… je les surveille. Je te suis également lorsque tu pars avec tes animaux à la foire ; je suis là dans l'univers que j'ai vécu et que j'affectionne… Notre région est belle, c'est un paradis sur terre. Combien cela doit-être paisible pour toi qui as connu l'enfer, l'apocalypse.

Je souhaite que, dans tous les jardins où vécurent ces pauvres soldats morts loin de chez eux, leur âme revienne chanter, voler en ondulant d'arbre en arbre, puis nidifier dans celui qui leur offrira le meilleur abri, la meilleure protection contre les chats. Ce rêve, j'en ai la conviction, deviendra sous peu une réalité.

Je crois que Dieu m'accordera cet immense privilège de passer quelques belles années dans notre jardin merveilleux…J'aurai alors l'immense plaisir de voir grandir Jeanne-Louise, Louis et Julienne. Je jouerai avec eux, tout en les protégeant et je préparerai la venue de ta maman Marguerite…

Cherchons le royaume des cieux qui est en nous et tout le reste nous sera offert de surcroît sans difficulté.

L'oiseau de Kerguestenen attend de nouvelles aventures…

◆

Mon père mourut le 14 janvier1920, il allait sur 64 ans. Je comprends maintenant que nous ne pouvons pénétrer le royaume des cieux que si nous ne redevenons comme un enfant. Cela veut dire simple, humble, vrai, authentique. C'est la seule façon de préparer notre temple intérieur à l'établissement du Christ en nous, afin de parfaire et d'accomplir ce que nous sommes venus faire sur cette terre.

Nous devons transcender la dualité : le bien et le mal.

La meilleure façon d'irradier la lumière, est de devenir nous-mêmes lumière, et non pas d'avoir peur et non pas de nous projeter au sein d'une quelconque illusion.

Cherchons le royaume des cieux qui est en nous et tout le reste nous sera offert de surcroît, sans difficulté. Nous ne le trouvons, j'en suis convaincu, que dans un acte de reddition total, de capitulation totale.

C'est ainsi que la transcendance se fait.

Le paradis est à l'intérieur de nous. C'est notre essence. Nous avons à le découvrir en enlevant tous les oripeaux qui le cachent. J'entends par là : nos attitudes, nos croyances, nos peurs, nos désirs, tout ce qui appartient à l'égo, à la personnalité.

Le paradis, c'est nous mais nous ne le voyons pas, il caché sous nos oripeaux que nous devons, nous défaire !

◆

◆

Ce conflit mondial, le premier qui devait être le dernier ne le fut pas, parce que l'Allemagne fut humiliée par le paiement des réparations imposées par le traité de Versailles. Elle fut en partie ruinée par la dévaluation du mark. En 1923, elle ne voulut pas payer les réparations ce qui entraîna l'occupation de la Ruhr par les Français et effondra leur monnaie. La ruine des épargnants et celle des commerçants ainsi qu'un profond traumatisme social animèrent un esprit de revanche. La population allemande chercha un parti capable de faire sortir l'Allemagne de la crise. Le mouvement nazi (extrême-droite.) avec Hitler, alors appelé NSDAP proposa des solutions toutes faites :

Une politique de réarmement, une forte intervention de l'État dans les dépenses… et un discours populiste. Le parti Nazi désigna des boucs-émissaires (coupables.) pour monter la population allemande contre eux :

- D'un côté les coupables extérieurs : Les Alliés dont la France qui avaient imposé le « diktat » de Versailles et les

Américains, responsables de la crise économique
- de l'autre les coupables intérieurs : Les Communistes (parti de l'U.R.S.S.) et les Juifs soit disant « parasites » qui exploitaient l'Allemagne à leur compte.

Elle sombra ainsi que sa population dans la montée de l'extrême droite.

♦

Les héros de cette fiction rentrèrent dans leur foyer respectif ; chaque village les reçut avec les honneurs civils, militaires et religieux.

Les épouses, les enfants, les fiancées, les veuves, et les enfants fêtèrent ces retours étalés dans le temps, selon la démobilisation, selon la sortie de l'établissement hospitalier et/ou du camp de prisonniers.

Le deuil des camarades restés au front, ne fut certainement jamais accompli ; les images bouleversantes de leurs morts et de leurs souffrances les en empêchèrent. Celui des veuves et des orphelin(e)s fut aussi compliqué, même si les apparences parfois laissaient penser quelque désinvolture.

♦

65 – Bibliographie

◆

Cette fiction prend appui sur des évènements réels et met en scène des personnalités qui apparaissent sous leur vrai nom. Certains de leur propos sont imaginaires, d'autres sont fidèles à la manière dont ils ont pu être rapportés dans des livres ou des articles.

Certains acteurs dont les noms sont imaginaires, ont été intégrés dans des lieux réels pour en faire le matériau. Ils mettent ainsi au jour des personnages qui exhument leurs passions, leurs conflits, leurs ambitions, leurs rancœurs et leurs rêves.

Cette forme de résurrection de l'humain, si vite oubliée servira de

Devoir de mémoire.

◆

Les documents suivants ont été les plus utiles pour sa rédaction :

◆

Le Sillon – Mémoires d'un paysan breton par Pierre Rubin – Éditions Les oiseaux de papier

Mémoires d'un paysan Bas-Breton de Jean-Marie DEGUIGNET (1834-1905) – Edition établie par Bernez Rouz – An Here.

La Bretagne sous la Révolution et l'Empire (1789-1815) de Roger Dupuy – Éditions Ouest-France-Université.

La langue bretonne des origines à nos jours de Serge Plenier aux Éditions Ouest-France.

La Bretagne de Philippe Tassier (1908-1912) – Éditions Yoran Embanner & Chroniques.

Lorient d'antan à travers la carte postale ancienne – Texte de Charlotte Viart aux Éditions HC.

La Bible – Segond 21 –L'original avec les mots d'aujourd'hui

Diocèse aux armées françaises- Grande Guerre 1914-1918

De Guerre lasse – 1918 – Éditions Conseil Général de l'Aisne.

Putain de Guerre – Tardi- 1914-1915-1916- Verney – Éditions Casterman.

Le Chemin des Dames (1914-1918) – Sous la direction de Denis Defente – Éditions d'art – Somogy.

Historique du 62ème Régiment d'infanterie (1914-1918) Henri CHARLES-LAVAUZELLE –Paris – Éditeur Militaire 1920 – Numérisé par Jean-Luc Dron – 2001.

◆

Editeur : BoD-Books on Demand, 12/14 rond point des champs Elysées, 75008 PARIS, France

◆

♦

◆

Cette fiction met en scène une mésange charbonnière qui, mystérieusement nidifie dans une douille d'obus et se lie d'amitié avec un poilu du 62° Régiment d'Infanterie, basé à Lorient (Morbihan).L'auteur nous emmène dans le temps et l'espace des champs de bataille de la Grande Guerre. Cette mort que les poilus craignaient, dirigeait leur conscience. Fort heureusement, ils trouvèrent l'écoute spirituelle d'aumôniers dont ils eurent grand besoin. Ils vécurent des aventures peu orthodoxes, certains connurent les camps de concentration, d'autres furent gravement blessés, quelques uns furent traduits devant le conseil de guerre. Beaucoup moururent. Si les corps de certains reçurent une sépulture de fortune, d'autres disparurent…L'âme de ces malheureux plane sur ces « terres sacrées ». Ceux qui revinrent furent déçus des changements qu'ils constatèrent..La Patrie reconnaissante leur réservait bien des surprises…Le danger n'était plus le bruit des canons, mais le choc des retrouvailles…

Un monde nouveau les attendait

L'auteur est diplômé de l'Ecole Nationale de Santé Publique de Rennes.

Editeur : BoD-Books on Demand,
12/14 rond point des Champs Elysées, 75008 Paris, France
Impression : BoD-Books on Demand, Norderstedt, Allemagne
ISBN : 978-2-322-11256-2
Dépôt légal : août 2016